VOYAGES
IMAGINAIRES,
ROMANESQUES, MERVEILLEUX,
ALLÉGORIQUES, AMUSANS,
COMIQUES ET CRITIQUES.

SUIVIS DES

SONGES ET VISIONS,

ET DES

ROMANS CABALISTIQUES.

CE VOLUME CONTIENT

Le Songe de Bocace, ou le Labyrinthe d'Amour, traduit de l'Italien, par M. de Prémont.

Les Rêves d'Aristobule, Philosophe Grec.

Les Songes d'un Hermite.

VOYAGES
IMAGINAIRES,
SONGES, VISIONS,
ET
ROMANS CABALISTIQUES,
Ornés de Figures.

TOME TRENTE-UNIÈME.

Seconde classe, contenant les *Songes & Visions*.

A AMSTERDAM,
Et se trouve à PARIS,
RUE ET HOTEL SERPENTE.

M. DCC. LXXXVIII.

LE SONGE
DE
BOCACE
OU
LE LABYRINTHE D'AMOUR,

Traduit de l'Italien,

Par M. DE PRÉMONT.

SONGES ET VISIONS.

AVERTISSEMENT
DE L'ÉDITEUR.

Les songes & les visions ont un rapport sensible avec les voyages imaginaires ; la seule chose qui y mette de la différence, c'est que dans les songes, le corps est supposé dans un plein repos, goûter même les douceurs du sommeil, tandis que l'esprit se promène & parcourt seul des mondes nouveaux, inconnus & chimériques.

Les *songes* sont aussi plus voisins du mer-veilleux que les voyages fictifs, & tiennent ainsi de plus près à la seconde division que nous avons indiquée des voyages imaginaires merveilleux. Comme ils sont une imitation des songes réels, & que ceux-ci ne connoissent point les

Avertissement

loix de la vraisemblance. Le songe fictif doit représenter des choses extraordinaires. Enfin les songes sont circonscrits dans un espace de tems plus court, & la fiction imite encore ici la réalité. Les songes réels sont des enfans du sommeil, qui disparoissent avec celui qui leur a donné naissance : ils ne peuvent donc durer que quelques heures; les songes fictifs sont donc des sortes de pièces fugitives, qui ne doivent décrire que ce qui a pu se passer dans l'espace d'une nuit.

Nous ne distinguons pas les *rêves* des songes; ces deux dénominations nous ont paru synonymes & données indifféremment par les auteurs; cependant nous croyons avoir observé que l'on attribue plus particulièrement le nom de rêves à ceux qui rassemblent le plus d'idées disparates, extravagantes & singulières, & que l'on conserve le nom de songes à ceux qui ont un ton plus sérieux, moins déraisonnable, & qui contiennent le plus de critique, de morale & de philosophie.

Les *visions* diffèrent essentiellement des

songes. Elles sont enfantées par une imagination exaltée ou blessée, & approchent du délire; mais les visions fictives ont le même but & le même caractère que les songes, & il nous a paru inutile de les distinguer.

Cette classe sera la moins étendue du recueil; les ouvrages qu'elle renferme sont courts, le cadre en est uniforme; il ne se trouve de la variété que dans les détails. Nous avons cru devoir la resserrer encore plus que les autres. Le choix que nous y avons mis nous assure que nos lecteurs n'y trouveront pas moins d'agrément que dans ce qui a précédé.

Nous commençons par *le Songe de Bocace*, ou *le Labyrinthe d'amour*. Le beau-sexe nous pardonnera d'employer un ouvrage où il est un peu maltraité, il sait que des invectives de cette nature produites par le dépit ou la jalousie, ne lui ont jamais fait perdre un seul de ses adorateurs. On y reconnoît d'ailleurs la manière légère & badine de l'auteur du Décameron; c'est de cet ouvrage que Lafontaine a tiré le charmant conte de Belphégor.

AVERTISSEMENT

Jean Bocace est né à Certaldo en Toscane, l'an 1313, d'une famille obscure. Son père qui étoit un paysan un peu aisé, le destina d'abord au commerce, & le plaça chez un marchand de Florence; mais le jeune homme ayant paru peu propre à ce genre de travail, il lui fit faire son droit : ce fut alors que Bocace se livra tout entier à son goût pour la littérature & la poésie. Abandonné de ses parens qui voyoient avec regret que le jeune Bocace ne secondoit point leurs vues, il fit la connoissance de Pétraque, dont il devint le disciple & l'ami. Pétraque reçut le jeune littérateur dans sa maison, l'aggrégea pour ainsi dire à sa famille, & l'aida de ses conseils & de sa bourse. Peu après Bocace parcourut l'Italie; il passa à Naples où il fut bien accueilli du roi Robert; il alla ensuite en Sicile où la reine Jeanne qui règnoit alors, lui témoigna le cas qu'elle faisoit de ses talens. Enfin Bocace, las de tant de courses, dégoûté du monde, a fini par se retirer à Certaldo sa patrie, où il est mort en 1375, âgé de 62 ans. On a de cet auteur plusieurs ouvrages de poésie; mais on fait plus de cas de sa prose; c'est lui qui a su donner à la langue italienne les graces, la douceur & l'élégance qui la diſtinguent. De tous les ouvrages de Bocace, nous ne citerons que les plus connus: *le Philocope, la Fiamette, la Théſëide, le Labyrinthe d'amour*, que nous imprimons, & *le Décameron*. C'eſt ce dernier ouvrage qui a donné le plus de réputation à Bocace. De cent contes & nouvelles dont eſt compoſé le Décameron, il en eſt pluſieurs dont les peintures ſont un peu trop libres; mais toutes ſont écrites avec un charme inexprimable.

On trouvera à la ſuite les *Rêves d'Ariſtobule*, ouvrage critique & moral, ſagement écrit, & où l'on a heureuſement imité le ton & le ſtyle des anciens. Nous n'en connoiſſons pas l'auteur.

Les Songes d'un Hermite, qui ſuivent, méritent d'être diſtingués. Sans ſortir de ſon déſert, couché ſur ſa natte, le bon hermite eſt favoriſé de ſonges très-agréables & très-variés, qui font paſſer devant lui en revue les différens états de la ſociété. Rien de ce qui s'offre à ſes yeux ne doit le porter à regretter le calme de ſa ſolitude. On conçoit qu'un pareil ouvrage offre une abondante moisson de critique; on peut ajouter que cette critique est embellie de tous les charmes qu'a pu lui prêter l'imagination.

Le volume suivant, & par lequel nous terminons cette classe, contient *les Songes & Visions philosophiques de M. Mercier*. On connoît la manière de ce censeur sévère des mœurs. On trouvera ici toute son austérité & toute la vigueur de sa critique. On sera aussi satisfait de la variété qu'il a su mettre dans ses sujets. Ce volume contient plusieurs songes qui n'ont point encore été imprimés, & dont l'auteur a bien voulu orner notre recueil.

PRÉFACE
DU TRADUCTEUR.

JE ne doute point que beaucoup de femmes ne me fachent mauvais gré d'avoir traduit un livre, dans lequel elles fe reconnoîtront ; cependant n'ayant aucun deffein de les offenfer, & n'étant point en colère contre leur fexe, comme Bocace l'étoit quand il compofa fon *Laberinto d'Amore*, je ne puis refufer à la fincérité de mes fentimens, d'avouer que toutes les foibleffes qu'on leur attribue font celles de la nature humaine.

Notre fiècle, comme tous les autres, a produit des femmes dont on ne fauroit trop admirer les vertus, l'efprit & le jugement, & l'on ne voit que trop fouvent les hommes auffi corrompus & auffi foibles que la veuve qui mérita l'indignation de mon Auteur. Je juge de fon intention par la mienne. Je fuis perfuadé qu'il n'a fait le portrait d'une perfonne pleine de vices que pour nous corriger des nôtres, & nous garantir de la contagion de ceux d'autrui.

Les Grecs montroient à leurs enfans leurs esclaves ivres, pour leur faire horreur de l'ivrognerie, & non pas pour leur faire horreur des esclaves. De même, ce livre ne tend qu'à dégoûter des belles dont la conduite est mauvaise, & le commerce dangereux. Il peut servir aussi à réveiller notre prudence, lorsqu'il s'agit de faire choix d'une compagne de qui dépend bien souvent le bonheur ou le malheur de notre vie : enfin, la connoissance des défauts essentiels de la plûpart des femmes, nous engage nécessairement à estimer beaucoup celles qui ne les ont point.

Je crois devoir dire à ceux qui seront surpris de trouver de la morale & des sentimens pieux parmi des bagatelles, que la plûpart des auteurs Italiens & même des Espagnols, ne font aucun scrupule d'écrire de cette manière. Elle est ordinaire à Bocace. J'ai retranché de son ouvrage bien des choses que la pudeur ne souffre point ; je l'aurois trop défiguré si je lui avois encore ôté sa

PRÉFACE.

dévotion. J'ai cru que ce mélange de sacré & de profane, qui par-tout ailleurs seroit fort mauvais, devoit être ici pleinement justifié par le titre du livre. Les songes sont des images confuses de tout ce qui peut tomber sous les sens : la droite raison n'a point de jurisdiction sur le sommeil ; & ce qu'on s'imagine en dormant étant supposé involontaire, ne doit point être impardonnable.

J'ai remplacé ce que j'ai retranché du texte Italien, de contes, de fragmens & de vers. La plûpart de ceux qui les ont composés étant de mes amis, ont bien voulu me permettre d'en grossir mon volume, j'espère que les autres me pardonneront la liberté que j'ai prise de l'avoir enrichi à leurs dépens.

Une plume plus délicate & plus savante que la mienne, auroit rendu sans doute cette traduction plus agréable ; cependant quelque respect que j'ai pour le public, à qui j'ai pour la première fois la hardiesse de me livrer, je n'étendrai point ma préface pour implorer la clémence de mes lecteurs. Je n'ai point la demangeaison de passer pour bel esprit. Je ne crains pas moins la peine que je ferois obligé de prendre pour mériter cette gloire, que la confusion que j'aurois de ne pouvoir la mériter, & je fais de cet ouvrage ce que font certains peuples de leurs enfans : à peine ont-ils la force de courir, qu'ils les abandonnent à leur destinée, & ne les reconnoissent plus.

LE SONGE
DE BOCACE.

Réflexions sur l'amour & sur les malheurs qu'il traîne à sa suite.

Etant seul un jour dans ma chambre fort affligé de ne pouvoir haïr une femme qui ne méritoit pas ma tendresse, & que je ne pouvois m'empêcher d'aimer, je fis de sérieuses réflexions sur les folies que l'amour nous fait faire, & sur les malheurs qu'il attire ordinairement sur les hommes.

Après avoir rappellé dans mon esprit tout ce que l'histoire de mon tems, & celle des siècles passés m'en avoient appris, je ne trouvai point d'amant malheureux qui méritât moins ses disgraces, ni qui fût plus à plaindre que moi. Je ne pus résister au chagrin que cette réflexion me causa ; je m'abandonnai si vivement à ma douleur, que la honte de ma foiblesse, & l'indigne mépris dont on m'accabloit, me parurent plus insupportables que la mort. Je la souhaitai & l'appellai mille fois ; mais ce fut inutilement. Cette impitoyable ennemie des hommes les enlève toujours malgré eux, & les fuit quand ils la désirent.

Cependant je me préparois à la forcer de venir à mon secours, & j'en avois déjà résolu la manière, lorsqu'un frémissement subit & une certaine compassion pour moi-même, causée par l'appréhension de passer d'une vie malheureuse à une pire, désarmèrent une résolution qui peu auparavant me paroissoit invincible. Un moment après je retombai dans l'abattement ; mes yeux recommencèrent à verser des larmes; je rentrai dans le désespoir, & pris une nouvelle résolution de mourir. Les mêmes raisons qui m'en avoient empêché m'en empêchèrent encore. Je pleurai sur nouveaux frais, & ne sachant à quoi me résoudre, flotant, pour ainsi dire, entre la vie & la mort, il me vint enfin dans l'esprit, comme par miracle, un retour de raison qui acheva de me déterminer à vivre.

Insensé ! (dis-je à moi-même) quel usage fais-tu de ta philosophie ? Quel changement dans ta conduite & dans tes sentimens ? quelle fatale cause a produit cette étrange fureur ? N'en accuse point ta maîtresse ; elle n'a aucun droit de te rendre malheureux, & rien ne peut t'obliger à l'aimer, puisqu'elle n'a pour toi que du mépris. Tu allégueras pour ta justification, que tu la trouves belle ; que connoissant l'excès de ton amour, elle en devroit être touchée ; que l'ingratitude & l'insensibilité d'un objet qu'on adore, sont les choses du monde les plus capables de mettre un amant au désespoir. Tout cela ne t'excuse point. Ne se peut-il pas qu'une invincible antipathie détruise dans son cœur tout le mérite de ta passion, & que tu ne lui plaise pas ? En ce cas-là, comment veux-tu qu'elle t'aime ? Si tu es malheureux, ce n'est pas sa faute, c'est la tienne. Tu as tort d'avoir mal choisi, tu es l'unique auteur de tes disgraces ; & si l'on traîne sur la claie ceux qui ont attenté sur leur vie, tu mérites au moins les Petites-Maisons pour y avoir pensé. Examinons de plus près ce que tu voulois faire.

Toutes les actions des hommes se rapportent à leur amour-propre ou à leur complaisance pour quelqu'un. Ta folie te procure-t-elle du plaisir ? Il n'y a pas d'apparence. Si cela étoit, tu ne te plaindrois pas tant que le jour & la nuit durent. Voyons ensuite si ta douleur peut

A ij

être agréable à quelqu'un. Ce quelqu'un ne sauroit être une autre personne que celle dont tu es amoureux. Elle t'aime, ou elle te hait, ou tu lui es indifférent. Si elle t'aime, il est facile à comprendre que ta désolation ne peut lui plaire ; au contraire elle doit la chagriner, & tu fais mal ta cour, lorsque t'abandonnant à des extravagances continuelles, tu te disposes à les pousser jusqu'à poignarder un cœur qui lui est précieux. Si elle te hait, tu dois être persuadé, pour peu de raison qu'il te reste, que tu ne saurois l'obliger davantage, que de t'aller pendre. On souhaite quelquefois tant de mal aux gens pour qui l'on a de l'aversion, qu'on expose son honneur, sa fortune, sa vie, qu'on viole les loix divines & humaines pour satisfaire son animosité ; & plus on procure de tristesse & de misère à ceux qu'on n'aime pas, plus on est sensible au plaisir d'avoir causé leurs disgraces. C'est justement ce même plaisir que tu donnes à ton ennemie. Plus tu te chagrines de ses rigueurs, plus tu lui inspires de joie ; tu sembles agir de concert avec son aversion, & deviens sottement contre toi même le ministre de sa mauvaise volonté. Avoue qu'il faut être bien dupe pour pousser la complaisance jusques-là. Si tu lui es indifférent, à quoi bon ces soupirs, ces transports & ces inquiétudes continuelles ; cela ne te sert pas plus que si tu en faisois la dépense pour une statue. Pourquoi donc t'affliger ? pourquoi désirer la mort que ta cruelle, toute cruelle qu'elle est, ne te souhaite peut-être pas. Il faut croire que tu n'as pas encore éprouvé combien il est doux de vivre, ni fait assez de réflexion qu'il est un autre monde, où les folies qu'on fait en celui-ci sont sévérement punies. Est-il possible que voulant passer pour un homme sage, tu prennes si fort à cœur une bagatelle, qu'elle soit capable de te faire oublier ce que tu dois à Dieu, & ce que tu te dois à toi-même ? Efforce-toi de vaincre cette folle passion ; cesse de lui sacrifier la bonne opinion qu'on a de toi dans le monde ; ne t'obstines plus à vouloir du bien à qui ne te fait que du mal ; le ciel te réserve des jours plus heureux ; conserve les mauvais en faveur des bons ; si tu ne peux te passer d'aimer, on trouve tant de belles qui ne font mourir personne ; le monde en est plein, change la tienne contre une de celles-là. Enfin, si cette ingrate, qui, selon toutes les apparences, triomphe & s'applaudit de ton martyre, continue d'employer ses charmes pour troubler le repos de ta vie, rends-les inutiles, & t'en venges en vivant heureux malgré elle.

Les confolations que le ciel nous envoie agiffent toujours efficacement. Ces réflexions, dont la meilleure partie me fut fans doute infpirée par mon bon ange, diffipèrent en un inftant les ténèbres de ma raifon; elles me firent voir clairement mon erreur; j'en eus de la confufion. Pénétré d'un violent repentir, je me condamnai févérement moi-même, & m'eftimai beaucoup moins que je ne faifois auparavant. Enfin, après avoir pris un peu de courage, fachant que la folitude eft pernicieufe aux efprits malades, je réfolus de ne plus demeurer feul dans ma chambre, & j'en fortis le vifage auffi tranquille que l'état de mon ame le pouvoit permettre.

Je fus à la promenade. J'y trouvai quelques gens d'efprit de ma connoiffance que j'abordai. Notre converfation commença fur l'inftabilité de la fortune, & fur la folie de ceux qui courant après fes chimères, fondent leur efpérance fur elle, comme fur quelque chofe de fort folide. Enfuite nous parlâmes de l'ordre merveilleux de la nature dans l'économie de l'univers : ordre que nous n'admirons pas affez par le trop grand ufage que nous avons de fes opérations; enfin, nous voulant élever jufqu'au premier mobile, nous nous perdîmes dans les nues, & la nuit survint qui nous obligea de nous séparer.

Je me trouvai l'esprit assez tranquille en me retirant chez moi; j'avois presque oublié toutes mes peines. Je soupai sobrement, & peu de tems après m'étant mis au lit, je crus être guéri parfaitement de l'inquiétude qui m'avoit si fort agité pendant toute la journée. J'employai une partie de la nuit à repasser les idées de la conversation que j'avois eue à la promenade; après quoi le sommeil me ferma doucement les yeux. Mais comme s'il n'eût pas suffi à mon imagination de m'avoir cruellement travaillé pendant le jour, elle me tourmenta encore par un songe qui fit faire à mon esprit un pénible voyage, pendant que le sommeil qui n'a de pouvoir que sur nos corps, tenoit le mien dans un profond repos.

COMMENCEMENT DU SONGE DE BOCACE.

Description du labyrinthe d'amour.

JE rêvai que j'entrois dans un chemin qui me parut d'abord si charmant, que tous mes sens en furent enchantés; jamais chose du monde ne m'avoit tant caufé d'admiration ; j'ignorois où j'étois, mais je m'y trouvois bien, & ne m'embarraffois pas d'en favoir la carte. Plus j'avançois, plus ce fentier me paroiffoit délicieux, enforte que je me flattois d'un bonheur infini, fi j'en pouvois trouver le bout. L'efpérance que j'en avois augmentoit fi fort mon impatience, que je m'imaginois plutôt voler que marcher ; mais en courant de toutes mes forces, il me parut que cette route devenoit infenfiblement fauvage, & peu-à-peu tout-à-fait affreufe. Au lieu de gazons & de fleurs, je ne vis plus que des pierres, des chardons & des épines. Je voulus tourner la tête, j'apperçus derrière moi une nuée épaiffe & fombre, qui m'environnant, arrêta ma courfe & m'ôta tout l'efpoir de la félicité que je m'étois promife. Je demeurai un long efpace de tems comme immobile. Enfin, le nuage qui m'enveloppoit s'étant un peu diffipé, je reconnus à la foible clarté d'un jour prêt à finir, que j'étois dans un défert affreux & ftérile, entouré de montagnes fi hautes, que je ne pouvois comprendre comment j'y étois entré. Mon étonnement redoubla, lorfque que jettant les yeux de toutes parts, je n'apperçus aucune iffue pour en fortir. Pour furcroît de chagrin j'entendois autour de moi,

& assez proche, des hurlemens de bêtes farouches, dont un semblable séjour ne pouvoit manquer d'être nombreusement habité. Je mourois de peur, & me trouvois dans la plus triste situation où un homme puisse être. La crainte d'être dévoré m'empêchoit d'essayer à sortir du vallon pour chercher une route dans la montagne. Je ne savois à quel saint me vouer, ni quel parti prendre. J'étois sans conseil & sans secours, abandonné de toutes les créatures, menacé de la cruauté des lions & des tigres, & à la veille de leur servir de nourriture, ou de mourir faute d'en avoir. Tantôt je me reprochois de m'être engagé si imprudemment dans cette effroyable solitude; tantôt je levois les mains au ciel, & lui adressois de ferventes prières. Enfin, lorsque je me croyois perdu sans ressource, je vis de loin venir vers moi, du côté de l'orient, un homme seul, qui, autant que j'en pus juger, étoit de belle taille. Ses cheveux blancs comme neige le faisoient paroître fort âgé; il marchoit à pas lents avec une gravité qui m'imprima du respect, & je remarquai qu'il étoit enveloppé d'une draperie d'écarlatte plus vive que nos plus belles étoffes de cette couleur n'ont accoutumé d'être.

Ce vénérable vieillard me fit peur & plaisir

tout enſemble. Je craignois d'un côté qu'il ne fût le maître de cette ſauvage habitation, & qu'indigné de m'y voir ſans ſa permiſſion, il ne lui prît envie de me faire dévorer par ces bêtes féroces dont le voiſinage m'inquiétoit. D'ailleurs j'avois quelque eſpérance qu'il auroit pitié de moi & me rendroit ſervice ; car plus il s'avançoit, plus ſon air me paroiſſoit affable; & plus je le conſidérois, plus il me ſembloit qu'il ne m'étoit pas inconnu. Cependant il s'étoit ſi fort approché, que non-ſeulement je reconnus ſon viſage, je me ſouvins encore de ſa profeſſion, & de pluſieurs endroits où je l'avois vu ; mais je ne pus jamais me ſouvenir de ſon nom, quoique je l'euſſe bien voulu ſavoir, parce que je me figurois qu'il auroit plus d'égards pour un homme qui le connoiſſoit, & ſeroit plus porté d'inclination à me rendre les devoirs de l'hoſpitalité dont j'avois grand beſoin dans un ſi étrange pays. Pendant que je rappellois inutilement ma mémoire, il m'appella lui-même par mon nom, & me dit d'un ton de voix charitable : Pauvre Bocace, quelle fatalité vous a conduit dans cet affreux ſéjour ? Qu'eſt devenue votre raiſon ? ne connoiſſez-vous pas que vous êtes dans un lieu de réprobation & de mort ? quel démon vous y retient ? Entendant parler ainſi ce bon vieillard qui me paroissoit touché de mon infortune, je m'attendris, & mille sanglots coupèrent ma voix.

Enfin, mon cœur étant un peu dégagé du saisissement où il étoit, je ralliai toutes les forces de mon ame, & répondis avec une émotion & une honte inexprimables : ce n'est pas d'aujourd'hui que la volupté fait faire d'étranges sottises aux hommes; les plus fins tombent quelquefois dans ses pièges, & vous voyant ici, je crois pouvoir dire, sans vous déplaire, que de plus sages que moi y sont venus. Cependant quelque consolation que m'apporte votre présence, je ne laisse pas d'être fort embarrassé. Je me rassure un peu, dans l'espérance que vous n'avez pas dessein de me nuire, si je ne me trompe, en me flattant de votre protection. Je vous conjure, au nom de Dieu, & de notre chère patrie, où je crois vous avoir vu, de m'apprendre ce que je dois faire pour sortir d'un lieu si terrible; dissipez-en l'horreur, s'il se peut, & faites cesser la crainte dont je suis saisi.

A ces mots, il me sembla que le vieillard sourit, & qu'il me répondit : Il est aisé de connoître par votre discours, quand je ne le saurois pas d'ailleurs, que vous êtes hors de vous-même, & tout-à-fait troublé. S'il vous étoit resté assez de sang-froid pour vous souvenir de votre belle, & de l'intérêt que je dois prendre à ce qui la regarde, vous n'auriez pas eu la fermeté de m'attendre, ni la hardiesse d'implorer mon secours. Je vous avoue que si j'étois encore ce que j'étois autrefois, je ne serois pas d'humeur à vous faire plaisir, je vous traiterois au contraire comme vous le méritez ; mais je ne suis plus sujet aux foiblesses mortelles ; je suis sorti de la vie, la charité prend la place de la colère, & je ne vous refuserai point mon assistance.

J'écoutai le commencement de son discours avec assez de tranquillité, jusqu'à ce que j'entendis : *je suis sorti de la vie.* Mais lorsque je compris que c'étoit l'ombre de celui que j'avois vu autrefois, un frisson me saisit jusques dans la moëlle des os, les cheveux me dressèrent à la tête, je perdis la parole, & s'il m'eût été possible, je n'aurois pas eu long-tems l'honneur de sa compagnie.

Il arrive souvent à ceux qui rêvent, de se trouver perclus, lorsqu'ils ont le plus de besoin de leur agilité ; il m'arriva la même chose, je n'eus plus de jambes pour fuir ; elle me trembloient si fort que je ne sais pas comment j'en eus seulement pour me porter. Enfin, si cette nouvelle frayeur ne m'éveilla pas, elle me fit aſſurément pâlir, & me rendit muet & immobile comme une ſouche.

L'eſprit ne put s'empêcher d'en rire, & pourſuivit ainſi la converſation. Raſſurez-vous, (dit il) parlez hardiment, ne vous défiez point de moi; je ne ſuis point ici pour augmenter votre inquiétude, vous m'y voyez uniquement pour vous tirer de l'abîme où vous êtes, ſi vous voulez profiter de mes conſeils. Cela me remit & me conſola; je regardai cette apparition comme un miracle que le ciel faiſoit en ma faveur, & faiſant une profonde révérence à l'eſprit, je le priai très-humblement de commencer par me mettre en lieu de ſûreté, de peur qu'il ne m'arrivât quelque nouveau ſujet d'appréhenſion. Le ſpectre me répondit, qu'il ne pouvoit anticiper le tems de ma liberté; que l'entrée du lieu où j'étois, étoit ouverte à tout le monde, qu'il étoit aiſé de s'y introduire avec la volupté & la folie; mais qu'on n'en ſortoit pas quand on vouloit; qu'il falloit pour cela une lumière & une force qui viennent immédiatement de la puiſſance de celui par la permiſſion duquel il me parloit.

Je crus lui dire alors: puiſque je dois reſter ici quelque tems, apprenez-moi, s'il vous plaît, en quel lieu je ſuis; ſi vous l'habitez ordinairement, s'il s'y trouve des gens qui n'en sortent jamais ; enfin, qui est celui qui vous envoye pour m'en tirer. Il me répondit : ce lieu est nommé diversement, le labyrinthe de l'amour, le vallon enchanté, le bourbier de Vénus, la vallée de misère ; enfin, chacun l'appelle comme il lui plaît. La mort m'a retiré pour toujours de cette malheureuse habitation ; mais celle où je suis à présent est encore plus triste, quoique moins dangereuse. Au nom de Dieu, (lui dis-je) avant que de passer outre, apprenez-moi une chose. Je comprens que vous êtes trépassé ; seriez-vous en enfer ou en purgatoire ? Si vous êtes en enfer, il est sans doute que votre poste est plus mauvais que celui-ci ; mais comment y courez-vous moins de risque ? & si vous êtes en purgatoire, y pouvez-vous plus souffrir que dans cet effroyable séjour.

Je suis (dit l'esprit) dans un lieu où je n'ai plus rien à craindre pour mon salut ; c'est un sûr asyle contre le péché, l'on n'y sauroit offenser Dieu, & par conséquent on y court moins de dangers que dans ce labyrinthe, où les mortels, indignes de grace & de miséricorde, ne doivent s'attendre qu'aux sévères châtimens de la justice divine ; mais il est certain que notre situation est mille fois plus cruelle que celle où vous êtes. Nos peines seroient égales à celles des damnés, si l'espérance d'en sortir ne nous aidoit à les supporter.

Afin que vous en compreniez quelque chose, apprenez que l'habit que je porte, dont vous avez été surpris, parce qu'il vous a paru magnifique, & que vous ne m'en avez jamais vu de si brillant, n'est pas un ouvrage de la main des hommes; c'est un feu allumé par la colère de Dieu: il est si vif que celui que vous connoissez n'est que de la glace, en comparaison; il nous pénétre comme la chaux dans la fournaise; nous avalerions l'eau de tous les fleuves du monde, sans pouvoir modérer l'ardeur qui nous dévore. Deux choses m'ont fait mériter cette pénitence; l'une, un peu trop d'attachement au bien; l'autre, la sotte complaisance avec laquelle j'ai toléré les vices de la personne dont vous souhaitez si fort les bonnes graces. Mais c'est assez parler de mon état, qui seroit sans doute plus malheureux que le vôtre, si celui où vous êtes ne conduisoit à la damnation, & celui où je suis, à l'éternelle félicité. Il est temps de répondre à votre dernière question, en vous apprenant que celui, par la permission duquel je suis ici, est le Souverain bien, le grand-architecte de l'univers, par le concours duquel tous les êtres subsistent, qui fouhaite plus que vous-même votre bonheur, votre repos & votre falut.

Ces paroles me jettèrent dans une humilité profonde, & me firent réfléchir fur la puiffance & fur la bonté de Dieu. Je compris avec admiration, que malgré le grand nombre de nos crimes & de nos rechûtes, il ne ceffe point de nous tendre les bras ; puis confidérant ma fragilité, ma baffeffe & mon ingratitude, je me fentis fi vivement touché du regret de mes péchés, que non-feulement il me fembla que mes yeux étoient baignés de larmes, mais encore que mon cœur fe fondoit comme la neige aux rayons du foleil.

Je gardai quelque tems le filence, après quoi je dis avec un grand foupir : Ame bienheureufe ! je fens toute mon indignité, j'en fuis confus, & connois parfaitement que le Seigneur fouhaite plus notre falut que nous-mêmes, puifqu'il ne ceffe point de nous aider de fes graces, quoique nous en abufions continuellement par notre malice ; mais je m'étonne comment fa miféricorde ne fe rebute pas, & peut fufpendre fi long tems les foudres de fa juftice.

Vous me parlez, répondit le fantôme, comme quelqu'un qui ne connoît pas encore bien Dieu. Vous ignorez que fa bonté eft infinie comme fes

autres

autres attributs; vous pensez qu'il agit par passion comme la plûpart des hommes qui ne peuvent se résoudre à pardonner la plus légère offense. La source de ses graces est inépuisable, sa miséricorde ne tarit point, il ne peut se souvenir qu'il est Dieu, sans se ressouvenir qu'il est père. Il recherche le pécheur intérieurement, il le sollicite par ses inspirations, il l'avertit par de petits châtimens, & permet que les bienheureux intercedent pour lui.

Cela est si vrai, qu'un ange m'a commandé de venir à votre secours, en considération de ce que dans tous les désordres de votre vie, vous n'avez pas laissé de conserver toujours du respect & de la dévotion pour celle qui a porté le salut du monde dans son sein. Elle vous a vu avec des yeux de pitié, égaré dans cette triste vallée; & comme elle assiste souvent ses serviteurs sans attendre qu'ils l'implorent, elle a prié son fils de m'envoyer ici pour vous remettre dans le bon chemin.

Hélas! (lui dis-je) ce n'est pas la première fois que la sainte-Vierge m'a donné des marques de sa protection; elle m'a tiré d'une infinité de dangers, tout indigne que j'en étois, & m'a fait autant de graces que si j'en avois beaucoup mérité. Je vous assure que celle que je reçois aujourd'hui donnera de nouvelles forces à ma reconnoiffance, & redoublera ma dévotion. Au refte, fi j'ai beaucoup de joie de vous favoir hors d'état de craindre l'enfer, les maux que vous fouffrez ne laiffent pas de me toucher fenfiblement. Je fouhaite que mes prières puiffent les foulager; mais en attendant que je fois en état d'en faire de méritoires, apprenez-moi, je vous conjure, fi cette vallée, dont vous ne me dites pas précifément le nom, n'eft pas un lieu d'exil, où l'amour envoie ceux qu'il bannit de fa cour, & qui en font difgraciés comme je le fuis; ou fi elle n'eft habitée que par ces vilains animaux dont j'entends fans ceffe les hurlemens.

Vous faites confifter comme beaucoup d'autres, (me dit-il,) le fuprême bonheur dans la volupté, quoique ce ne foit au fond que corruption & misère. Cette trifte vallée eft ce que vous appellez la cour de Cupidon, & les bêtes que vous entendez hurler font les voluptueux comme vous, qui expriment leurs paffions brutales. C'eft ainfi que le fon de leurs voix paroît aux oreilles des fages. N'ai-je pas eu raifon de nommer ce lieu un labyrinthe, puifque la plûpart des gens fenfuels qui s'y engagent, n'en peuvent que très-difficilement fortir ? Je m'étonne que vous ayez été si surpris de vous y voir; car ce n'est pas d'aujourd'hui que vous y êtes, & quoique avec moins d'inquiétudes, ce n'a jamais été dans un moindre danger.

Il est vrai, lui répliquai-je, tout contrit, l'on m'y a vu quelquefois, & je commence à m'en ressouvenir. Il faut avouer que les sens sont de grands trompeurs: ce lieu m'avoit toujours paru fort agréable; j'y goûtois une infinité de plaisirs; je ne me serois jamais défié qu'une telle horreur pût succéder à cet enchantement. Je vous avoue qu'aujourd'hui la frayeur m'a si fort troublé, que je ne me suis pas plus reconnu ici que si je n'y étois jamais venu: cependant je commence à m'appercevoir que l'air qu'on y respire, empoisonne l'esprit & le cœur, & je comprens à présent ce que signifient l'obscurité, la stérilité, l'horreur de ce triste séjour, tous les noms que vous lui donnez, & la difficulté qu'il y a d'en sortir.

Puisque vous commencez à entendre raison, & à vous rassurer, me dit l'esprit; en attendant que le soleil paroisse, & que je puisse vous conduire hors d'ici; répondez à mes questions, & contentez ma curiosité. Si ce lieu étoit plus propre, je vous dirois de vous asseoir; mais puisque cela ne se peut, nous nous entretiendrons debout.

Je sais, depuis long-tems, & je connois par vos paroles & par la situation où je vous trouve, que vous êtes terriblement empêtré dans les lacets de Vénus. Avouez-le de bonne foi, & ne faites point difficulté de m'apprendre les anecdotes de vos amours. Vous pouvez juger par ce que je vous ai dit au commencement de notre conversation, que je connois la personne dont vous êtes entêté : cela n'est pas difficile à croire, puisqu'elle a été ma femme ; cependant n'ayez point de répugnance à me conter toutes les particularités de votre aventure. Je prétends que vous me parliez à cœur ouvert & sans déguisement, & qu'en reconnoissance des services que je veux vous rendre, vous m'appreniez tout ce qui concerne la naissance, le progrès & la décadence de votre passion.

HISTOIRE

DES AMOURS DE BOCACE.

J'AVOIS trop d'intérêt de ne me pas brouiller avec l'ombre, pour lui refuser ce qu'elle me demandoit ; je commençai donc à lui obéir, en lui disant : la prière que vous me faites, &

les obligations que je vous ai, ne me permettent pas de vous cacher ce que je n'ai confié à aucun de mes amis, & ce que je n'ai déclaré à mon indigne maîtresse que par deux lettres. Cependant, sans être ingrat de la générosité avec laquelle vous me pardonnez, je puis, ce me semble, vous dire en passant, que n'ayant connu votre épouse qu'après votre décès, vous n'aviez plus aucun droit sur elle, que cette galanterie n'est point de votre bail, & qu'ainsi je n'ai rien fait dont vous deviez me savoir mauvais gré.

Je me trouvai il y a quelque tems avec un homme que vous avez connu : notre conversation tourna sur les femmes qui se sont distinguées par un mérite extraordinaire, & par des vertus supérieures à celles des autres. Nous fouillâmes dans l'antiquité, nous y trouvâmes en faveur du beau sexe quelques exemples de sagesse, de doctrine, de fidélité & de valeur égale à celle des plus grands hommes. Ensuite nous passâmes en revue les illustres modernes : le nombre à la vérité s'en trouva très-petit. La personne avec qui je m'entretenois m'en cita quelques-unes de notre ville, & entr'autres celle qui fut à vous. Je ne la connoissois point encore, & plût à Dieu que je ne l'eusse jamais connue. Il m'exagera son mérite, me jura qu'elle n'avoit pas sa pareille en générosité, & me raconta quelques histoires qui me prouvèrent son bon cœur. Il me dit que les graces du corps & celles de l'ame ne se devoient rien chez elle l'une & l'autre. Il me la dépeignit douée d'un bon-sens naturel, d'une vivacité d'esprit surprenante, d'un bon goût pour toutes choses, & d'une facilité à s'exprimer égale à celle d'un orateur, & ce qui m'en plut davantage, complaisante, discrète, honnête, de ces humeurs égales, que l'on trouve si rarement; enfin, rassemblant en sa personne toutes les vertus, & toutes les plus jolies manières des plus aimables femmes de notre siècle. J'écoutois cela avec admiration, & disois en moi-même : heureux, qui posséderoit le cœur d'une si charmante personne ! Presque résolu de mettre tout en usage pour mériter ce bonheur, je m'informai de son nom, de son rang, & du lieu où elle demeuroit, qui n'est pas celui où vous l'avez laissée. J'appris tout cela de celui qui se donnoit tant de peine à me faire son éloge. Nous étant séparés, je me déterminai d'en devenir amoureux ; & je crois que je fus assez fou pour l'être avant que de l'avoir vue : je courus par-tout où je pouvois la trouver. La fortune qui ne m'a jamais flatté que pour me trahir, me fut ce jour-là favorable; je rencontrai cette belle dans une église; & quoique je n'eusse point d'autres marques pour la reconnoître que le deuil que vous lui faisiez porter, l'ayant trouvée parmi plusieurs dames, dont la plûpart étoient aussi habillées de noir, je ne laissai pas de la démêler, & ne jettai pas plutôt les yeux sur elle, que je ne doutai point qu'elle ne fût celle que je cherchois. A peine commençois-je à le croire, que j'entendis près de moi quelqu'un qui s'entretenoit d'elle. Un jeune cavalier dit en la nommant, que l'habit lugubre qu'elle portoit, n'ôtoit rien à ses charmes, & que ce seroit dommage qu'une si jolie veuve passât le reste de ses jours dans le célibat. Un autre qui heureusement ne la connoissoit pas, demanda où elle étoit : on la fit remarquer par la place qu'elle occupoit, & cela me confirma que je ne me trompois pas. A la vérité, dès que je vis sa taille & son grand air, je conçus pour elle une forte estime, je lui trouvai encore plus de mérite extérieur que je m'en étois figuré. Plein de cette idée que l'on conçoit à la première vue d'un objet en faveur de qui l'on est fortement prévenu, mon cœur se rendit sans faire la moindre résistance; & quoique charmé de ma défaite, j'eus honte d'y trouver tant de plaisir. Enfin, le rouge me monta plus d'une fois au visage : & comme le feu qui s'étend sur la superficie de la matière augmente son ardeur à mesure qu'il la pénétre, ainsi celui qui commençoit d'agir sur mon cœur, n'a fait depuis ce tems-là que croître malgré moi. Voilà comme je devins passionnément amoureux de votre femme.

L'esprit m'interrompit, en me disant. : Vous m'avez assez expliqué de quelle manière vous êtes tombé dans le piège, apprenez-moi comment vous découvrîtes votre passion, & si votre espérance augmenta comme votre feu. Quand je voudrois, lui répondis-je, vous déguiser mon aventure, je suis si persuadé que vous ne l'ignorez pas, qu'il me seroit inutile de vous en cacher la moindre circonstance.

Ayant ajouté trop de foi au portrait qu'on m'avoit fait de votre veuve, & me trouvant pour elle aussi prévenu d'estime que s'il n'avoit pas été flatté, je pris la liberté de lui écrire. Je crus que lui déclarant mes sentimens dans une lettre tendre & respectueuse, elle répondroit peut-être à mon amour & à mon compliment, ou que ne répondant ni à l'un ni à l'autre, il ne me seroit pas difficile d'étouffer une passion qui ne faisoit que de naître. Flatté de ces espérances, je lui appris ce que je ressentois pour elle, & me servis des expressions les plus honnêtes & les plus affectionnées qu'on puisse employer en pareil cas. Elle me fit réponse par un billet qui n'étoit ni vers ni prose, quoiqu'il me semblât que son dessein étoit de s'expliquer en vers. Elle ne me parloit en aucune manière de la passion qu'elle m'avoit inspirée. Tout ne rouloit que sur la curiosité qu'elle avoit de me connoître, & sur le plaisir qu'elle auroit toujours de recevoir de mes lettres. Il me parut aussi que voulant faire le bel-esprit, elle affectoit de suivre la ridicule opinion de Pytagore, que l'ame d'un homme, après sa mort passe dans un autre corps ; car elle me comparoit, avec une fade adulation, ou par ironie, à un des plus grands hommes des siècles passés, m'attribuoit en mauvais termes toutes les qualités héroïques qui l'ont rendu fameux, & me soutenoit qu'un autre que moi ne pouvoit si bien lui ressembler. Je compris par son style, que celui qui m'avoit parlé d'elle si avantageusement, m'avoit voulu tromper, ou étoit bien trompé lui-même ; mais malgré cette pensée, ma flamme ne put ni diminuer ni s'éteindre. J'étois trop prévenu en faveur du corps pour ne pas tout pardonner à l'esprit. Je me flattai que son dessein étoit de m'engager par un commerce de lettres dans un commerce de cœur, & que m'enseignant un moyen de lui plaire, elle n'étoit pas fâchée que j'entrepriſſe d'y réuſſir. Cela m'anima : je lui écrivis une ſeconde lettre auſſi paſſionnée que la première; je ſuis certain qu'elle lui fut rendue; mais depuis ce jour je n'ai vu ni des ſiennes, ni perſonne de ſa part, & j'ai remarqué qu'elle m'évitoit avec un ſoin fort étudié & des airs qui marquoient autant de mépris pour moi, que j'avois de reſpect pour elle.

L'eſprit me dit alors, que ſi mon déſeſpoir n'avoit point d'autre fondement, j'avois voulu mourir pour bien peu de choſe. Je lui répondis que j'en convenois; mais que puiſqu'il vouloit tout ſavoir, je devois lui faire part de deux réflexions qui avoient contribué particulièrement à m'inſpirer ce funeſte deſſein. La première, (lui dis-je,) c'eſt que m'étant flatté juſqu'ici d'avoir un peu de jugement, j'ai connu que je n'en avois point du tout. Cette connoiſſance eſt bien triſte, quand je conſidère que j'ai travaillé preſque toute ma vie à m'acquerir de la ſageſſe, & que je ne m'en ſuis point trouvé lorſque j'en avois le plus de beſoin. La ſeconde eſt le ſacrifice qu'on a fait de mes lettres à un rival heureux. Ce mépris me met dans une ſi grande colère, que j'en ſuis outré. J'ai agi comme un étourdi ; j'ai cru trop légèrement qu'une femme pût avoir tant de bonnes qua-

lités, je devois la connoître avant que de l'estimer. Cependant, sans savoir quasi ni pourquoi
ni comment, je donne tête baissée dans les
panneaux de l'amour, & en dépit du bon-sens,
j'abaisse mon ame, qui doit être souveraine,
jusqu'à la servitude d'une honteuse passion.
Celle qui la cause en est bien indigne, & celui
qui m'a si fort vanté sa vertu auroit bien de
la peine à en donner d'autres preuves que sa
prévention; car je suis sûr qu'un des voisins
de cette coquette, nommé Absalon, occupe
tout son cœur & la moitié de son lit. Elle
lui a fait voir mes lettres; ils m'ont tourné
en ridicule; cet insolent m'a berné dans les
compagnies qu'il fréquente : je jurerois que
c'est lui qui pour se moquer de moi, a fait
une impertinente réponse à ma première lettre,
& m'a donné matière à la seconde. J'ai vu
plus d'une fois son effrontée me montrer au
doigt, en disant à ses compagnes : voyez-vous
ce grand fat! c'est un de mes soupirans; n'ai-je
pas fait-là une belle conquête ? Plusieurs gens
dignes de foi m'ont rapporté qu'elle & son
galant ont fait mille mauvais contes, & ont
inventé des fables pour se divertir à mes dépens. Ah! qu'il est fâcheux à un honnête-homme
qui s'est acquis quelque réputation dans le monde, d'être la dupe d'une femme de ce carac-

tère! Je l'avouerai franchement, j'ai été si sensible à son mauvais procédé, que j'ai failli plusieurs fois à lui dire des injures en pleine rue. Je ne m'en serois jamais retenu, si quelques étincelles de raison qui me restoient encore ne m'avoient inspiré que je me ferois plus de tort qu'à elle, & que c'est une extrême imprudence de se venger, lorsqu'on sait que le mal qu'on veut procurer à quelqu'un nous en peut attirer un plus grand; mais la violence qu'il a fallu me faire pour dissimuler mon chagrin, n'en a pas diminué le ressentiment: elle n'a servi qu'à l'augmenter, & à me jetter quasi dans le désespoir.

L'esprit ayant été fort attentif à ce que je lui disois, prit la parole dès que j'eus cessé de parler. J'ai compris (me dit-il) que votre orgueil humilié n'a pas moins de part à l'origine de votre désespoir, que votre amour malheureux; mais comme cette passion trouve son compte avec presque toutes les autres, qu'elle est l'écueil des plus sages & des plus honnêtes gens; qu'enfin vous lui devez l'état funeste où je vous trouve; je veux pour votre utilité particulière, & peut-être pour celle de quelque autre, vous dire naturellement ce que je pense. Je vous parlerai en premier lieu de vos foiblesses, ensuite je vous ferai le portrait de celle dont vous ne feriez pas devenu amoureux fi vous l'aviez bien connue; & puis fi nous avons du tems, nous nous entretiendrons de ce qui a caufé l'erreur qui a penfé vous faire perdre l'efprit.

Je vous dirai d'abord que vous êtes blâmable par mille raifons. Je me réduis à deux principales; la première c'eft votre âge, & la feconde vos études qui devroient vous avoir rendu plus fage, & plus jaloux de votre réputation. Si votre vifage ne me trompe, vous avez plus de quarante ans. Il y en a quinze au moins que vous devez avoir de la raifon, & fi l'expérience des peines de l'amour ne vous en a pas rebuté dans votre jeuneffe, le nombre des années devoit au moins vous ouvrir les yeux fur cette malheureufe paffion, vous faire connoître les abîmes où elle nous plonge, & les reffources que vous aviez pour vous en tirer. Vous auriez compris avec un peu de réflexion, que les femmes n'aiment que les jeunes gens; que ceux qui commencent à s'éloigner de la jeuneffe ne leur conviennent plus; qu'il ne leur faut que du badinage, des faillies, de l'emportement & de la bagatelle, que l'on ne trouve pas ordinairement dans un homme que l'âge doit avoir mûri. Auriez-vous bonne grace à donner des férénades, à courir le bal, à vous mafquer, à danfer des pantalonades? Cependant tout cela tient lieu de mérite auprès des femmes. Voudriez-vous leur plaire à ce prix-là ? & vous le pardonneroit-on, fi l'on a peine à le pardonner aux jeunes gens ? Il feroit beau voir un damoifeau furanné comme vous, rôder toutes les nuits le nez dans fon manteau pour épier l'occafion d'entrer dans la maifon d'un jaloux ! Pourriez-vous bien efcalader une muraille & grimper fur une échelle de corde ? Voudriez-vous être expofé à vous cacher quelquefois par une terreur bien fondée, ou pour donner à votre maîtreffe le plaifir de vous faire peur & d'en rire avec un rival dont vous êtes la dupe ? Trouveriez-vous joli de mettre l'épée à la main pour vous garantir du jufte reffentiment d'un époux trahi, ou pour fatisfaire la jaloufie de quelque jeune emporté, qui vous croyant plus heureux que lui, vous rompra en vifière, & vous cherchera querelle à tous momens ? Vous avouerez que tout cela ne vous convient point, & fi vous ne l'avouez pas, tout homme plus fage que vous ne laiffera pas d'être de mon fentiment. Il eft donc mal féant & ridicule à un homme de votre âge d'être amoureux. Vous devez combattre cette foibleffe, vous devez foutenir votre réputation, & fervir de modele aux jeunes gens qui s'excusent de leurs égaremens & de leurs folies sur le mauvais exemple que vous leur donnez: mais passons à l'autre considération qui doit rendre l'amour également méprisable aux jeunes & aux vieux.

C'est votre application à l'étude des belles-lettres. Je sais que vous ne vous êtes jamais senti d'inclination pour les emplois de vos ancêtres. Un génie plus élevé vous a conseillé des occupations plus nobles. L'esprit de finance est trop esclave de l'intérêt, toute sa science est bornée à quelques règles d'arithmétique, & à faire profiter de l'argent bien ou mal. L'esprit de chicane est odieux, & celui de judicature fort sujet à corruption; celui de la guerre est beau, mais il est dangereux: l'on y consume souvent son bien & sa santé, sans en remporter autre chose qu'un peu de gloire & beaucoup d'infortune. La philosophie, à laquelle vous vous êtes dévoué dès votre plus tendre jeunesse, méritoit la préférence que vous lui avez donnée. Vous ne sauriez être blâmé d'avoir renoncé aux champs de Mars, aux finances, au bareau, pour occuper une place sur le Parnasse; mais les philosophes, les historiens & les poëtes ont dû vous apprendre ce que c'est que l'amour, ce que sont les femmes, ce que vous êtes, & ce que la raison exige de vous. Vous devez savoir que l'amour sensuel est une passion qui abrutit l'ame, affoiblit l'esprit, altère la mémoire, épuise nos forces & dissipe nos biens; qu'il est l'ennemi des jeunes gens & le tombeau des vieillards; qu'il engendre les mauvaises habitudes, pervertit la raison, ne conseille que l'injustice, n'occupe que les fous, & attire tôt ou tard la malédiction de Dieu. Combien d'exemples avons-nous des désordres que cette fatale passion a causés ? combien d'incendies, de meurtres, d'assassinats, de ruines de maisons l'ont décriée dans le monde ? Cependant la plûpart des hommes regardent l'amour comme une divinité, lui sacrifient quelquefois honneur, fortune, repos, & font gloire de lui rendre constamment un culte sacrilège. Si jamais cela vous arrive, souvenez-vous que vous faites grande injure à votre Dieu & à votre philosophie.

Si votre mémoire & votre expérience ne suffisent pas pour vous convaincre de ces vérités, considerez les tableaux qui nous représentent l'amour. Vous le verrez tout jeune, tout nud, avec des aîles, les yeux bandés, & les armes à la main; tout cela nous exprime allégoriquement les pernicieux effets des sentimens qu'il nous inspire. Cependant il n'a de pouvoir

pouvoir sur les hommes que parce qu'ils sont foibles; ses charmes ne sont que de vaines illusions, quand on les examine de près: de beaux yeux, une belle bouche, un beau teint, nous éblouissent, & nous empêchent de remarquer une infinité de défauts que la possession nous découvre. Ce qu'on appelle en amour devenir heureux, est proprement devenir misérable. Il suffit ordinairement de bien connoître les femmes pour se repentir de les avoir aimées. Si ce n'est pas dans l'âge où les passions règnent avec le plus d'empire, au moins est-ce dans celui où une vieillesse encore esclave de ses mauvaises habitudes ne laisse pas de nous permettre une infinité de tristes réflexions. Que de remords de conscience! que de tems perdu! que de bien consumé! que d'infirmités & de peines pour si peu de plaisirs.

Notre siècle ne manque pas de témoins, que le caractère de toutes les femmes est uniforme pour exercer la patience des hommes: elles se ressemblent presque toutes par-là. « Il en est peu d'assez parfaites, pour ne pas faire des inconstans, & pour empêcher un mari de se repentir, du moins une fois le jour, d'avoir une femme, & de trouver heureux celui qui n'en a point. » Je me souviens à ce propos d'un conte usé & rebattu, qui convient trop à mon sujet pour ne vous en pas raffraîchir la mémoire.

BELPHEGOR,

CONTE.

Le prince des enfers résolut un jour de rappeller une partie des émissaires qu'il entretient dans tous les états du monde. Quelqu'un lui avoit remontré que ceux qu'il emploie à tenter les gens mariés lui causoient une dépense qu'il pouvoit épargner sans se faire aucun préjudice, étant certain qu'il ne falloit point d'autres diables que les femmes pour damner les hommes; que peu faisoient leur salut, parce qu'il falloit une patience surnaturelle pour supporter les caprices de ces démons domestiques, & que presque tous les maris nouveaux débarqués, n'accusoient point de leur malheur d'autres mauvais anges que ceux qu'ils avoient épousés.

Le donneur d'avis fut écouté favorablement; mais avant que de révoquer les commissions d'inspecteurs du mariage, le sage prince députa des commissaires dans tous les royaumes de l'univers, pour être informé plus amplement, sur leur rapport, du véritable état de l'hymenée. Le département d'Italie échut à Belphégor. C'étoit un malin diable fort propre à faire un bon intendant. Les intérêts de l'état & du public lui étant moins chers que les siens propres, il s'entendit avec les gens d'affaires, & de gueux qu'il étoit, devint en peu de tems d'une opulence extrême. Ensuite, pour s'instruire à fond du détail du mariage, il prit une figure humaine des plus avantageuses, & parut à Florence comme un étranger fort riche, qui vouloit s'y établir.

Il fit d'abord grand fracas; habits magnifiques, belle maison, beaux meubles, carosse doré, gros équipage, enfin grande chère & bon feu, distinguèrent tellement le seigneur Belphégor, qu'il s'acquit en peu de tems un nombre considérable de flatteurs & de parasites, & fut souhaité pour gendre par tous les pères qui avoient des filles à marier. Il en choisit une de bonne maison, passablement belle, & des plus vertueuses de la ville. S'il n'en prit point une coquette, ce n'est pas que les cornes lui fissent peur, il étoit accoutumé d'en porter; mais il vouloit éprouver s'il n'étoit point de femme au monde avec qui l'on pût aller en paradis, sans passer par le martyre.

Ces beaux jours du mariage, qui durent peu & ne reviennent jamais, étoient à peine écoulés, que la belle fe montra telle qu'elle étoit. Elle ne trahit point la fidélité conjugale; mais le conjoint n'en fut pas plus heureux. Rien n'eſt plus infupportable qu'une femme qui fe pique d'être chaſte. Ce qui l'éloigne de la galanterie l'approche de l'orgueil; fon cœur ne peut contenir tout au plus qu'une vertu, & loge à la fois quantité de vices. Quand l'impudicité ne s'y rencontre pas, la fuperbe, la médifance, l'avarice & une infinité d'autres défauts y trouvent place. Penfant toujours bien d'elle-même, elle penfe toujours mal des autres : mais fi les coquettes fe perdent gaiement par la galanterie, par la bonne chère & par l'oifiveté, les prudes fe perdent triſtement par la préfomption & par l'envie. Fières du nom de fages qu'elles croient mériter, elles deviennent infolentes, & ne permettent pas de douter qu'un vice qui nous laiſſe en repos eſt préférable à une vertu qui nous aſſomme.

Le nouveau marié qui, tout diable qu'il étoit, vouloit paſſer pour honnête-homme, n'employa d'abord que douceur & raifon, quoiqu'il eût bec & ongles pour établir & maintenir fon autorité; mais après quelques mois de condefcendance, il ne fut plus tems d'y revenir. Madame étoit en poſſeſſion de faire enrager monfieur, & n'en démordit jamais.

Elle contrôloit presque toutes ses actions, &
n'en approuvoit pas une. S'il exerçoit sa libéralité, c'étoit un prodigue ; s'il se mêloit du
ménage, c'étoit un avare ; s'il visitoit ses amis,
c'étoit un libertin ; s'il restoit au logis, c'étoit
un misantrope. Elle ne lui distribuoit ses faveurs que par poids & par mesure ; & jalouse
sans être tendre, elle ressembloit au chien du
jardinier. Elle crioit après ses domestiques depuis le matin jusqu'au soir ; elle en changeoit
tous les jours : le moindre sujet de chagrin lui
en donnoit matière pour une semaine : elle
s'en faisoit quand elle n'en avoit pas ; enfin,
elle étoit insupportable à tout le monde & à
elle-même.

Belphégor se repentit mille fois de sa transfiguration, & regretta son premier genre de
vie, qu'il trouvoit incomparablement plus
heureux. Enfin, après quelques années de persécution, se sentant un dégoût universel, il
négligea ses affaires, & fit tout ce qu'il put
pour quitter Florence. Il plaça mal une partie
de son argent : il en prêta à des gens insolvables ; il fit bâtir des maisons sans nécessité ; en
un mot il se ruina, & poussé par ses créanciers,
se vit dans l'heureuse obligation de s'absenter.

Madame Honesta (c'étoit le nom de son
épouse) n'eut pas assez de vertu pour le con-

soler dans un état qui, selon toutes les apparences, étoit fort triste pour lui : au contraire, elle fut la plus acharnée à l'insulter dans sa disgrace, & lui refusa lâchement jusqu'à la compassion qu'on doit à tous les malheureux. Désespérée de ce qu'il échappoit à sa mauvaise humeur, & de ce qu'il lui enlevoit le plaisir de le tourmenter, elle éclata en invectives, le traita cent fois de traître & de scélérat, le souhaita à la potence, & battit un de ses petits enfans, parce qu'il demandoit où étoit son père. Elle fit un détachement de sa famille pour courir après lui, le dévaliser, & sous prétexte d'asyle l'enfermer dans un cloître de moines. Il n'auroit pas manqué là de compagnie ; mais il auroit reçu des visites de madame Honesta, qu'il craignoit plus que l'eau-benite.

La bonne dame ayant appris qu'il avoit évité l'embuscade, donna des avis secrets à ses créanciers pour le saisir, ensorte que le pauvre diable fut obligé de se cacher avec grande précaution. Il arriva qu'un jour sur le point d'être arrêté, il se jetta dans la grange d'un paysan, qui l'ayant caché dans le foin, le sauva des griffes des sergens; en reconnoissance de quoi, Belphégor qui avoit résolu de quitter sa figure postiche pour faire dans le monde son premier métier, lui révéla le secret de sa mission, &

lui promit d'abandonner trois poffédés, lorfqu'il fe donneroit la peine de l'en conjurer.
Il entra bientôt après dans le corps du bailli
du village. Le payfan s'offrit de chaffer le démon, l'on convint d'une fomme d'argent : Belphégor tint parole, & fortit à la première
conjuration. Il entre enfuite en poffeffion du
greffier : autre fomme promife, autre exorcif-
me, autre guérifon du démoniaque. Ces deux
miracles ayant rendu Pierrot fameux, on l'employe en dernier lieu pour chaffer le diable
du corps d'un de ces gens venus de rien, qui
ne font parens de perfonne, & font héritiers
de tout le monde. Il ne manqua pas d'en tirer
une fomme confidérable : il s'enrichit enfin,
& Belphégor s'acquitta pleinement de ce qu'il
avoit promis.

Quelque tems après il prit gîte dans le corps
de la fille d'un roi. On a recours au fameux
conjurateur ; mais il n'avoit plus de puiffance :
le nombre des cures qu'il devoit faire étoit
rempli. Il fe défendit long-tems de conjurer,
& pour excufe il allégua l'impoffibilité d'ôter
le diable de la tête d'une perfonne du fexe,
jurant qu'il n'avoit pu en venir à bout pour
fa propre femme. L'on ne fe paya point de
ces raifons, il fallut obéir, ou être attaché
à une potence dreffée tout exprès dans la place

publique, où la cour & le peuple étoient assembiés pour voir l'opération. Cependant le diable faifoit toujours la fourde-oreille aux conjurations du payfan. On étoit prévenu qu'il ne dépendoit que de lui de guérir la princeffe, & qu'il y avoit de la malice & de l'opiniâtreté à ne le pas faire, enforte qu'on étoit fur le point de l'exécuter, lorfqu'il s'avifa de prier le roi de faire battre tous les tambours & fonner toutes les trompettes de fa garde.

Belphégor entendant ce tintamarre, en demanda la caufe. C'eft madame Honefta qui arrive (lui répondit le manant). Elle a fu que vous étiez ici, elle vient vous y chercher, & les fanfares que vous entendez, retentiffent pour lui faire honneur. Belphégor n'eut pas plutôt ouï cette nouvelle, que non-feulement il quitta la poffédée, mais encore Florence & l'Italie, s'abîma dans les entrailles de la terre, préférant l'enfer & toutes fes horreurs à la compagnie d'une fort honnête-femme.

On peut puifer le fens moral de cette fable dans la fource des vérités chrétiennes; on y trouve que la compagnie d'un dragon eft préférable à celle d'une femme de mauvaife humeur; & l'on a vu dans les archives du fénat Romain un arrêt contre un banni, qui fe fai-

Tom. 31. pag. 4.

sant avec la philosophie, un adoucissement aux peines de l'exil, fut condamné, comme à un supplice inévitablement rigoureux, de revenir à Rome, & d'y demeurer avec sa femme. Mais c'est assez parler des prudes, & de celles qui par leurs airs impérieux & par leur orgueil outré, se font haïr de tous ceux qui les connoissent. Parlons de presque toutes les autres.

Leur plus grand soin est de tendre des lacs à nos libertés. Pour cet effet elles ne se contentent pas d'employer ce que la nature leur a donné de beauté, elles y ajoutent le fard, les eaux, les pâtes, & quelquefois les philtres. Leur principale occupation est de se parer : elles consultent incessamment leurs miroirs; elles s'idolâtrent à leurs toilettes, & passent le quart de leur vie devant ces petits autels, que l'amour-propre dresse à la vanité. Il est certain qu'elles ne connoissent point de plus grande gloire, que de plaire & de paroître belles. Si elles savent danser ou chanter, elles se servent admirablement de leurs avantages; elles affectent de montrer leur gorge, quand elles ont la peau blanche : elles ont des talons d'un demi-pied de hauteur, pour suppléer à la petitesse de leur taille : enfin, elles ne négligent rien pour donner dans la vue de tous ceux qu'elles trouvent en leur chemin ; & voilà comment elles attrapent chacune un époux & quantité d'amans.

Sont-elles mariées, elles oublient qu'elles font nées pour obéir, ou si elles s'en souviennent, elles prennent la résolution de secouer bientôt le joug. Les caresses & les complaisances sont les avant-coureurs de leur tyrannie : insensiblement elles se rendent maîtresses par-là de l'esprit de leurs époux, qui charmés de leurs manières, ou n'ayant pas la force dans ces commencemens de les contrarier, les gâtent, & leur fournissent de l'orgueil pour toute leur vie ; car dès qu'elles ont pris un certain train, qu'elles se voient un équipage, de beaux meubles, un rang, des amis qualifiés, au lieu de se tenir dans la soumission qu'elles doivent à leurs maris, elles croient leur faire trop d'honneur d'en être les compagnes, elles prétendent les gouverner & les maîtriser absolument.

Il faut, quoi qu'il en coûte, qu'elles aient tous les ornemens les plus nouveaux. Les plus déterminées coquettes n'ont point d'ajustemens, ni de modes que la plupart des autres ne veuillent imiter. J'avoue que la propreté est bienséante, & même nécessaire aux deux sexes ; que l'homme est une espèce d'arbre dont le monde ne juge que par l'écorce ; que le mérite en négligé n'a point le même éclat que sous un habit magnifique ; mais les femmes ne laissent pas d'être blâmables de ce que les hommes ne sauroient leur plaire, sans porter comme elles le luxe jusqu'à l'excès. Le mari qui a payé l'emplette de leurs parures, la dépense en étant faite, consent bonnement qu'on les use, sans prévoir la conséquence de l'usage qu'elles en veulent faire ; & loin d'être reconnoissantes des complaisances qu'on a pour elles, elles en deviennent plus fières & plus sottes que jamais.

Leur avidité pour le bien est inconcevable. Feignant de conserver celui de leurs maris, & d'être comme elles doivent dans leurs intérêts, elles se mêlent de toutes leurs affaires ; rien n'échappe à leur curiosité : sous prétexte d'économie & de soin, elles ont incessamment des démêlés avec les fermiers, les domestiques, les associés, les parens même de leurs époux, & ne paroissent bonnes ménagères en public, que pour être dissipatrices en particulier. Elles ne sont libérales qu'envers ceux qui servent leurs passions. Dès qu'on est utile à leur beauté, à leurs plaisirs, à leur curiosité, à leurs vengeances, elles ne marchandent point le prix de ces services, rien ne leur coûte ;

non-seulement elles dépensent de bonne grace, mais encore elles prodiguent leur bien.

Lorsque ces raisons ne subsistent plus, l'intérêt leur fait faire cent bassesses : elles se font rendre compte d'un bout de chandelle ; elles paient mal leurs domestiques ; elles pillent leurs maris, elles ruinent leurs amans. Telle qui tient bon contre la tendresse d'un homme qui ne lui plaît pas, échoue contre son or : elles idolâtrent ce métal, & n'ont rien à lui refuser. Il n'est point de vieillard si décrépit & si chassieux qu'elles n'épousent volontiers, s'il est beaucoup plus riche qu'elles. Leur délicatesse se console dans l'espérance d'être bientôt délivrées des dégoûts qu'un tel hymen leur prépare. Elles emploient toute leur industrie pour donner dans la vue de l'opulent grison, & dès qu'elles sont mariées, elles n'épargent ni caresses, ni complaisances pour mériter un article avantageux dans le testament du bonhomme. S'il est trop vieux pour avoir des enfans, il arrive souvent qu'il ne manque pas pour cela d'héritier qui porte son nom ; car si la dame, avec le secours qu'elle emprunte, ne lui en peut donner, elle a quelquefois assez d'habileté pour feindre une grossesse, & se faire honneur du travail d'un autre ; & tout cela, afin que veuve & tutrice, elle puisse passer plus agréablement le tems de sa viduité.

Le lit n'est point un asyle contre leur mauvaise humeur. C'est ordinairement le tribunal où elles condamnent la conduite de leurs maris, où elles font leurs mercuriales, où l'on connoît enfin que l'hymen & le repos sont incompatibles. La plûpart n'y sont pas plutôt, qu'elles disent au pauvre homme qui voudroit dormir ou parler d'autre chose : vraiment je vois bien comme vous m'aimez ? Il faudroit être bien aveugle pour ne pas voir qu'une autre vous plaît davantage que moi. Croyez-vous que je ne sache pas vos intrigues ? Allez porter vos caresses à madame une telle ! Je trouverai qui fera plus de cas des miennes : vous m'estimez aussi peu que si vous m'aviez prise à l'hôpital ; cependant Dieu sait combien de jolis hommes m'ont recherchée en mariage, & se seroient trouvés heureux de m'épouser sans dot ; ils m'auroient rendue maîtresse de leur cœur & de leurs richesses ; & vous à qui j'ai apporté un bien considérable, ne me laissez pas seulement la disposition d'un verre d'eau. Vos frères, vos neveux, vos domestiques, ont chez vous plus de crédit que je n'en ai : ils n'en useroient pas plus mal, quand je serois votre servante. Je suis bien malheureuse de vous avoir connu. Je voudrois que ceux qui se sont mêlés de notre mariage fussent dans la rivière. Voilà comme elles apostrophent ordinairement leurs maris, qui sont quelquefois contraints, à force de persécution, d'éloigner de chez eux père, mère, frères & sœurs, & d'abandonner le champ de bataille pour avoir la paix.

Dès qu'elles se voient maîtresses de la maison, & qu'elles sont délivrées de la présence de ces fâcheux, qu'elles regardoient comme autant d'espions de leur conduite, elles ne songent plus qu'à se bien divertir, & à contenter toutes leurs convoitises. Si les maris, rebutés de leurs bizarreries & de leurs injustices, changent de sentiment à leur égard, & se trouvent dans l'impossibilité de leur témoigner de l'empressement ; elles ne conçoivent point qu'elles méritent leur froideur, & qu'on ne peut aimer son bourreau : elles s'en plaignent à tout le monde, & font des éclats ridicules. J'en ai connu une qui fit un procès à son époux pour un semblable sujet. On en a fait un conte en vers, qui ne prouve pas moins l'injustice des femmes, que l'abus d'une ancienne jurisprudence à présent abolie. Le voici.

DE BOCACE.
LES DEUX PROCÈS,
CONTE.

LE marquis de Vercourt, brave homme, bon soldat,
Entendoit bien la chasse, & fort peu les affaires;
Aimoit joie & festin, vivoit avec éclat :
   Bien connu de tous les notaires ;
Car il passoit souvent contrat :
Non pas pour placer quelque somme,
   (Cas indigne d'un gentilhomme ;)
C'étoit sur l'intérêt un prince assurément :
   Si jamais il connut l'usure,
   Ce fut toujours passivement :
Empruntoit volontiers, payoit bien rarement :
Souffroit des créanciers l'ordinaire murmure,
   Et les traitoit civilement,
Chez lui saisir des biens n'étoit pas une injure :
   Enfin il vivoit noblement.

   Ce brave homme avoit une épouse
   D'humeur querelleuse & jalouse.
Sa dot avoit rempli les coffres de l'époux ;
Mais à tel dépensier l'argent ne dure guères :
   Tant qu'il dura, l'hymen fut doux :
   Grand feu, grand bruit & grande chère.
Quand l'argent fut fini, commença le chagrin :
   A la maison fréquente noise.
   Monsieur aimoit une bourgeoise.
Madame, par vengeance, aimoit certain blondin,
   Et le blondin, par sa foiblesse,
   Ne la vengeant qu'avec tiédeur,
   Elle eut recours à la tendresse
   D'un brun plus habile vengeur.

Le marquis étoit débonnaire :
Etre jaloux n'étoit pas son défaut ;
Pourvu qu'il fût chez sa Cataut,
Ce qu'on faisoit chez lui ne le tourmentoit guères.
A telle femme, un tel mari
Si favorable au favori,
Devoit être un homme adorable ;
Cependant sa mauvaise humeur
N'en devint pas plus sociable ;
Elle quitte le bon seigneur.

Elle se pourvoit en justice,
Demande séparation,
Et fonde sa prétention,
Devinez un peu, sur quel vice!
Elle prétend que son époux,
Par une bonté nécessaire,
Des deux amans n'est point jaloux,
Parce qu'ils font chez lui ce qu'il n'y sauroit faire.
Pose en fait que le sacrement
Entr'eux n'a point fait d'alliance,
Et pour le dire néttement,
Elle l'accuse d'impuissance.

Le mari souffre, & ne dit mot,
Fort chagrin pourtant en son ame :
S'il avoit pu garder la dot,
Il auroit bien rendu la femme ;
Mais le doux billet du sergent
Demandoit la femme & l'argent.

Tandis

Tandis que sa pauvre cervelle
Se donne mille soubresauts,
Voici la pucelle Cataut
Qui lui fait affaire nouvelle.
Elle avoit naturellement
Taille menue & dégagée ;
Elle accuse son cher amant
De l'avoir tout-à-fait changée.
Bref elle soutient que son flanc
Porte un fruit natif de son sang.
Elle étoit de bonne famille,
De deux gros conseillers parente d'assez près :
Bons dommages, bons intérêts,
Seront assurément adjugés à la fille.

Vous croyez qu'un pareil malheur
Doit de notre marquis redoubler la tristesse ;
Au contraire, il en rit sans cesse :
Il croit être sûr du succès ;
Ne pensez pas qu'il sollicite ;
Il boit, il mange, il chante de bon cœur,
Et l'on ne voit point à sa suite
D'avocat, ni de procureur.

Mais quelle conduite est la vôtre,
Lui remontre un ami ; devenez plus soigneux ;
Songez à vos procès ? Non, non je suis heureux ?
Je n'en saurois (dit-il) perdre un sans gagner l'autre.
Il faut convenir de ce point :
Si Cataut a raison, ma femme ne l'a point.
Cataut apparemment gagnera son affaire :
Les voisins sont témoins, la preuve est assez claire ;

D

Je la voyois souvent, & je la payois bien.
 Elle devoit pourtant se taire
 Pour son honneur ; mais pour le mien
 Elle ne pouvoit pas mieux faire.

Ma femme perdra donc, & pour le moins sa dot
 Me demeurera pour mon lot.
 Si pourtant sa haute impudence
Me faisoit condamner sur le fait d'impuissance ;
Serviteur à Cataut : des quinze mille francs
 Que cette gueuse me demande,
 Je ne donnerois pas six blancs,
Et même il lui faudra me payer quelque amende.

 Fondé sur ce raisonnement,
 Qu'il soutient par-tout immanquable,
Sans vouloir se défendre il attend doucement
Au moins sur l'un des chefs justice favorable :
 Mais le raisonneur malheureux
Railla des deux procès, & les perdit tous deux.

 Cataut le fait déclarer père
 De ce qu'elle appelle son fruit,
 Et dès-là contre l'adultère
 Arrêt & tout ce qui s'ensuit.
 D'autre part, par défaut, convaincu d'impuissance,
Séparé de sa femme, il faut rendre son bien :
 Tout cela choque l'apparence ;
 Peut-être vous n'en croyez rien.
On m'a pourtant montré l'une & l'autre sentence.

Mais sans disputer sur des faits,
Une épouse fâcheuse a-t-elle des attraits ?
Falloit-il du marquis condamner la foiblesse ?
 Et ne peut-on sans perdre son procès
  Près de sa femme être L....
  Et S..... près de sa maîtresse.

La plûpart des femmes qui paroissent le plus chastes, seroient au désespoir de ne posseder qu'un seul homme. Je leur pardonnerois plus aisément si deux ou trois leur suffisoient, & que leurs galans fussent toujours d'un mérite supérieur, ou du moins égal à celui de leurs époux ; mais si leur tempérament est insatiable, leur caprice est surprenant ; il ne leur laisse point la liberté du nombre ni du choix. Un laquais, un paysan, un muletier, un chaudronnier, tout leur est bon.

Nul n'est exempt de leurs injustices ; les plus beaux sont trahis comme les plus laids. L'histoire d'Astolphe & de Joconde n'est ignorée de personne. Ils dissimulèrent sagement un mal qui perd beaucoup de sa force dans le secret ; mais leur expérience, comme celle de la plûpart des hommes, nous apprend que le seul moyen de s'empêcher d'être trompé par les femmes, c'est de s'attendre à l'être. Arioste nous dépeint encore leur goût hypocondriaque,

& leur mauvaise-foi, dans une autre histoire que je veux dire ; car j'aime à conter.

HISTOIRE

De Griffon & de la perfide Origile.

GRIFFON, l'un des plus vaillans chevaliers du siècle de Charlemagne, aimoit une belle fille nommée Origile. S'il n'avoit rien épargné pour lui prouver sa tendresse, il n'avoit pas lieu de se plaindre de sa reconnoissance. Il lui survint des affaires si pressantes, qu'il fut obligé de laisser sa maîtresse malade à Constantinople. Il ne faut pas demander s'il fut affligé en la quittant, & s'il fut inquiet éloigné d'elle. Pour se l'imaginer, il suffit de savoir que c'étoit un bon cœur d'homme, & qu'il étoit amoureux.

Peu après son départ sa belle se porta de mieux en mieux, & ne fut pas plutôt guérie qu'elle fit banqueroute à la constance. L'absence forcée ou volontaire est un crime que les femmes galantes ne pardonnent point : celle-ci oublia bien-tôt son amant, & se coëffa du premier venu : ce fut un nommé Martan, l'homme du monde le plus indigne d'une bonne fortune. Ils partirent ensemble, & tirèrent du côté de Damas.

Griffon ne fut pas long-tems sans revenir à Constantinople. N'y trouvant plus sa maîtresse, il s'informa de ce qu'elle étoit devenue; on lui apprit qu'elle étoit partie depuis quelques jours avec un cavalier. Il résolut de la tirer des mains de son rival, & de le punir de l'avoir débauchée. Il les joignit en peu de jours, & cette ingrate qui devoit plus de justice au mérite & à l'amour de Griffon, eut un sensible chagrin de le revoir, & trembla pour son nouvel amant. Cependant, de concert avec celui-ci, elle dissimula son inquietude, & s'excusa de son départ précipité, sur la rencontre qu'elle avoit faite (disoit-elle) de son frère, qu'elle n'avoit pu se dispenser de suivre. Griffon fort satisfait que son rival & sa maîtresse fussent si proches parens, fit en considération de la sœur, toutes les honnêtetés possibles au frère prétendu, & les pria de trouver bon qu'il leur servît d'escorte jusqu'au lieu où ils alloient. Le parti fut accepté de bonne grace, & tous les trois arrivèrent joyeusement à Damas. Ils trouvèrent toute la ville en mouvement : on y préparoit un carrousel pour le lendemain. Grand nombre d'étrangers, conduits par la gloire ou par la curiosité, s'y étoient rendus.

des quatre coins du monde ; en forte que toutes les hôtelleries étant pleines, ils furent obligés d'accepter l'offre qu'un honnête chevalier leur fit de prendre fa maifon. S'étant mis à table avec leur hôte, qui les régala fplendidement, Griffon, entre la poire & le fromage, demanda le fujet des préparatifs qu'on faifoit. Le Damafquin étoit trop courtois pour lui refufer cette fatisfaction, & prit ainfi la parole.

Notre bon roi Noradin, après avoir aimé long-tems Lucine, fille du roi de Chypre, l'obtint enfin en mariage, & fut l'époufer en fon pays, où j'eus l'honneur de l'accompagner. Peu de jours après leurs nôces, ils s'embarquèrent pour revenir à Damas. A peine fûmes-nous en pleine mer, qu'une furieufe tempête s'éleva. Elle dura trois jours & trois nuits, au bout defquels notre pilote nous fit aborder où il put. Nous mîmes pied-à-terre dans un pays inconnu, & tendîmes nos pavillons fur le rivage, dans le deffein d'y camper jufqu'à ce qu'on eût radoubé notre vaiffeau. Le roi n'en fut pas plutôt defcendu, qu'il prit fon arc & fes flèches, & fut chaffer dans une forêt voifine. A peine l'avions-nous perdu de vue, que nous vîmes venir vers nos tentes un monftre horrible, gros comme une maifon. Il avoit une tête & des défenfes faites comme celles d'un sanglier. Il étoit aveugle, & deux gros os noirs & luisans lui tenoient lieu de prunelle ; mais de peu nous servit qu'il fût sans yeux, il ne laissa pas de nous joindre d'une vitesse difficile à comprendre, & fleurant le nez en terre comme un chien qui quête, nous eûmes beau fuir, il nous lança, pour ainsi dire, & nous força si vigoureusement, que de quarante que nous étions, à peine y en eut-il dix qui purent gagner à la nage notre vaisseau. Je fus du nombre des malheureux. Il jetta négligemment les uns sur son dos ; il mit les autres sous son bras, & dans sa chemise ; d'autres dans un sac qu'il portoit à son côté en guise de pannetière. Enfin il nous porta tous dans sa caverne, & nous y mit pêle-mêle avec quantité de femmes, de filles, de chêvres, de boucs & de moutons. Nous y trouvâmes aussi une vieille matrone qui nous parut être sa femme, & qui nous fit comprendre par son air refrogné qu'ils ne faisoient pas bon ménage. Nous comprîmes aussi que le patron aimoit mieux la chair humaine que celle des bêtes ; car dès que nous fûmes arrivés, il débuta par croquer trois de nos camarades. Peu de tems après il ouvrit sa porte, qu'il avoit grand soin de tenir fermée, & conduisit aux champs son troupeau, en jouant de la cornemuse.

Noradin, revenu de la chasse, fut bien surpris de trouver son camp désert. Il s'approcha du rivage. Nos matelots qui étoient en rade le reconnurent, lui amenèrent promptement un esquif, & lui apprirent notre disgrace. Il y fut d'autant plus sensible, que Lucine y étoit enveloppée. Il jura, il pesta, il battit des pieds, il s'arracha les cheveux, & résolut de la délivrer, ou de mourir à la peine. Pour cet effet il se mit à la piste du monstre le long de la mer, sans être accompagné; car personne n'eut assez d'intrépidité pour le suivre. Lorsqu'il fut proche de l'antre, la matrone l'apperçut par une lucarne, & lui cria charitablement de s'éloigner. C'est ici (lui dit-elle) la maison de l'ogre : vous êtes bienheureux de ce qu'il est aux champs ; profitez de son absence & fuyez promptement ; car s'il vous rencontroit, c'est un mangeur de chrétiens qui vous mettroit en capilotade. Quand ce seroit le diable, lui dit Noradin, il a enlevé ma femme, je prétends qu'il me la rende, & ne sortirai point d'ici sans l'avoir, ou mourir. Elle se porte bien (répondit-elle,) vous ne devez rien appréhender pour sa vie ; mais vous avez tout à craindre pour la vôtre. Nous avons ici beaucoup de femmes ; l'ogre a du respect pour elles, il n'en tâte jamais, & ne maltraite que celles qui n'ayant pas la complaisance de lui tenir compagnie, essayent de se sauver. En ce cas-là il les enterre toutes vives, ou les expose toutes nues, liées & garottées, jusqu'à ce que la faim & l'ardeur du soleil les fasse expirer; mais des hommes, il en fait ses choux gras : tout aveugle qu'il est, son nez est si fin, qu'il sait faire la différence des sexes. Il a de quoi se régaler pendant cinq ou six jours des corps de vos camarades, & peut-être du vôtre, si vous ne prenez le parti de vous retirer promptement. Noradin se moqua de tout ce qu'elle lui put dire. Il aima mieux voir Lucine un moment & périr, que de vivre sans elle. L'ogresse qui avoit l'ame plus tendre que son mari, fut touchée de la constance du prince; & comme les femmes ne manquent point d'habileté pour tromper, celle-ci lui dit, que puisqu'il étoit si opiniâtre, il falloit qu'il se frottât de la graisse d'un grand bouc nouvellement écorché, dont elle lui jetta un lopin; qu'il se couvrît ensuite de la peau de cet animal qu'elle lui donna, & qu'il se mêlât parmi le troupeau, lorsqu'il reviendroit du pâturage. Noradin suivit ce conseil, il se frotta de graisse depuis les pieds jusqu'à la tête; il prit tout l'extérieur du bouc jusqu'à ses cornes, & entra à quatre pattes, sans que l'ogre s'en apperçut. Nous tremblions tous alors d'une juste crainte; car l'antropophage qui avoit pris de l'appetit à la promenade, nous fleura tous les uns après les autres dès qu'il fut entré, & fit son soupé de deux jeunes garçons de notre équipage. Il ne se donna pas la peine de les faire cuire, il les mangea tout crus: son grouin baveux de sang, & ses ongles qui déchirèrent en un instant ces malheureux, me font encore frémir quand j'y pense. Enfin il sortit un moment pour prendre l'air, & Noradin prit ce tems-là pour se découvrir à nous. Lucine & lui se donnèrent mille marques de tendresse, & résolurent que nous essayerions tous de sortir le lendemain, comme il étoit entré. Nous en fîmes confidence à la matrone, qui nous promit le secret, sans oser faire comme nous. Elle fit boire son petit mari plus que de coutume, & le fit coucher de bonne heure. Cela ne doit pas surprendre, ce n'est pas la première femme qui endort son mari pendant qu'on le vole. Nous passâmes toute la nuit à étrangler des boucs & des chévres autant qu'il nous en falloit pour nous oindre & nous habiller, & sortîmes le lendemain, quand l'ogre ouvrit sa porte pour mener paître son troupeau. Ne voyant goutte il se défioit de la désertion: il tâtoit & sentoit pièce à pièce tout ce qui sortoit; mais malgré toutes ses précautions, notre puanteur & nos peaux le trompèrent si bien, que nous passâmes tous heureusement, à l'exception de Lucine, qui par une délicatesse hors de saison, ne pouvant souffrir l'odeur de la graisse, ne s'en étoit pas assez frottée. Le monstre la repoussa rudement dans la caverne, & nous fîmes notre chemin sans nous en appercevoir que dans la prairie. Nous eûmes beaucoup de peine à empêcher Noradin de retourner sur ses pas : enfin, l'espérance de trouver quelque autre moyen de sauver Lucine, le détermina de s'éloigner avec nous, lorsque notre berger, ou plutôt notre loup, se fut endormi sous un arbre, il ne faut pas demander si la pauvre Lucine essuya sa mauvaise humeur, lorsqu'à son retour, il ne trouva qu'elle & sa femme au logis. Elle fut attachée toute nue à un rocher au bord de la mer ; mais elle fut assez heureuse pour être bientôt délivrée de ce supplice ; car Noradin, au désespoir, étant retourné deux jours après pour se faire engloutir, apprit de la vieille qu'il trouva seule, que deux chevaliers de l'armée d'Agramant avoient délivré la belle Lucine : nous n'avons pu savoir encore comment ils s'y sont pris. Noradin a couru le monde quatre mois entiers, pour s'informer où ils avoient mené son épouse ;

enfin il a fu ces jours paffés, qu'elle étoit en bonne fanté chez fon père à Nigotie, & qu'elle devoit fe rendre bientôt ici. La joie qu'il a de cette bonne nouvelle lui a infpiré le deffein d'en faire part à fes peuples par une fête qui fe renouvellera tous les ans à pareil jour que demain. Je fuis perfuadé que vous ne manquerez pas de vous y fignaler. Le roi deftine un prix confidérable à celui qui donnera de plus grandes preuves de valeur. Il veut que l'on combatte auffi férieufement que fi c'étoit tout de bon, fe réfervant pourtant la liberté de féparer les combattans quand il le jugera à propos. Griffon, toujours affamé de gloire, fut ravi d'avoir une occafion nouvelle d'en acquérir, & Martan témoigna la même chofe, quoique naturellement il n'aimât pas les jeux de main.

Le jour fuivant, les trompettes ayant annoncé le retour de l'aurore, tout ce qu'il y avoit de chevaliers endoffa le harnois, & parut dans la lice. Il y avoit déjà des parties liées, & des coups donnés, lorfque Martan, qui n'avoit pas dormi tranquillement, & qui avoit été tout le matin fort trifte, parut encore plus interdit. Griffon lui remit le cœur au ventre le mieux qu'il put, & l'obligea de marcher contre un chevalier qui l'appelloit au combat. Martan fit quelques pas en avant, & beaucoup davantage en arrière : il n'eut pas la fermeté d'aborder son ennemi; il fit lâchement volte-face, & le preux auquel il avoit affaire, le reconduisit jusqu'au bout de la carrière à grands coups de sabre sur les oreilles. Le peuple fit une huée qui rendit Griffon confus, & le mit dans une telle rage, qu'il se surpassa ce jour-là. Il eut pour adversaires les sept plus braves champions du carrousel, il les auroit tous assommés, si Noradin n'avoit interposé l'autorité royale pour suspendre sa valeur. On fut contraint de faire cesser les joûtes, & tous les spectateurs furent aussi charmés de Griffon que mal édifiés de son camarade.

Griffon, sans attendre davantage, ni se faire connoître, fut rejoindre Origille, qui n'ignoroit pas l'aventure de Martan, & ne lui en faisoit pas plus mauvaise mine; il leur conseilla de sortir promptement ensemble de la ville, de crainte que la populace ne fît quelque affront au frère de sa maîtresse, dans lequel il crut devoir respecter cette qualité, jusqu'à lui épargner de la confusion par des reproches qu'il méritoit. Ils délogèrent sans trompette, & s'arrêtèrent au premier village, où Griffon, chagrin & fatigué, ne fut pas plutôt, qu'il se mit entre deux draps & s'endormit.

Pendant ce tems-là Origile & Martan résolurent de s'en défaire, & de lui enlever le fruit glorieux de ses travaux. Martan prit les armes & le cheval de ce brave malheureux, & s'en revint avec sa prétendue sœur à Damas, où Noradin faisoit chercher par-tout le chevalier aux plumes blanches, pour lui donner le prix dû à sa bravoure. Griffon n'avoit paru en public que la visière baissée, en sorte que Martan étant à-peu-près de même taille, fut aisément pris pour lui. Noradin le reçut honorablement avec Origile dans son palais, lui fit toutes les caresses qu'un roi peut faire sans faire tort à sa dignité; & après lui avoir mis en main le prix dont on le jugeoit digne, lui demanda des nouvelles de son lâche compagnon. Je vous assure, (lui dit le roi,) que si vos actions ne m'avoient inspiré une extrême considération pour vous, votre camarade ne seroit pas sorti de Damas, sans porter les peines de son infamie. Martan assura le roi qu'il ne prenoit aucun intérêt à cet étranger; qu'il ne le connoissoit que pour l'avoir trouvé en chemin à une journée de la ville, & la scélerate coquette appuya cette lâche déclaration.

Griffon, à son réveil, croyoit encore rêver, lorsqu'il apprit qu'elle étoit partie avec Martan. Son étonnement redoubla quand il s'apperçut du troc qn'il avoit fait avec lui. Il reconnut pour lors la fausseté de l'alliance de ces deux personnes, & leur caractère naturel. Il ne pouvoit se résoudre d'endosser la cuirasse d'un poltron, quoique souvent meilleure qu'une autre; cependant il fallut s'en servir : il fut obligé de prendre tout l'équipage de l'indigne chevalier, & se rendit le plus promptement qu'il put à Damas, où il espéroit d'en savoir des nouvelles. Noradin qui se promenoit sur le rempart avec sa cour, fut le premier qui l'apperçut : il le fit remarquer à chacun, & entr'autres au traître Martan & à la perfide Origile, qui lui conseillèrent de le faire pendre en arrivant. Le roi ne trouvant pas le cas pendable, ordonna seulement à un de ses officiers de l'arrêter, & de le mettre dans un cachot, pour donner le jour suivant un nouveau spectacle au peuple. Griffon fut dépouillé, garotté & promené par toutes les rues dans un char attelé de deux vieilles vaches maigres; ses armes furent attachées derrière, & traînées dans la boue : toute la canaille lui en jetta, & le suivit avec des injures & des railleries cruelles : enfin il fut impitoyablement conduit de cette manière jusques hors des portes, où on lui prononça un arrêt de bannissement. Il n'eut pas plutôt les mains libres, qu'il détacha son épée, & se rua sur ces gens-là avec tant de furie, qu'il en étendit par terre, en un moment, plus d'une trentaine. Non content de cette expédition, il les reconduisit brutalement jusqu'à la porte de la ville, où il causa une telle épouvante, que Noradin fut obligé de sortir avec ce qu'il put rassembler de soldats. Griffon tint ferme dans un défilé, & fit des actions si extraordinaires & si belles, que le roi qui aimoit les braves gens, lui demanda son amitié, & s'étant éclairci de la trahison de Martan & d'Origile, répara, par la punition des traîtres, & par tous les bons traitemens qu'il put imaginer, les outrages qui avoient été faits à Griffon.

Les fables sans allégories sont insipides. L'on n'en trouve point dans l'Arioste qui n'en renferme quelqu'une. Ces deux-ci font une opposition du caractère des deux sexes, en nous montrant dans Noradin la constance & la générosité des hommes, & dans Origile la perfidie & la légéreté des femmes.

Ce sexe est naturellement foible & timide; le moindre péril le fait trembler, il tremble
quelquefois

quelquefois où il n'y en a point : beaucoup de femmes n'osent aller la nuit en aucun lieu sans être accompagnées, de crainte des voleurs ou des esprits. Si elles entendent une souris ronger, si le vent fait mouvoir une fenêtre, si une petite pierre tombe du plancher, s'il tonne, si l'on manie une arme-à-feu, elles ont une frayeur inconcevable ; mais quand il s'agit d'une expédition amoureuse, rien ne leur fait peur, l'on ne trouve alors que des femmes fortes.

Combien avons-nous d'exemples du mépris qu'elles font des dangers pour posséder leurs amans ; elles ne craignent ni pour leur honneur, ni pour leur vie ; elles passent les mers, elles courent les champs, elles se trouvent la nuit dans des lieux écartés, jusques sur des cimetières, dans des bois & dans des cavernes : les délices de l'amour effacent de leur esprit l'horreur des choses les plus affreuses : elles ont la hardiesse de cacher leurs galans dans leurs maisons, & de les introduire même dans le lit nuptial, sans que la présence d'un époux qui peut s'éveiller, leur imprime la moindre appréhension de sa juste vengeance. Enfin, combien en est-il qui s'exposent à être diffamées par des grossesses illégitimes, ou à perdre la vie, en l'ôtant à leur fruit à demiformé. La réflexion de ces suites malheureuses, qu'elles prévoyent quelquefois, ne les effraye point. Combien d'enfans qui voyent le jour malgré celles qui le leur ont donné, sont exposés dans les rues, & nourris dans les hôpitaux ; ce ne sont pas les plus malheureux, non plus que ceux qui partagent avec des frères uterins un bien paternel qui ne leur appartient pas. Mais ce qui fait horreur à la nature, c'est d'en voir étouffés dans le berceau, ou servir de pâture dans les bois aux bêtes sauvages & aux oiseaux. Qui considérera bien toutes ces choses, dont plusieurs femmes ont été capables, conviendra que l'impudicité n'est pas leur plus grand vice.

Si la grande jeunesse ou le tempérament en rend quelqu'une moins sensible, cela ne dure qu'un tems, & seulement jusqu'à ce qu'elle rencontre la personne qu'elle doit aimer. Il est une saison dans l'année que les animaux semblent trouver plus propre à l'amour que les autres : les femmes en ont une semblable en leur vie, qui vient plutôt ou plutard, & qui dure ordinairement toujours dès qu'elle a commencé. Jusques-là elles ne veulent que paroître belles ; mais ensuite leur amour-propre vise à quelque chose de plus solide. On a raison de dire que l'amour a son heure comme la mort ; car il en vient une où la plus honnête femme cesse de l'être d'effet ou de volonté, & perdre la chasteté de manière ou d'autre, n'est pas moins infaillible au sexe, que de perdre la vie. Je me souviens d'avoir autrefois fait mettre en air, par un habile musicien, ces paroles que j'envoyai notées à une belle qui se piquoit d'indifférence pour toute autre chose que pour la musique.

  On ne peut résister toujours
   Aux charmes des amours ;
 Il vient un jour qu'il faut se rendre ;
  Vous aimeriez dès aujourd'hui,
  Si vous aviez trouvé celui
  Qui vous doit rendre tendre.

Je ne suis pas étonné qu'un honnête-homme ne puisse souffrir que sa femme ait une intrigue : s'il en est amoureux, il ne sauroit être à l'épreuve de l'injuste préférence dont son rival est favorisé ; & s'il n'a pas beaucoup d'empressement pour elle, il ne laisse pas de faire un sot personnage : il est la dupe de ces amans, qui, malgré tous ses soins, rendent toujours ses précautions inutiles ; il en défraye les plaisirs : celui de le tromper les indemnise des peines qu'ils sont obligés de prendre pour cacher leur jeu. La femme rend compte au savori de tout ce que dit, de tout ce que fait l'époux, jusqu'aux choses les plus secrètes; il est raillé & maltraité dans toutes leurs conversations. Sa tendresse paternelle est souvent ridicule à leurs yeux & à ceux de quelques personnes qui voient clair, & qui admirent sa bonne-foi. Enfin les coquettes sont les plus mauvaises compagnes qu'on puisse avoir, si on excepte les prudes, dont la mauvaise humeur est encore plus insupportable; & il est presqu'impossible qu'une femme ne soit l'une ou l'autre.

Elles sont si bisarres, qu'il est quelquefois nécessaire, pour en être aimé, de leur cacher la passion qu'on a pour elles. Ce n'est pas un bon secret de paroître trop amoureux pour en venir à bout. Quand elles sont sûres d'un cœur, elles le négligent. L'indifférence au contraire, en irritant leur vanité, irrite leurs desirs; elles craignent de perdre leurs conquêtes, & j'en ai connu qui se sont fortement attachées à des gens qu'elles n'auroient jamais favorisé, si ces heureux amans n'avoient eu l'adresse de cacher leur véritable ardeur sous une feinte indifférence: mais de quelque manière qu'on s'y prenne, on feroit beaucoup mieux d'employer son habileté à de meilleures choses.

Ceux qui ont le moins de sujet de se plaindre de l'amour avoueront (s'ils veulent dire sincérement ce qu'ils en penfent) qu'il fait payer fes plaifirs beaucoup plus qu'ils ne valent. Eft-il rien de plus incommode & de plus fatiguant qu'une femme amoureufe? Il faut lui rendre compte de toutes fes actions; ne la pas quitter un moment; s'épuifer pour elle de toutes manières; facrifier fa fortune, & tout entreprendre pour la contenter. Elle exige une complaifance aveugle & déraifonnable, qui rebute les plus conftans. Sa paffion eft-elle ufée, fon commerce a-t-il tari votre bourfe, & épuifé votre fanté, il eft fûr qu'elle vous méprife & vous abandonne lâchement.

L'union conjugale la mieux établie, n'eft pas exempte de ces retours; les plus belles années du mariage ne répondent pas toujours de celles qui les fuivent; & les cataftrophes des unes & des autres doivent faire trembler ceux qui s'engagent dans un lien que la mort feule peut délier.

Un homme qui étudie affez le caractère des femmes pour les connoître, ne comptera jamais fur leur perfévérance. Elles n'ont rien de folide; elles ne voudront plus demain ce qu'elles veulent aujourd'hui. Il en eft ainfi de toutes les chofes qu'elles défirent, fi l'on en excepte une feule qu'elles veulent toujours.

Le plus grand crime d'un amant qui déplaît,

est son amour; plus il est sensible, plus il est coupable. Les marques d'affection les plus touchantes sont insupportables à celles qui n'en ont point pour nous, & produisent plus d'aversion dans leur cœur, que ne feroient la haine & le mépris dont on devroit payer leur ingratitude. Je crois qu'on ne s'en empêcheroit pas, si on la connoissoit telle qu'elle est; mais on se flatte toujours qu'elle n'est point ou qu'elle doit bientôt finir, & l'espérance des amans est la source de tous leurs maux.

L'âge ne corrige point leur tempérament; une femme de soixante ans est aussi amoureuse qu'une de vingt, & quelquefois davantage. C'est un bonheur pour beaucoup de cavaliers mal rentés, qui se trouvent de tournure à mettre en goût ces vieilles folles; mais cette extravagance leur est ordinairement funeste. Elles achetent presque toujours des hommes qui n'en usent pas bien avec elles, & personne ne les plaint. On se contente de penser, qu'il est plus naturel de les voir méprisées, que de les voir mariées à de jeunes-gens, dont elles pourroient être les grand-mères.

Elles ont une présomption inconcevable. Elles se flattent que les hommes ne peuvent se passer d'elles, ni les voir (fussent-elles laides à faire peur) sans les trouver charmantes. Les plus hideuses se plaignent qu'on ne leur rend pas justice, quand on ne les trouve pas belles. Celles qui le sont un peu, croyent effacer l'éclat des astres. Celles qui le sont véritablement, en ont une vanité qui passe l'imagination. Il y a des femmes sans mérite; mais il n'y en a point qui ne présument d'en avoir; & celles qui ont le plus de vertu & de beauté, en ont toujours moins qu'elles ne pensent.

Elles se mettent en tête que mille choses qui sont au-dessus de leur rang & de leur portée, leur conviennent parfaitement. Elles croyent toutes mériter les mêmes honneurs qu'on rend aux personnes d'un étage plus élevé. Si la duchesse porte une étoffe nouvelle, la bourgeoise est dès le lendemain chez le marchand qui la débite.

On ne sauroit concevoir jusqu'où va leur défiance. Si l'on traite quelque affaire avec un voisin, avec un parent, avec un étranger, & qu'elles ne soient pas du secret, elles s'imaginent toujours qu'on trame quelque chose contre leurs intérêts; rien ne peut leur ôter ce mauvais soupçon. Les larrons craignent ordinairement d'être volés; toutes les pensées des femmes, & toute leur application ne visant qu'à tromper les hommes, l'on ne doit pas être surpris qu'elles craignent qu'on leur en fasse autant.

Cet esprit défiant est accompagné d'une curiosité violente, qui les jette dans la superstition; elles consultent les devins, font tirer leur horoscope, ajoutent foi aux prédictions & aux songes; elles connoissent les astrologues & les diseurs de bonne fortune; elles n'épargnent rien pour cultiver l'amitié de ces sortes de gens, & payent toujours grassement les sottises qu'ils font profession de débiter.

Quand elles ne peuvent venir à bout de ce qu'elles souhaitent, elles ressemblent à des furies déchaînées. Les tygres & les serpens ont une colère moins dangereuse; elles mettent en œuvre le fer, le feu, le poison; il faut que leur fureur ait son cours; elles n'écoutent pendant qu'elle règne, ni raison, ni religion. Leurs amis, leurs pères, leurs frères, leurs maris, leurs amans même n'ont aucun pouvoir sur elles en ce tems-là. Elles sacrifieroient volontiers tout ce qu'elles ont de plus cher au monde pour avoir un moyen de se venger.

Mondaines ou dévotes, elles éternisent le ressentiment, & ne pardonnent jamais, non-seulement les injures grandes ou petites, mais encore tout ce qu'on fait innocemment, qui peut mortifier leur vanité. On blâme un vice auquel on ne fait point qu'elles font fujettes ; on leur dit charitablement ce que l'on penfe de leur mauvaife conduite, afin qu'elles s'en corrigent. Un mari de qui elles n'ont jamais eu lieu de fe plaindre, fait mal fes affaires, peut-être pour avoir eu trop de complaifance pour elles, ou par quelqu'autre principe purement malheureux ; elles n'entrent point en raifon ; elles allument dès ce moment, & nourriffent dans leurs entrailles une haine qui dure toujours.

Cela me fait fouvenir des reproches que la femme de Job lui faifoit fur fon fumier, & d'un fonnet compofé fur fon tableau.

Cet illuftre fouffrant que donne l'écriture
Pour exemple à tous ceux qui fouffrent aujourd'hui,
Après avoir d'un grand fait la noble figure,
Se voit fur un fumier, fans fecours, fans appui.

Dès qu'il eft malheureux, de chacun il eft fui ;
Ses amis, fes parens, par un lâche murmure,
Ajoutent le mépris aux peines qu'il endure ;
Sa vertu conftamment refte feule avec lui.

Le démon contre Job arme toute fa rage :
Ses maifons, fes troupeaux font tous mis au pillage :
Dans fes biens, dans fon fang, il fe voit outragé.

Des caprices du fort on l'accufe, on le blâme :
Mais le plus grand des maux dont il fut affligé,
Fut celui d'être époux d'une mauvaife femme.

Elles n'ont point de défauts qui n'aillent jusqu'à l'excès. Le frein de la raison n'est pour elles qu'un simple filet, qui ne peut arrêter l'impétuosité de leurs passions. Si l'absence ou l'infirmité d'un mari oblige à certains ménagemens un amant qui s'intéresse à leur gloire, ses remontrances sont inutiles, & ses précautions condamnées. Elles n'ont point de force à l'épreuve de l'occasion; quoiqu'il arrive, il faut se satisfaire. J'en connois une qui dit un jour à un homme qui vouloit la ménager, qu'elle ne consentiroit point à son départ, quand ils devroient faire ensemble une république.

L'humeur bourrue est une infirmité à laquelle toutes les femmes sont sujettes, & l'égalité d'esprit est un don qu'elles reçoivent très rarement. Il est inutile de leur parler raisonnablement, ni de leur témoigner qu'on leur sait mauvais gré, lorsqu'elles sont dans les violens accès de leur mauvaise humeur. Il faut que les femmes grondent, qu'elles crient, qu'elles tempêtent; ce sont des remèdes spécifiques pour leurs vapeurs; il y auroit de la cruauté à les priver de ce secours, supposé que cela fût possible; & l'on doit avoir pitié d'elles. Il est vrai qu'il faut avoir un grand fond de patience, lorsqu'elles se purgent de cette manière vingt-quatre heures de suite, & que la maladie revient souvent.

Rien n'est plus difficile à supporter que l'orgueil d'une femme plus riche que vous : elle se croit dispensée d'avoir du respect pour un mari, qu'elle met bien dans ses affaires. Elle lui reproche continuellement les avantages que son alliance lui procure ; elle croit l'avoir acheté comme un esclave. C'est une nécessité de l'être toute sa vie, si l'on ne devient brutal ; & Martial a eu raison de dire :

> Femme riche n'est pas ma femme.
> Voulez-vous savoir pourquoi ?
> C'est qu'au lieu d'être madame,
> Elle seroit monsieur pour moi.
>
> *Epig. 11, L. 8.*

Il y en a qu'on épouse par amourette, c'est-à-dire, dont le bien & la qualité sont fort au-dessous de ce que l'on pouvoit prétendre. Celles-là n'osent pas être si impérieuses ; mais comme ce sexe est naturellement ingrat & volage, il est dangereux d'être la dupe des soumissions & des complaisances qui s'adressent plus souvent à la fortune, qu'à la personne du mari.

Quand elles craignent d'être blâmées, elles ont soin de séduire le jugement de tout le monde. Elles surprennent la religion des plus honnêtes gens, & leur fafcinent les yeux d'une manière qui fait paffer leur procédé pour tout autre qu'il n'eft; elles n'épargnent pour cela ni les fermens, ni les foupirs, ni les larmes; quelques coupables qu'elles foient, elles ont toujours l'adreffe de paroître innocentes.

Elles fe tirent bien d'un mauvais pas; elles ont une préfence d'efprit merveilleufe pour le menfonge, & tout autant d'effronterie qu'il en faut pour le foutenir. Si on leur reproche quelque chofe qu'on aura vu de fes propres yeux, elles répondront hardiment: fuis je capable de cela? rêvez-vous? êtes-vous ivre? Il faut à la fin fe perfuader qu'on a tort, & qu'elles ont raifon; car fi l'on s'opiniâtre avec elles, c'eft inutilement; il n'eft point de preuves affez convaincantes pour les faire convenir d'un fait qu'elles ne veulent pas avouer.

Les précieufes ignorent leurs devoirs & ce qui fe paffent dans leurs ménages, & veulent favoir les noms des planètes & des étoiles fixes; fi le foleil tourne autour de nous, ou fi la terre tourne autour du foleil; comment fe forment les vents & les orages; cherchent les caufes du flux & du reflux de la mer; s'informent de ce qui fe paffe au Japon, & par-tout l'univers; décident fur les affaires d'état comme fi elles en connoiffoient les refforts, & font ordinairement aussi peu habiles en politique, qu'ignorantes en philosophie.

Celles dont l'esprit est plus borné, sont des babillardes, qui s'entretiendront plutôt avec une servante ou avec une blanchisseuse, que de se passer de jaser. Elles veulent savoir toutes les intrigues de la ville. Comment vit celle-ci avec son mari; qui est le galant de celle-là; de combien de mois une autre est grosse; combien d'œufs fait par an la poule de leur voisine. Enfin elles s'informent de tout pour avoir le plaisir de le redire, & ne redisent jamais rien sans y donner de nouvelles couleurs, conformes à leur malice ou à leurs intérêts.

Ceux qui disent que les femmes ne sont secrettes qu'en une seule chose, font trop d'honneur à leur discrétion. Elles ne sont secretes en rien. Si elles n'avouent pas qu'elles ont des privautés galantes avec un homme, leurs actions en parlent; elles se trahissent elles-mêmes, leurs passions découvrent malgré elles ce qu'elles ont intérêt de cacher à tout le monde. Au surplus, il n'est point de mystère qui ne perde son nom dès qu'elles y ont part. L'abondance des bagatelles dont elles remplissent leur tête, se jette sur leur poitrine comme une fluxion; elles étoufferoient si elles ne parloient; & quand elles sont en train, elles disent tout ce qu'elles savent. Elles s'entretiennent de leurs parens & de leurs amis avec indiscrétion, & parlent avec malignité des personnes indifférentes, & de celles qu'elles haïssent. Cependant, si trahir la fidélité que nous devons avoir pour tout ce qu'on nous confie, est le caractère d'une ame basse, & perd un homme de réputation, cela ne doit pas tirer à si grande conséquence pour les femmes; leur foiblesse les excuse lorsqu'elles découvrent les secrets de leurs amis; elles ne les divulguent pas toujours pour leur nuire; c'est souvent pour se soulager, ou peut-être pour leur rendre imprudence pour imprudence; car lorsqu'on les charge d'un tel fardeau, l'on ne doit pas s'attendre qu'elles le portent loin, & l'on mérite le peu de soin qu'elles en prennent. Un Italien qui les connoissoit, en a fait une juste définition lorsqu'il a dit : *Femina è una cosa garrula, e loquale.* La femme est une chose causeuse & babillarde.

Tant qu'elle croit mériter des fleurettes, la présence d'une grande fille lui déplaît si fort, qu'elle la tient autant qu'elle peut éloignée d'elle. Cette raison fait souvent des religieuses sans vocation, ou des filles dont toute la vie se ressent d'une éducation négligée. Lorsque le grand âge a rendu une femme incapable de galanterie, elle en abandonne la pratique à re-

gret, & en conferve la théorie pour les nécef-
fités du prochain. Elle dreffe ordinairement fa
fille au grand art de plaire; elle lui enfeigne
comment on peut recevoir, & faire tenir adroitement des lettres d'amour; comment on y doit
répondre pour engager un amant; ce qu'on doit
faire quand on eft mariée pour dérober, &
tromper un époux; comment il faut feindre
une maladie pour l'obliger à faire lit à part; de
quelle manière on peut introduire un galant
pendant ce tems-là; enfin mille autres tours
d'adreffe; & bien fol qui croit qu'une mère
coquette fouhaite de voir fa fille meilleure, &
plus chafte qu'elle.

Les femmes vont à l'églife par habitude, ou
pour fe faire voir, ou pour parler. La vraie
piété ne les y conduit guères. Quelques-unes
de celles qui prennent un relief de dévotion,
en abufent, & le font fervir de voile à leurs
déréglemens; quelque extérieur de fageffe
qu'elles affectent, c'eft toujours la même perfonne. Une femme que l'on dirige, n'eft point
différente des autres: c'eft feulement une femme
qui a un directeur.

Il en eft qui prétendent accorder Dieu & le
monde; elles donnent aux couvens (1) & à

---

(1) Caract. de Th.

leurs amans; l'enceinte des autels, des tribunaux, des oratoires, la préfence même du Sauveur n'empêchent pas qu'elles ne foient diffipées par de vaines penfées de la terre, qui font plus d'impreffion fur leur efprit, que la piété des fidèles qu'elles voyent affemblés en fon nom, pour fléchir le père des miféricordes. Elles fe croyent à couvert des jugemens éternels dans ces lieux faints, où elles ne font aucunement attentives aux prières de l'églife, & où perfonne ne voit qu'elles ne prient point Dieu. Cet air prude qu'elles veulent foutenir contre leur naturel, les gêne, & les rend fi fâcheufes dans leur domeftique, qu'on ne peut durer avec elles; & l'on a raifon de dire, que c'eft trop contre un mari d'être coquette & dévote; qu'une femme devroit opter.

Parmi celles que des vœux & une grille féparent du fiècle, il s'en trouve qui rempliffent leurs devoirs, & font contentes de leur état; mais c'eft toujours l'ouvrage de la grace, & rarement celui de la raifon. On en voit qui font fcrupuleufes, jufqu'à croire qu'on ne peut fe remuer fans faire un péché; d'autres ne le font pas affez; d'autres ne le font point du tout; d'autres enfin fe repentent de l'engagement qu'elles ont pris, ou qu'on les a forcées de prendre. Je n'en dirai pas davantage; la fainteté reté de leur état m'impose le silence au sujet de leurs foiblesses, & m'oblige de les honorer toutes comme des ames choisies de Dieu pour chanter ses louanges, & lui demander grace par l'intercession de son Fils, en faveur des pécheurs.

Les femmes qui n'ajoutent à la possession d'un mari que celle d'un galant, sont les plus sages, & ces hommes-là les plus heureux; mais telle qui évite d'être coquette par un ferme attachement à un seul, passe pour folle par son mauvais choix. Qui peut mettre leur caprice de son côté, est sûr de réussir. Tout le mérite qu'un homme puisse avoir est inutile sans cela.

L'on dit aussi que le caprice est dans les femmes tout proche de la beauté pour être son contre-poison, & afin qu'elles nuisent moins aux hommes, qui n'en guériroient pas sans ce remède.

En effet, peut-on faire de vains efforts pour se dégager, quand on fait réflexion qu'on n'a obligation de leurs faveurs qu'au hasard; que la qualité que nous estimons le moins en nous, est souvent celles qu'elles estiment le plus; que ce goût hétéroclite, qui nous les rend favorables, cédera bien-tôt à un autre qui sera peut-être encore plus bizarre; qu'exigeant de nous mille choses qui sont contre nos intérêts, &

ne faisant rien que par rapport à elle-mêmes, elles s'aiment & ne nous aiment point. Que notre tendresse, qui flatte leur amour propre en certain tems, n'est bonne en d'autres qu'à leur avarice, ou à leur ambition; & que les promesses & les sermens de nous aimer toute leur vie ne leur coûtent pas plus à faire qu'à violer.

C'est une chose étrange que leur inconstance. Il ne manque souvent à un ancien galant auprès d'une femme, qui l'attache, que le nom d'époux; c'est beaucoup, il seroit mille fois perdu sans cette circonstance. Mais le mieux ancré cède à un nouveau mari, & celui-ci dure si peu, qu'un nouveau galant qui survient lui rend le change; enfin elle oublie de celui qu'elle n'aime plus jusqu'aux faveurs qu'elle lui a faites.

Quantité de maris prennent sur leur raison ce qui manque à celle de leurs femmes. Compâtissant à leurs foiblesses, ils ont assez de force sur eux-mêmes pour n'en pas concevoir le dernier mépris; mais il n'est point de femme qui pardonne une injure à son époux; elle s'en venge tôt ou tard en champ-clos, ou à guerre ouverte.

La plûpart de celles qui ont passé leurs beaux jours sans scrupule, affectent d'en avoir sur les moindres choses, lorsque la caducité de leurs attraits éloigne les amans. A peine pardonnent-elles les actions les plus innocentes qui tiennent un peu de la galanterie; elles imposent à ceux qui ne les connoissent pas de longue main; les autres s'en moquent.

Après avoir employé tout ce que l'artifice a de plus utile pour engager un homme à les épouser clandestinement, ou à consentir qu'elles passent pour leurs épouses, elles sont aussi fières de leur vertu, que si leur conduite avoit toujours été sans reproche. Elles oublient le passé, se font honneur du présent, ne renoncent pas à l'avenir, & veulent qu'on les croye les plus honnêtes femmes du monde, parce qu'elles ont sur le corps un enduit de mariage.

S'il est rare de voir long-tems deux femmes en bonne intelligence, c'est que leur beauté veut être unique: elles ne peuvent se résoudre à partager les hommages qu'on leur rend, encore moins à les céder. Elles prennent pour affront les louanges & les témoignages d'estime qu'on donne aux autres; elles se dérobent leurs amans; il y a toujours un mais après le bien, qu'elles ne peuvent quelquefois s'empêcher de dire de leurs amies; elles rompent dès qu'elles s'apperçoivent qu'on les trouve plus aimables qu'elles, & ne leur pardonnent jamais leur mérite ; enfin, les hommes font cause que les femmes ne s'aiment point.

Quoiqu'elles ne manquent ni de mémoire, ni de vivacité d'esprit, on ne s'est jamais avisé d'etablir des collèges pour elles. La délicatesse de leur complexion, leur paresse, ou leur légèreté font cause qu'elles n'étudient point; mais à quelque chose que les hommes puissent devoir cette ignorance des femmes, leur police & leur religion y gagnent beaucoup. Si le monde étoit plus fourni de femmes savantes, il seroit encore plus rempli qu'il n'est de révolutions & d'héréfies.

Quand nous refufons de faire comparaifon de la force de notre esprit avec la foibleffe du leur, elles nous allèguent les Sybilles; & ce qu'il y a de plaifant, c'est que chacune se croit la onzième. C'est une chose surprenante que, parmi le grand nombre de femmes qui ont vu le jour depuis fa création, il ne s'en est trouvé que dix d'une réputation aussi étendue que celle de ces fameufes prophéteffes, & que toutes croyent mériter qu'on les estime autant. Il est certain qu'elles doivent en partie à notre adulation l'orgueil & la vanité dont elles font remplies, & qu'elles n'ont de gloire bien acquise que celle d'être les canaux par lefquels entrent au monde les hommes qui en font le principal ornement ; mais la plupart envisagent cela comme une malheureuse nécessité attachée à leur sexe ; c'est un service qu'elles nous rendent ordinairement malgré elles, & qu'elles nous font bien payer.

Les femmes ont raison de se glorifier que la Sainte-Vierge fut une créature de leur sexe, ainsi qu'un grand nombre de saintes dont l'église célèbre la mémoire. Cela sans doute leur fait beaucoup d'honneur ; mais elles se trompent, quand elles croyent que la vénération qu'on a pour ces vases d'élection doive s'étendre jusqu'à elles, & qu'on ne puisse leur reprocher leurs défauts sans perdre le respect qu'on doit à ces épouses du Saint-Esprit.

La Mère du Fils de Dieu fut si sage, si pure, si vertueuse, si remplie de graces, si parfaite, qu'en comparaison des autres femmes, dont les corps sont d'une composition matérielle, on peut croire qu'elle fut formée de ce que la matière a de plus subtil & de plus épuré. Il est certain qu'un Dieu voulant s'incarner se prépara une demeure digne de lui.

La beauté de Marie sans fard & sans artifice fait l'admiration des anges, &, si cela se peut dire, augmente la gloire & la félicité des bienheureux. Elle ne fut jamais regardée des hommes sans produire un effet contraire aux beautés du siècle, que le pinceau & la petite boîte font paroître plus éclatantes qu'elles ne le font; celles-ci ne donnent que de mauvais défirs; celle de la Sainte-Vierge infpiroit du refpect, de la fageffe, de la dévotion; & chaffant toutes les idées criminelles, que la corruption de la nature imprime dans l'imagination, elle rempliffoit les cœurs d'un zèle fi vif & fi faint, que tous ceux qui étoient affez heureux pour la voir, louoient Dieu de l'avoir créée, admiroient fa puiffance dans la perfection de fon ouvrage, & s'efforçoient d'imiter les exemples de Marie. Cette admiration univerfelle ne lui caufoit point d'orgueil : elle n'en tiroit point de vanité; elle s'en humilioit davantage, & fes vertus furent peut-être caufe que le Seigneur avança le tems de l'incarnation de fon Fils, dont la naiffance étoit fi néceffaire au monde.

Toutes celles qui ont voulu lui reffembler n'ont point fuivi les fauffes maximes de leur fiècle : au contraire, elles les ont combattues & méprifées toute leur vie. Elles ne fe fardoient point pour fe faire admirer; elles ne faifoient aucune eftime des beautés dont elles avoient obligation à la nature ; elles ne faifoient cas que de celle de l'ame, dont elles étoient redevables à la grace. Elles n'étoient ni fuperbes, ni folles, ni emportées. On ne voyoit en elles que sagesse, charité, humilité, douceur. Leur patience étoit admirable dans les adversités & dans les souffrances, elles surmontoient toutes les répugnances de la nature, se soumettoient sans peine aux ordres de la providence, ne vouloient plaire qu'à Dieu, & c'est ainsi qu'elles ont mérité d'être éternellement compagnes de la Sainte-Vierge, & d'être tirées du grand nombre de femmes dont la dépravation & le luxe ont fait dire : *Quelle virtù che già furono nelle passate, hanno le moderne rivolte in ornamenti del corpo.* Les femmes du tems passé paroient leurs ames de vertus, ce n'est plus la mode ; celles de notre siècle négligent ces ornemens, & n'ont soin que de parer leurs corps.

J'en excepte pourtant quelques-unes dont le caractère digne de vénération mérite des couronnes dès ce monde. Il en est qui joignant une vertu consommée à un génie infiniment élevé, sont encore au-dessus des éloges, des applaudissemens & de l'admiration qu'on a pour elles. Si je pouvois honnêtement faire un procès à la nature, je lui reprocherois de s'être trompée, quand elle a formé ces personnes extraordinaires, & l'accuserois d'avoir caché malicieusement des ames si nobles, si fortes, si élevées, sous des membres si délicats, & dans un sexe si foible que celui-là. Rien ne l'excuse mieux que la petite quantité qu'elle a produite de cette espèce. Celles qui en font doivent être plus admirées que les plus grands hommes, parce que c'est quelque chose de plus rare, & par conséquent de plus étonnant. Rendons justice à tout le monde; avouons qu'on trouve dans le sexe des ames héroïques, des esprits excellens, des cœurs d'un prix inestimable; mais convenons aussi qu'il s'en faut peu qu'une femme parfaite ne soit l'idée d'une chose qui ne se trouve point; que celles qui paroissent le plus accomplies sont celles qui cachent mieux leurs défauts; que presque toutes sont orgueilleuses, jalouses, ambitieuses, bisarres, emportées, folles, opiniâtres, & qu'elles ont tant d'autres foiblesses, qu'un volume entier d'épithètes semblables ne suffiroit pas pour faire leur portrait en détail.

Je vous en ai dit assez pour vous convaincre que quelque précaution qu'on prenne pour faire un bon choix, on risque toujours beaucoup quand on s'attache aux femmes. Si cette peinture que je fais à leur gloire s'offre jamais aux yeux de quelques-unes d'elles, je suis certain qu'elles ne s'y reconnoîtront pas: elles n'ont point de miroirs pour les défauts du cœur. Quand on gourmande les vices de leur sexe, elles appliquent tout aux autres, & ne s'attribuent rien. Loin d'en être confuses, & de prendre la résolution de s'en corriger, elles demanderont si je suis né d'une bête: elles parleront de moi comme d'un monstre, & croiront me faire grace si elles se contentent de dire que, sans doute, j'ai eu des inclinations plus mauvaises que celles que la nature nous inspire en leur faveur. Si cela étoit, je ne les connoîtrois pas si bien; & je puis répondre par avance à leurs invectives, que les petits esprits ne se formalisent d'une censure générale, que parce qu'elle fait des portraits trop ressemblans de ce qu'on a raison de leur reprocher.

Vos études & votre religion vous apprennent que vous êtes une créature formée à l'image de Dieu, & que l'homme a été fait pour commander, & non pour obéir. Le Seigneur le fit assez connoître quand il le tira du néant. Il lui donna l'empire sur tous les animaux, avec l'adresse & la force de les dompter: il les créa tous pour son utilité ou pour son plaisir, & lui fit une compagne pour perpétuer son espèce, & le servir dans ses besoins. Il ne fut chassé du Paradis terrestre que pour avoir laissé prendre trop d'ascendant à sa femme sur lui, & ne devint coupable que pour avoir été trop complaisant: enfin cette femme que Dieu lui avoit donnée pour contribuer à son repos, fut l'origine de tous ses malheurs, & d'elle sortit la mort & le péché.

Que l'homme étoit heureux, s'il n'eût point eu de femme !
Au monde l'on n'eût vu supplices ni bourreaux :
L'innocence eût règné : tous nos jours seroient beaux.
Le corps sans passion n'eût point corrompu l'ame.

Sexe qui nous brûlez d'une fatale flamme,
Adam en vous voyant vit la source des maux
Qui de ses descendans a creusé les tombeaux :
Du morceau qu'il mangea, vous méritez le blâme.

C'est pour vous avoir cru qu'il s'attira la mort.
Sans vous notre ennemi n'eût fait qu'un vain effort ;
Il doit à votre orgueil sa première conquête.

Vous conspirez encore tous les jours contre nous ;
Quand vous l'entreprenez, quand vous l'avez en tête,
L'enfer n'a pas besoin d'autres démons que vous.

C'est de tout tems que les femmes sont nées sujettes. Les thiares, les mitres, les sceptres, les couronnes, les gouvernemens, les charges de judicature ; enfin tout ce qui concerne la la religion, la police & la justice des hommes, ne leur est pas confié ; car comment gouverneroient-elles l'église, les états & les peuples, si elles ont tant de peine à se bien gouverner elles-mêmes ? On trouve des personnes qui soutiennent que le moindre de tous les hommes est autant au-dessus des femmes, que les femmes sont au-dessus des bêtes. Je ne réfute ni n'approuve cette opinion; mais il est certain que l'excellence de l'homme est peu inférieure à celle des anges; & si celui d'entre nous qui vaut le moins, a tant d'avantage sur le reste des créatures mortelles, de quel prix sont ceux que de grandes qualités distinguent parmi les autres, & qui ont un mérite au-dessus du commun? Vous êtes de ce nombre: les plus honnêtes gens vous estiment, & se font honneur d'être de vos amis. Ne rougissez-vous point de la honte qu'ils doivent avoir en apprenant qu'un philosophe dont ils faisoient cas, étoit l'esclave d'une insigne coquette, & cachoit sous une sagesse apparente un esprit foible, & un cœur corrompu. Arrêtez, s'il est possible, le cours fatal de cette honteuse révolution. Un peu de prudence qui vous est restée dans les plus violens accès de votre frénésie, vous a fait heureusement cacher aux yeux du monde le triste état où elle vous a mis: vous êtes encore l'arbitre de votre réputation; ne souffrez plus qu'elle soit chancelante; affermissez-la par de solides réflexions, & ne refusez pas les armes que la raison vous offre pour combattre avec succès une paſſion qui vous déshonore.

Le grand monde ne vous convient point tant que la ſolitude. C'eſt-là que vous devriez cultiver votre eſprit, vous efforcer de devenir encore plus habile & plus honnête homme, travailler à votre ſalut, & augmenter par votre ſageſſe, & par de belles & bonnes œuvres, l'eſtime dont on eſt déjà prévenu en votre faveur. Vous pourriez dans un charmant bocage, ou dans quelqu'autre lieu champêtre, jouir plus tranquillement de la douce compagnie des Muſes, que dans les villes où les affaires & la ſociété ne donnent preſque pas le tems de s'appliquer à la vertu. Les neuf ſavantes ſœurs ne vous abandonneroient point dans votre retraite. Leurs beautés ſont divines; elles vous feroient aiſément oublier toutes les autres. Vous n'en ſeriez ni moqué, ni baffoué, ni trahi. Elles vous careſſeroient & vous ſuivroient par-tout avec une fidélité inviolable. Elles ne vous romproient point la tête jour & nuit de mille fadaiſes; ne vous entretiendroient point des affaires du tiers & du quart qui n'ont aucun rapport aux vôtres, & dont le récit vous ennuie plus ſouvent qu'il ne vous divertit. Elles vous laiſſeroient dormir en repos, & ne vous demanderoient point d'argent pour payer leurs affiquets, & se dédommager de leurs complaisances. Elles vous apprendroient ce qui est arrivé de plus mémorable depuis le commencement du monde jusqu'ici. Elles feroient avec vous de savantes réflexions sur les événemens les plus singuliers : vous feroient observer le cours des astres & le mouvement des cieux ; vous enseigneroient à connoître la nature des élémens ; vous donneroient de l'admiration pour toutes les merveilles de l'univers, & vous éleveroient par degrés de la connoissance de vous-mêmes à la contemplation de la grandeur & de la puissance de celui qui d'une seule parole a créé tout ce que nous voyons. Ne pouvant être continuellement appliqué aux spéculations, elles délasseroient quelquefois votre esprit en vous récitant les plus beaux endroits des plus fameux poëtes anciens & modernes ; & vous chanteriez avec elles les exploits glorieux d'un héros de votre siècle, qui efface tous ceux de l'antiquité. Leurs caresses & leurs familiarités n'allumeroient point dans votre cœur des flammes impudiques ; au contraire, elles vous donneroient des forces pour surmonter vos mauvais désirs, & vous fourniroient par leurs conseils des moyens suffisans pour résister à la violence de vos passions.

Puisqu'il ne tient qu'à vous de goûter des

plaisirs si purs & si solides, qu'allez-vous faire chez nos veuves, où le tems est toujours mal employé ? Ah ! que les chastes filles, à qui vous ne laissez pas de faire votre cour, feroient bien de vous bannir honteusement de leur société. Vous avez eu la hardiesse plus d'une fois d'entrer, le cœur tout gâté, dans leurs assemblées, résolu en les quittant de retourner à vos mauvaises pratiques. Quelle confusion pour vous, si elles vous chassoient comme un infâme ! Je ne réponds pas que cela ne vous arrive, si vous n'y mettez ordre.

HISTOIRE

De l'Esprit & de sa Veuve.

POUR vous faire encore mieux connoître les erreurs où votre mauvaise disposition & votre aveuglement vous ont jetté, je vais vous faire un portrait au naturel de l'objet de vos amours. Cette belle étoit veuve, ainsi que moi, depuis quelques années. Soit pour mes péchés, ou par pure fatalité, ma famille & mes amis me conseillèrent de me remarier. Ils jettèrent les yeux sur cette personne, croyant qu'aucune dans notre ville ne me convenoit mieux qu'elle. Je lui rendis visite ; elle me reçut le mieux du monde. Je la trouvai si raisonnable & si charmante ; c'est-à-dire, elle se contrefit si bien, que j'en devins éperdument amoureux. Je la voyois assidument ; je l'accompagnois à l'église ; je la menois à la promenade ; je faisois même le jeune-homme ; car je jouois quelquefois de la guitarre sous ses fenêtres, & la régalois de tous les plaisirs que mon amour & ma galanterie pouvoient imaginer. Toutes les fois que je lui rendois visite, elle me faisoit des histoires à l'avantage de son cœur & de son esprit, & me supposoit des choses fort capables de me donner de l'estime pour elle. Vous en avez conçu beaucoup en la voyant ; vous en auriez bien eu davantage à l'entendre, si vous n'aviez pas été mieux instruit que je l'étois en ce tems-là, qu'elle s'attribuoit le mérite d'autrui, & se paroit d'ornemens qui ne lui appartenoient non plus que les plumes du paon à l'oiseau fripon de la fable. Vous jugerez si j'avois tort de la croire spirituelle lorsque je vous aurai récité des vers qu'elle m'assuroit effrontément avoir faits dans sa plus tendre jeunesse.

Elle m'avoua qu'elle avoit eu autrefois une forte inclination pour un cavalier, qui après l'avoir aimée long-tems avec tout le respect qu'il devoit à sa vertu, se lassa de son austère sagesse, s'éloigna d'elle insensiblement, & prit des chaînes plus commodes. Cependant il gardoit toujours des mesures avec elle ; mais comme il est difficile de cacher si bien son inconstance à une femme qui s'y intéresse, qu'elle ne s'en apperçoive, il avoit souvent des reproches à essuyer, auxquels il ne pouvoit quelquefois s'empêcher de répondre en termes un peu désobligeans. Enfin un jour qu'ils s'étoient bien querellés, il lui envoya cette rupture.

Malgré mon air badin je ne suis point volage,
Je connois bien le prix des constantes amours,
  Et la fin de mon esclavage
  Doit être celle de mes jours.
Quand donc vous m'accusez, Iris, d'être infidelle,
Moi qui suis ennemi du moindre changement,
Vous me voulez sans doute être toujours cruelle,
Et vous faire un sujet de l'être justement.
  Quoi ! vous doutez que je vous aime,
  Lorsque mon amour est extrême !
  Hélas ! j'ai bien perdu mes soins.
Tous mes vers, mes soupirs, & mon triste visage
  Sont-ils d'inutiles témoins ?
Pour vous persuader, que faut-il davantage ?
Ah ! puisque tant d'amour ne fait rien qu'endurcir
Votre barbare cœur qui méprise ma peine,
Je vais malgré le mien, par des marques de haine,
  Essayer de mieux réussir.

Voici la réponse qu'elle fit au cavalier ;
qu'elle

qu'elle oublia tout-à-fait. C'étoit pourtant mal s'en venger; car il n'est rien qui punisse mieux un inconstant que la fatigante tendresse d'une femme qu'on n'aime plus.

Lâche & perfide amant, puisque tu m'as trahie,
Puisque ton changement m'a presque ôté la vie,
Puisque tu m'y contrains, je romps de si beaux nœuds;
Mais souviens-toi du moins que c'est toi qui le veux.
Oui, je quitte à mon tour un amant infidelle,
Et comme lui je prends une chaine nouvelle.
L'amour pour le punir prend soin de me venger.
Il range sous mes loix un aimable berger,
Tendre, soumis, constant, & mon cœur à ce change,
Gagne, & tout à la fois, & triomphe, & se venge.
Ce change est beau, flatteur, brillant, avantageux,
Et déplait cependant à ce cœur malheureux.
Dieux à ce changement, quelle est ma répugnance!
Ingrat! par cet aveu, juge de ma souffrance;
Tout ce qui n'est point toi me paroît odieux
Et je ne puis aimer que toi seul sous les cieux;
Mais non, je m'en dédis; je dois aimer qui m'aime,
Et puisque tu me hais, va, je te hais de même.
Il est vrai, ton esprit avoit charmé mon cœur;
Mais ce charme est rompu, ton esprit est trompeur;
Ses agrémens sont vains dès qu'il n'est pas sincère;
Tu ne sais point m'aimer, en vain tu sais me plaire;
Va, porte donc ailleurs ces transports, ces sermens,
Ces louanges, enfin tous ces déguisemens.
Leur poison ne l'est plus pour qui sait le connoître,
Et l'art connu pour art n'a plus qu'à disparoître;

G

Mais si tu ne peux vivre, ingrat, sans m'abuser,
Efforce-toi du moins pour te mieux déguiser.
Ne me laisse plus voir qu'au mépris de ma flamme;
C'est une autre que moi qui règne dans ton ame;
Cache-moi, si tu peux, qu'aux yeux de l'univers
Tu viens de te charger des plus indignes fers,
Que des feux criminels, qu'une ardeur insensée,
A d'innocens desirs dérobent ta pensée,
Changent tes sentimens, & corrompent tes vœux,
Par le poison fatal d'un objet dangereux:
Enfin, pour me tromper au récit de ta peine,
Ne fais plus succéder des marques de ta haine :
Oui, tu me hais, barbare, au lieu de te haïr.
C'est moi que tu punis, au lieu de te punir.
De tes cruels mépris l'injustice est étrange,
Ton cœur est le coupable, & c'est lui qui se venge.
C'est moi que tu trahis ; cependant contre moi,
Tu prends toute l'horreur, ingrat, que je te dois.
Tu conviens quelquefois que tu m'as outragée ;
Mais par un tel aveu me croyant trop vengée,
A m'outrager encor, ton cœur peut consentir,
Et se repent bien-tôt d'un juste repentir.
Lâche & perfide amant, lorsque tu m'as trahie,
Lorsque ton changement m'a presque ôté la vie,
Lorsque tu m'as conduite aux portes de la mort,
Et tristement livrée aux rigueurs de mon sort;
Sans pitié, sans regret, sans chagrin, sans allarme,
Sans pousser un soupir, sans répandre une larme,
Crois-tu que désormais je vive encor pour toi ?
Que j'employe à t'aimer le jour que je revoi,
Et qu'au moindre péril dont Clotho te menace,
Mon sang comme autrefois dans mes veines se glace:

Que tremblante & plaintive aux pieds des immortels,
J'inonde de mes pleurs tous leurs sacrés autels.
Non, ne l'espère plus, mon cœur, au tien semblable,
De tendres sentimens pour toi n'est plus capable.
Il suivra la raison : il va chercher la paix ;
Il dit à notre amour un adieu pour jamais.

Elle lui tint parole. Le dépit étouffa l'amour : elle rompit tout commerce avec ce volage ; mais elle ne put aimer le rival dont elle le menaçoit, qui fut assez fou pour en mourir de chagrin. Quel trophée pour une femme ! c'est encore un de leurs ragoûts. Si cela n'arrive pas souvent, c'est que leur tempérament s'oppose à leur gloire ; mais rien ne leur fait plus de plaisir que lorsque deux hommes s'égorgent pour elles, & la plupart font ce qu'elles peuvent pour cela. Pour revenir à notre illustre, elle fut punie de sa dureté, & sentit pour le défunt une tendresse dès qu'il fut au tombeau, qu'elle n'avoit point eue pendant sa vie. Un tel caprice n'empêcha pas un troisième amant de se mettre sur les rangs. Peu de tems après le décès de son prédécesseur, il lui fit un présent d'une boîte à mouche de vermeil doré, faite en forme de cœur, sur laquelle étoit gravé un Cupidon. Elle trouva dedans les vers qui suivent.

LE SONGE

    C'est avec un plaisir exrrême
Que je vous fais présent de ce cœur qui vous aime;
Et qui peut réparer par un zèle assidu,
    Le cœur que vous avez perdu;

    Mais je vous donne un avis d'importance,
Je vous soumets des cœurs pour la dernière fois,
Si vous n'avez pour moi plus de reconnoissance,
Et si le vôtre enfin soumis à ma puissance,
    Tout de bon ne reçoit mes loix.

Non, n'esperez jamais d'avoir d'amant fidelle,
    Si vous êtes toujours cruelle.
    C'est erreur de le présumer;
Voulez-vous être aimée, Iris, il faut aimer.
Du feu matériel on connoît la nature.
    Il en est de même du mien.
    Si l'on veut qu'il vive, & qu'il dure;
    Il lui faut de la nourriture,
    Il ne peut subsister de rien.

    Voici la réponse qu'elle fit à cette déclaration.

Amour ne trouble plus le repos de mon cœur:
    Laisse-moi nourrir ma langueur.
Je languis, tu le sais, sous ton fatal empire,
    Depuis qu'un sort trop rigoureux
    Finit les jours & le martyre
    De mon amant fidelle & malheureux.
Pendant ces tristes jours mon cœur fut inflexible:
Mais hélas ! s'il m'aima sans espoir de retour,
    Je lui rends le change à mon tour.
Au récit de sa mort ce cœur devint sensible;

Se confume en regrets, & brûle enfin d'amour.
Et toi, fils de Cypris, qui pour une ombre vaine
  Me fais pouffer d'inutiles foupirs,
  Ne m'offre point de foulager ma peine
En me changeant l'objet de mes tendres defirs.
Quoi ! mon cœur porteroit une nouvelle chaîne,
  Il brûleroit pour un nouvel amant.
Non, puifqu'il faut aimer, j'aimerai conftamment.
  Ne fuffit-il pas pour ta gloire
  D'avoir été mon vainqueur ?
Ne cherche point ici de nouvelle victoire,
Amour ne trouble plus le repos de mon cœur.
Sans goûter tes plaifirs j'éprouve ta rigueur ;
Mais fi je fouffre, hélas ! c'eft fans inquietude ;
  Et j'aime mieux mes paifibles douleurs
Que le trouble cruel de tes fauffes douceurs.
Les jaloufes fureurs, les foins, l'incertitude,
Empoifonnent toujours tes plus tendres faveurs ;
Et tes plaifirs fuivis de chagrins & de pleurs,
Font fouvent de nos cœurs le tourment le plus rude.
Laiffe-moi donc nourrir ma première langueur :
Amour, ne trouble plus le repos de mon cœur.
Sur-tout, cruel amour, garde-toi de me dire,
  Que Tircis près de moi foupire,
Qu'il a l'efprit charmant, & l'air plein de douceur,
  En fa faveur ton foin eft inutile.
  Déjà celui de ton aimable fœur,
Cette divinité fi douce, fi tranquille,
  Amitié dont je fuis la loi,
  M'a dit ce que tu veux m'apprendre.
  Je connois Tircis mieux que toi,
Va, dangereux amour, je ne veux point t'entendre :

Laisse-moi nourrir ma langueur,
Et ne viens plus troubler le repos de mon cœur.

Ce même amant lui envoya un jour un panier de fruits, avec ce madrigal.

Vous, êtes jeune Iris, au plus beau de vos ans :
On vous donne des fleurs : on vous dit des fleurettes;
Enfin, vous jouissez d'un aimable printems :
Mais soyez pour moi seul moins fière que vous n'êtes :
    L'amour n'a point de fruits si doux,
     Qui ne soient réservés pour vous.

Elle prenoit en ce tems-là du lait d'ânesse. Ce présent lui étant inutile, elle le renvoya par le même porteur, avec ces vers qu'elle fit sur le champ.

    En vain, par le vouloir des dieux
     Vertumne s'unit à Pomone :
    En vain, de cet hymen heureux
Les enfans chez Tircis abondent cette automne;
Je ne puis les goûter ces fruits délicieux :
Esculape en courroux m'en interdit l'usage :
Ainsi l'amour en vain à mes jeunes desirs
Offre de cent bergers les vœux & les soupirs.
    Hélas ! par malheur je suis sage,
Je n'ose de l'amour goûter les doux plaisirs.
Languissante à-demi, ni prude ni coquette,
Ne mangeant point de fruits, je me pare de fleurs,
Et des fruits de l'amour refusant les douceurs,
Je me permets au moins d'écouter la fleurette.

Acante étoit un galant homme, dont le mérite & l'esprit ont fort brillé dans le monde. Dieu lui fit la grace de lui ouvrir les yeux sur les erreurs d'une secte dans laquelle il avoit été nourri. Sa conversion fut sincère : il quitta la bagatelle, & n'employa plus ses talens qu'à la gloire de Dieu, & à celle de son Roi. Il conserva jusqu'au dernier soupir l'attachement qu'il avoit eu toute sa vie pour Sapho, dont la vertu a toujours été si généralement connue, que l'on n'a jamais douté de l'innocence de leur commerce. Acante fut surpris par la mort ; il avoit fait ses dévotions la veille qu'il décéda ; & ne croyant pas être si proche de sa derniere heure, il expira sans avoir pu recevoir le viatique. L'envie qui fait souvent passer pour des crimes les malheurs qui arrivent aux plus honnêtes gens, publia qu'Acante avoit fini ses jours comme un réprouvé. La généreuse Sapho ne manqua pas de donner en cette occasion des marques de son bon cœur, & reçut dans ce tems-là de ma belle un vase fort propre, dans lequel étoit un oranger fleuri, accompagné d'un paquet où l'on trouva :

MÉTAMORPHOSE D'ACANTE EN ORANGER.

Ces aimables contrées que baigne le Rhône

lorsqu'il va mêler ses ondes avec les flots de la mer, virent autrefois naître un berger, qui fut l'honneur de son pays, & l'amour des nymphes de son tems. Elles étoient charmées de son esprit & de son chant, & briguoient avec soin l'honneur d'avoir part à ses chansons. Mais comme le discernement d'Acante n'avoit pas moins de justesse que sa voix, dès qu'il connut la nymphe Sapho, il méprisa toutes les autres. Sa musette fut uniquement employée à célébrer les louanges de cette merveille de son siècle, & à chanter les douceurs d'une amitié la plus pure, la plus solide & la plus fidelle qui fut jamais.

Jupiter jaloux de voir d'autres autels que les siens, parfumés d'un encens si délicat & si exquis, entreprit d'attirer à lui seul l'hommage d'un si agréable culte. Il alluma dans le cœur d'Acante un ardent amour pour sa divinité suprême; & le berger aussi-tôt consacra ses veilles & sa muse à la gloire de ce maître de l'univers, & à celle d'un prince qui en est la plus parfaite image.

Enfin, après avoir composé des cantiques inimitables: après avoir vaincu par son éloquence des monstres plus dangereux que l'hidre d'Hercule, & mérité son apothéose par mille faits éclatans, ce grand homme fut appellé fur l'Olimpe ; fon efprit s'envola dans le fein de Jupiter, & fon corps fut métamorphofé en oranger, afin que des reftes fi précieux fuffent honorés fous la figure du plus précieux de tous les arbres, & d'un arbre qui reffemble fi parfaitement au berger que nous regrettons.

En effet, il eft comme étoit Acante, agréable & utile. Son odeur l'emporte fur l'odeur des autres fleurs. Il eft propre à cent ufages différens. Il a des vertus fecretes, ou plutôt une vertu univerfelle. Auffi le deftin, pour conferver cette plante heureufe, ordonna qu'elle feroit confiée à Sapho, qui la défendra de la fureur des vents & de la malignité des infectes.

Sapho, à qui les bons *impromptu* ne coûtent rien, fit celui-ci.

>La métamorphofe galante
>Qui change en oranger Acante,
>Au Parnaffe va tout changer.
>Et ceux qui par leurs vers fauront charmer & plaire,
>Au lieu du laurier ordinaire,
>Seront couronnés d'oranger.

Cette liaifon qu'elle fe vantoit fauffement d'avoir avec Sapho, me faifoit faire des jugemens d'elle fort avantageux ; car je favois qu'il étoit impoffible d'avoir l'eftime d'une perfonne

si sage & si éclairée, qu'on ne la méritât par
de bons endroits. Elle lui envoya, dit-elle,
encore un bouquet de fleurs contrefaites &
brodées fort proprement de sa main, le jour
de sa fête, avec ces vers :

Sapho, vous le savez, les fleurs de nos jardins
Ne durent tout au plus que deux ou trois matins ;
Trop fideles portraits des cœurs de nos bergères,
   Inconstantes, légères ;
Mais j'ose vous offrir des fleurs moins passagères,
   Ouvrages de mes mains.
Et comme l'ouvrier s'exprime en son ouvrage,
   Ces immortelles fleurs
Qui bravent d'Aquilon les plus âpres rigueurs,
Seront de ma constance & la preuve & le gage.

 Sapho renvoya ce même bouquet, avec les
vers suivans, à un abbé de ses amis, dont la
fête arriva quelque tems après.

  Souffrez qu'en ce célèbre jour
   Où vos amis vous font la cour,
Je vous donne un bouquet qui ne vient point de Flore,
Qui ne doit rien non plus aux larmes de l'aurore ;
Mais celle qui l'a fait cause autant de soupirs
   Que le printems a de zéphirs.
On connoît son mérite aux rives du Permesse,
Et soit pour ses appas, ou soit pour son adresse,
   Elle vaut bien une déesse.

Conservez donc soigneusement
Son charmant & parfait ouvrage;
Car ce bouquet assurément
Est de mon amitié le plus précieux gage.

Voici les remercîmens de l'abbé à Sapho.

Lorsque la froidure
Ote à la nature
Tous ses agrémens,
Au mois de décembre,
Qui peut dans ma chambre
Cacher le printems?
Qui peut faire naître
Ces brillantes fleurs
Que je vois paroître?
Les doit-on aux pleurs
De la tendre aurore?
Ou bien aux ardeurs
De l'amant de Flore?
Celle qui les dore
De tant de couleurs
Fait plus naître encore
D'amours que de fleurs.
Vantons Amarante
Dont la muse enchante.
Vantons ses beautés,
Louons son adresse :
De Sapho sans cesse,
Chantons les bontés,
Que chacun estime
Son cœur magnanime;
Son esprit sublime,

Ses rares talens,
Que malgré l'envie
La parque ennemie
Ne touche à sa vie
De plus de cent ans.

Elle se vantoit encore d'avoir reçu quelques pièces à sa louange, que je veux vous dire : après quoi nous reviendrons à nos moutons.

De la part d'une de ses amies, en lui envoyant un pot de tubereuses le jour de sa fête.

Quoique nous soyons condamnées
A passer promptement de la vie à la mort,
Nous ne nous plaignons point de la rigueur du sort,
Puisqu'à mourir chez-vous nous sommes destinées.
Dans peu de jours, Cloris, vous nous verrez flétrir :
Mais avant notre mort nous venons vous offrir
　　Le plus doux plaisir de la vie.
Nos parfums délicats.... Pourquoi donc riez-vous ?
　　Connoissez-vous quelque plaisir plus doux,
　　　Et qui vous fasse plus d'envie ?

De la part d'une personne qui lui envoya une corbeille de fleurs, sous lesquelles étoit caché un petit amour d'émail.

Ne puniras-tu point, petit dieu que j'implore,
L'ingrate qui m'oblige à de si longs regrets....
Tu vois que j'ai pillé les richesses de Flore,

Pour en faire un hommage à ses cruels attraits.
A mon secours, amour : viens essayer encore
De lui faire sentir la pointe de tes traits :
Mais, helas ! elle rit de ta force immortelle.
   En te cachant, il faut t'approcher d'elle ;
Et venger sans éclat ta honte & mes douleurs.
Ce jour peut nous aider : l'occasion est belle,
Sers-toi de ce présent arrosé de mes pleurs :
Et pour blesser enfin le cœur de la cruelle,
Comme un petit serpent cache-toi sous ces fleurs.

De la part d'un autre, en lui envoyant aussi des fleurs le même jour.

A vos yeux, belle Iris, nous venons nous offrir,
 Non pour briller le jour de votre fête,
Pour orner ce beau sein, ou cette belle tête :
Nous venons seulement vous parler & mourir.
Vous & nous, nous avons les mêmes destinées :
Nos attraits délicats ne durent pas toujours.
Pour nous peu de momens, & pour vous peu d'années ;
D'un état florissant vont terminer le cours.
   Toutes ces graces si touchantes,
Ces appas engageans & ces beautés charmantes,
   Comme nous, orgueilleuse Iris,
Perdront bientôt leur éclat & leur prix.
Cependant insensible aux vœux d'un cœur fidelle,
Vous perdez des momens qui passent sans retour.
 Employez mieux cette saison si belle,
Qu'un tardif repentir trop vainement rappelle.
 Aimez, Tircis, cessez d'être cruelle,
  Et consacrez vos beaux jours à l'amour.

De la part d'un autre, en lui envoyant un miroir.

Un de vos amans tout nouveau
Vous envoye un portrait. Qu'eſt-ce qu'il vous en ſemble ?
On ne ſauroit vous donner rien de beau,
Caliſte, s'il ne vous reſſemble.
Voilà donc mon préſent; vous n'aurez rien de plus.
Ne le trouvez pas laid, au moins je vous en prie.
Mais qu'ai-je à redouter ? ah ! je vous en défie,
Quand vous aurez les yeux deſſus.

A un bel eſprit de ſa connoiſſance, qui avoit perdu contre elle une gageure, dont les conditions étoient : que, qui perdroit devineroit ce que le gagneur ſouhaiteroit en payement.

V ous le diſciple d'Apollon,
N ourri dans le ſacré vallon,
M ontant ſouvent ſur le Parnaſſe,
A breuvé tant de fois dans ces divines eaux,
D ont boivent à longs traits Segrais & Deſpreaux :
R empli de leur génie, occupant même place,
I nſtruit enfin par tous nos demi-dieux,
G ageur avec cela, trouvez ce que je veux.
A deviner encor Phœbus doit vous inſtruire,
L es chemins ſont frayés, il n'a qu'à vous conduire.

Il paya l'acroſtiche & la gageure par un madrigal, au bas d'une deviſe, qui repréſentoit un croiſſant dans le ciel avec ces mots : *Non ſi vede tutta.*

On ne me voit pas toute entière,
Et de quelque splendeur que je brille en ces lieux,
Je cache encore plus de lumière
Que je n'en fais voir à vos yeux.

Suite de l'histoire de l'Esprit & de sa veuve.

CETTE devise pouvoit convenir à l'esprit fourbe & dissimulé de ma maîtresse ; mais elle dépeignoit encore mieux la modestie d'une charmante personne, à qui cela étoit véritablement adressé. Je n'ai su que long-tems après mon mariage que c'étoit d'elle de qui ma fausse muse empruntoit toutes les jolies choses que je viens de vous dire. C'est une de ces filles extraordinaires, que je regarde comme des prodiges. Elle est belle ; elle est sage : sa conduite est admirable ; elle a de l'esprit infiniment, & si peu d'ostentation, qu'elle cache, autant qu'elle peut, les talens qu'elle a pour la poésie. Ma maîtresse qui cachoit avec le même soin ses mauvaises inclinations, étoit devenue son amie par le hasard, qui assemble souvent des gens d'un caractere fort opposé. Elle s'attribuoit ses ouvrages, ne doutant point que la personne dont ils venoient, n'aimât mieux lui en céder l'honneur que d'avouer qu'ils partoient d'elle.

D'ailleurs, elle savoit que je ne la connoissois pas: elle jouoit à jeu sûr avec moi, & c'est par-là qu'elle commença de me tromper.

Favori, son petit chien de Boulogne, mourut dans le tems que je lui faisois l'amour. Cette perte lui fut plus douloureuse que n'eût été celle d'un de ses enfans. Un honnête homme est souvent moins regretté par sa femme, qu'elle ne regretta son chien. Elle pleura, le baisa mort, le fit ensevelir dans du taffetas blanc, & enfin le fit enterrer dans son jardin avec tant de cérémonies, qu'il ne manquoit à cette pompe qu'une oraison funèbre. Vous savez, ou peut-être vous ne savez pas, que je me suis mêlé autrefois de faire des vers; je crus être engagé d'honneur à faire ma cour par une épitaphe, que je présentai le jour de l'enterrement. La voici:

<blockquote>
Ci gît le plus beau des toutous,
Dont le destin nous fait envie,
Il fut caressé de Sylvie,
Et de tous ses amans fit autant de jaloux.
</blockquote>

<blockquote>
Il passoit les nuits auprès d'elle:
Il est expiré dans ses bras,
Elle pleure encor son trépas;
Et n'en feroit pas tant pour un amant fidelle.
</blockquote>

Cher paſſant qui liſez ces quatrains affligeans,
Nous ſerons tous ainſi du trépas les conquêtes;
  Mais convenez qu'on voit des bêtes
  Plus heureuſes que bien des gens.

J'en achetai un autre deux jours après d'une beauté du moins égale à celle du mort. Je le parai de rubans, & d'un riche collier, & le fis porter dans la cour de la maiſon où logeoit ma maîtreſſe, par une perſonne adroite qui en ſortit ſans être apperçue. Le petit chien entra ſeul dans une ſalle baſſe, où ma belle travailloit à quelques ouvrages, avec quatre ou cinq femmes de ſes amies. Il ſembla que ce petit animal avoit le diſcernement de connoître pour qui l'on le deſtinoit; car il fut directement faire fête à celle à qui je l'envoyois, & ne fit pas compte des autres. On fut charmé de ſa gentilleſſe, & de trouver un billet à ſon cou, qui contenoit ce compliment :

  Je viens de la part d'un barbon,
Qui comme un jouvenceau va ſemant des fleurettes,
Vous aſſurer qu'il rit avec mille coquettes,
  Et n'aime que vous tout de bon.
  Le ciel l'a fait d'humeur badine :
  Il court la brune & la blondine,
  A toutes il fait les yeux doux,
Et ſon cœur cependant ne brûle que pour vous.
  Auprès de vous ma réſidence
  Vous garantira ſa conſtance.

H

Si quelque bichon éventé
Vient me faire la caracole,
Avec même légéreté,
Je saute & fais la capriole,
Et je suis pourtant le symbole
De la pure fidélité.

On devina facilement de quelle part venoit le petit Bolonois. Quoiqu'il fût le bien-venu, & qu'on eût dessein de le garder, on me le renvoya le lendemain, avec une remontrance qu'il me faisoit sur les mêmes rimes.

Vous pensez, monsieur, le barbon
M'envoyer débiter vos trompeuses Fleurettes
Chez Philis seulement, tandis qu'à cent coquettes
Vous faites l'amour tout de bon.

Mais comme vous d'humeur badine,
Je voudrois courre aussi la brune & la blondine.
Pensez-vous qu'il soit sûr, pensez-vous qu'il soit doux
D'aller traiter l'amour pour vous ?

Que dirai-je à Philis pendant ma résidence ?
Vanterai-je votre constance,
Pour voir au même instant mon mensonge éventé,
J'aurois beau faire alors le saut, la caracole,
Danser avec légéreté,
De la fenêtre en bas la triste capriole,
Puniroit le fourbe symbole,
De la pure fidélité.

Le jour de la fête de ma maîtresse arriva. Je ne manquai pas, selon la bonne & louable coutume des amans, de lui envoyer une corbeille magnifique, dans laquelle étoit un présent des plus belles fleurs de la saison. Dès qu'on la découvrit, & qu'on voulut prendre le bouquet, il s'envola sur un ciel de lit; il fut de-là sur un cabinet, & ensuite sur la corniche d'une cheminée, où il cassa des porcelaines. La surprise fut grande: on crut quasi que j'avois quelques fées à mes gages; & tandis qu'on poursuivoit les fleurs volantes, ma belle lut un billet qu'elle trouva dans le fond de la corbeille, qui contenoit ces vers:

> Promettez-moi d'aimer, Lisandre;
> Tous vos soins, si vous n'êtes tendre,
> Sont inutiles dans ce jour,
> Je ne veux point me laisser prendre;
> Si vous ne prenez de l'amour.

Le bouquet ayant changé plusieurs fois de place, on courut tant après qu'on l'attrappa, & l'on vit qu'un petit oiseau animoit cette poignée de fleurs. Il étoit si adroitement caché, qu'il pouvoit avec ses aîles faire jouer la machine, sans la mettre en désordre. On le mit plus à son aise dans une cage dorée, où on le laissa crever par négligence quelques jours après.

Le premier jour de l'année que je fus assez fol pour me remarier, (fatale époque) je lui donnai pour ses étrennes un écran qui la représentoit assise devant une cheminée. Un amour à côté d'elle sur un genou, souffloit du bois qui paroissoit sans flamme & sans fumée. Ces mots Italiens étoient écrits au-dessus *indarno soffio*; & dans un cartouche au-dessous, on lisoit :

Vainement, belle Iris, je souffle votre feu,
  Je n'y vois point briller de flammes.
  Peut-on, quand on en a si peu,
  En allumer tant dans les ames ?

La tendresse, les soins & les ardens soupirs
Ne peuvent échauffer vos froideurs inhumaines;
  Vos amans y perdent leurs peines,
  Et vous y perdez des plaisirs.

Un de mes rivaux lui donna les violons un des derniers jours du carnaval : je me dispensai de me trouver à cette assemblée, sous prétexte d'une légère indisposition. Je ne laissai pas de me déguiser, & de paroître sous la figure d'un ramoneur. J'avois devant moi une petite boutique remplie de citrons, d'oranges, de dragées, de confitures sèches. J'en fis la distribution à toutes les filles & les femmes de la compagnie, & j'accompagnai ces présens de madrigaux qui avoient du rapport aux intrigues de celles que je connoissois. Voici celui que je présentai à la reine du bal.

> Fameux entre les ramoneurs,
> Reine à qui je viens rendre hommage
> Je fais commerce de douceurs.
> Disposez de mon étalage,
> Je vous en offre le pillage :
> Ma boutique est à vous, & je veux en ce jour,
> Sans vous découvrir mon visage,
> Vous découvrir mon cœur, & vous faire ma cour.
> Je suis tendre, je suis fidele,
> Délicat, sans être jaloux.
> Je vous trouve charmante & belle.
> A ces traits me connoissez-vous ?

Je savois qu'une troupe de masques se disposoit à venir. Je les avois devancés, & lorsqu'ils entrerent, je fis mon présent au roi de la fête. C'étoit une bigarade accompagnée de ce compliment.

> Seigneur, avec votre licence,
> Scaramouches & Pantalons,
> Feront quelques pas en cadence.
> Celui qui paye les violons
> N'est pas toujours celui qui danse.

L'estime que j'avois conçue pour cette veuve effaça pour quelque tems la mauvaise opinion que ma défunte épouse m'avoit donnée de son sexe ; car à vrai dire, je n'avois guères été plus content de la premiere que je le fus de la seconde ; & je ne doute pas que ce n'eût été la même chose, quand j'en aurois épousé une douzaine l'une après l'autre. Un ecclésiastique, homme d'esprit & de mérite, avoit rempli un bout-rimé au désavantage des femmes. La mienne en fut scandalisée : j'entrai dans son ressentiment, & fis cette réponse.

BALADE.

Dites-nous, docteur indocile,
Pourquoi fronder avec chaleur,
Un sexe doux, aimable, habile,
Qui dans les champs & dans la ville,
Règne sur l'homme & sur son cœur ?
Quand vous répandez votre bile
Avec tant de fiel & d'aigreur,
Vous ne prêchez pas l'évangile.

Femme est pour nous un présent du Seigneur.

Si l'on en trouve une entre mille,
De bisarre & fantasque humeur,
Et d'un commerce difficile,
Mainte dame, belle & civile
Nous enchante par sa douceur.
Souvent près d'elle Hercule file,
Et s'en fait un parfait bonheur ;
Souvent nos chagrins elle exile.

Femme est pour nous un présent du Seigneur.

> Du ménage c'est l'ustensile
> Le plus commode & le meilleur :
> Si quelquefois il est fragile,
> C'est que souvent l'homme imbécile
> Est l'artisan de son malheur.
> Tous les secrets de Logistile
> Ne peuvent guérir de la peur :
> Mais tout vase n'est pas d'argile.

Femme est pour nous un présent du Seigneur.

> Tel qui n'avoit ni croix, ni pile,
> Paye à présent son rotisseur :
> L'hymen est le premier mobile
> De l'embonpoint du domicile :
> Il met la marmite en vigueur.
> Si du sexe le sein fertile
> Ne nous produit un successeur,
> Notre labeur est inutile.

Femme est pour nous un présent du Seigneur.

ENVOI.

Réformez votre codicile.
Si vous pouviez par un concile

Devenir un jour possesseur
D'une épouse sage & nubile ;
Vous ne seriez plus dans l'erreur ;
Vous diriez d'un air plus tranquille :

Femme est pour nous un présent du Seigneur.

Je ne vous récite point mes vers par vanité. Je ne suis plus susceptible d'aucune passion. D'ailleurs, je suis persuadé qu'étant connoisseur, vous ne les trouverez tout au plus que passables. C'est seulement pour vous faire connoître qu'alors j'étois bien complaisant.

Revenons à celle pour qui ma muse employoit si mal son tems. Elle affectoit de grands sentimens sur la tendresse. Elle exigeoit de moi un amour métaphysique, & paroissoit avoir sur les romans la délicatesse que la nièce d'un célèbre philosophe moderne expliqua si bien à Sapho sur l'estime qu'elle faisoit de ses ouvrages.

Mad. D. C.

Vous avez si bien fait connoître
Un amour délicat, pur & sans intérêt,
Que qui l'a vu tel qu'il doit être,
Ne peut le souffrir tel qu'il est.

J'estimois aussi cet amour héroïque ; mais je n'en suivois pas toutes les maximes. Ses longues épreuves laſſoient ma conſtance : je voulois conclure, & je fis ſur cela la balade qui ſuit :

> Du plus parfait engagement
> La délicateſſe eſt bannie.
> On ne voit plus dans un amant
> Le reſpect & l'empreſſement
> Qu'avoit Aronce pour Clelie :
> L'amour n'eſt plus qu'emportement,
> Que témérité, que folie,
> Qu'un inſipide amuſement.
> Je ne veux aimer de ma vie.

Quand vous fîtes ce gros ſerment,
Y penſiez-vous, belle Silvie ?
> Un ſi biſarre ſentiment
> Fait tort à votre jugement,
> Et dans le monde vous décrie.
> Une héroïne de roman
> D'adorateurs eſt peu ſuivie :
> Elle entend dire fréquemment

Je ne veux aimer de ma vie.

> S'il faut pour un objet charmant
> Souffrir une peine infinie,
> Languir, gémir inceſſamment,
> Et n'oſer dire ſon tourment
> Sans mettre ſa belle en furie.
> S'il faut faire le Juif-errant,
> Avoir recours à la magie,
> Ou ſe battre contre un géant,
> Je ne veux aimer de ma vie.

Ovide a-t-il fait vainement
Des règles de galanterie ?
Il aimoit délicatement :
Mais il aimoit commodément :
C'est ainsi qu'amour se manie.
Sa douceur lui sert d'aliment
Aux plaisirs ce dieu nous convie.
Si je n'en espère en aimant,
Je ne veux aimer de ma vie.

ENVOI.

Sans façon & sans compliment,
Souffrez que naturellement
A vos beaux yeux je sacrifie ;
Mais composons, & promptement
Renoncez à votre hérésie :
Aimez enfin : car autrement
Je ne veux aimer de ma vie.

Voici encore une réponse emprumptée en style marotique, qui m'a fait comprendre depuis par la joie qu'elle me causa, que les espérances les plus flatteuses sont souvent les menaces d'une cruelle destinée, & que nous nous réjouissons quelquefois de ce qui doit nous rendre malheureux.

RONDEAU.

L'Amour, vêtu de triste accoûtrement,
Tels que soupirs, plours & gémissemens ;

De s'engager ne fait jà grande envie.
Soi martyrer, fouffrir grégnieur tourment,
Ainfi qu'à vous, à moi femble folie.
Mais à l'endroit de la belle Clelie
Bien n'en jugez : point n'entroit en furie
Quand lui faifoit Aronce tendrement.

L'Amour.

Or, quant à moi pour héros de roman
Point n'ai de goût : fi voudrois feulement
Que loin d'amour vertu ne fût bannie :
Et fi n'aimoit preux & gentil amant,
Trop bien pourrois fuivre toute ma vie.

L'Amour.

Les plaifirs innocens ne font pas toujours défendus dans la pénitence. On y en goûte quelquefois de plus doux que dans la crapule des voluptés ; & je vous donne de tems en tems des vers comme des confolations fpirituelles, & des adouciffemens à la peine que vous avez d'être ici : mais pour fuivre le fil de mon hiftoire, il faut pour un peu de tems laiffer repofer nos mufes.

Je ne fais fi mes balades furent caufe de la conclufion de notre hymenée ; mais il eft certain que peu après les avoir faites, je trouvai ma veuve plus traitable, & plus difpofée à figner un contrat. Cette affaire fut conclue avec un défintéreffement, de ma part, qui auroit fait de l'impreffion fur une ame plus reconnoissante. Les premiers jours de notre union se passèrent agréablement : nous fûmes assez contens l'un de l'autre ; mais cela ne dura pas. Les manières honnêtes de la maîtresse ne furent plus celles de la femme. Je vis bien-tôt la métamorphose d'une colombe en serpent, & connus à regret que mes premières complaisances, ou plutôt mes premières foiblesses, avoient contribué à ce changement. J'essayai en vain de dissiper ces vapeurs, qui menaçoient mon repos de fréquens orages. Je m'en étois apperçu trop tard ; le mal étoit incurable : il n'y avoit plus de parti à prendre que celui de le souffrir, & les remèdes avec lesquels j'espérois de l'adoucir ne servant qu'à l'irriter, je fus contraint de ployer les épaules, & de céder à ma destinée.

Ma nouvelle épouse n'étant pas contente de partager avec moi l'autorité, l'usurpa toute entière : je n'eus plus que le nom de maître. Elle disposoit de tout ce qui m'appartenoit, comme si je n'y avois eu aucune part. Elle faisoit dans mon domestique des changemens continuels, & un vacarme perpétuel. Enfin elle se donnoit des airs de supériorité, qui n'auroient pas été supportables, quand elle seroit sortie de la tige des Césars, & moi de la lie du peuple.

Vaine & superbe au dernier point, elle me parloit continuellement de sa qualité, comme si je n'avois pas connu sa maison, & que la mienne lui eût été fort inférieure. Elle en étoit si entêtée, que je crois qu'elle alloit moins à l'église pour prier Dieu, que pour y voir dans la chapelle de ses ancêtres quelques vieux écussons de leurs armes. Cependant, en dépit d'elle, son orgueil n'avoit rien de noble : tous ses sentimens & toutes ses manières étoient basses : elle ne connoissoit pas même ce qui a du rapport à la véritable noblesse ; & quoiqu'elle méprisât fort la moderne, elle entroit souvent dans son caractère, en affectant de se distinguer par une fierté ridicule, & par un faste outré.

Elle s'appliquoit incessamment à censurer tout le monde. Je n'ai jamais pu lui faire comprendre le droit naturel que chacun a de vivre à sa manière : elle contrôloit les équipages, les ajustemens, les armoiries, les démarches : rien ne passoit devant ses yeux sans être désapprouvé ; elle trouvoit à toutes choses du trop, ou du trop peu, & paroissoit avoir une autorité souveraine pour condamner toutes les actions d'autrui.

Le mérite fans parchemin étoit à bas prix chez elle. Le plus grand nigaud de l'arrière-ban y étoit plus honoré qu'un homme de guerre, dont la fageffe & la valeur ne font connoître le nom que depuis trente ans. Elle prenoit avec chaleur le parti de la plus fotte gloire, jufqu'à défendre le terme impertinent dont un prédicateur de bonne maifon fe fervit un jour en prêchant dans un village d'Italie. La crainte qu'il avoit de déroger, en appellant des payfans, meffieurs, mes frères, mes chers auditeurs, l'obligea de ne point appeller autrement ces gens-là, que canaille chrétienne. Quand je blâmois cette ridicule expreffion, elle fautoit aux nues, & me menaçoit des foudres du ciel, comme un impie.

Je perdois mon tems, quand je lui remontrois que le fang de tous les hommes eft de même couleur : que nous n'avons tous qu'une même origine : que celle des titres ne vient que des belles actions & des bonnes mœurs de nos ancêtres : qu'il fe trouve des gens de peu de naiffance, dont les ames ont plus d'élévation que n'en ont celles de certains tyrans de village, dont elle faifoit cas. Que la charge ou l'emploi font la qualité, fur laquelle nous devons régler nos refpects; mais que la vertu feule faifoit la nobleffe, & que l'on devoit, plutôt accorder son estime à un honnête homme roturier, qu'à un baron de la plus vieille roche, dont les laquais même disent entr'eux avec mépris : c'est un yvrogne : c'est un avare : c'est un brutal : c'est un fat.

Ses hauteurs & son arrogance m'ayant fait connoître qu'au lieu de paix & douceur, je n'avois introduit chez moi que trouble & chagrin ; je commençai à m'y ennuyer si fort, que je ne pouvois plus y rester. Je ne trouvois point de maison, telle qu'elle fût, pire que la mienne. Quand la nuit m'y rappelloit, j'y retournois aussi triste qu'un prisonnier, qui après avoir rompu ses fers est repris, & reconduit dans son cachot. J'y voyois une femme qui ne consultant jamais mon inclination, ne suivoit que la sienne, soit dans sa manière de vivre avec tout le monde, soit à ce que l'on me servoit à table, soit aux dépenses excessives qu'elle faisoit. Elle croyoit être en droit de disposer de mon bien à sa fantaisie. N'ayant pas jugé à propos un jour de la faire trésorière d'une somme considérable, que je recevois : elle me fit autant de reproches, que si je lui en avois fait un vol. J'avois beau lui représenter amiablement l'injustice de ses sentimens : elle recevoit mes remontrances comme des injures. S'il m'en échappoit quelquefois malgré moi, les vapeurs la suffoquoient, la gorge lui enfloit. Quoique je ne fusse que trop bon, elle me faisoit passer pour le plus brutal de tous les maris, & avoit la malice de citer ces états où sa foiblesse & son orgueil l'avoient mise, comme des témoins irrécusables des mauvais traitemens qu'elle supposoit que je lui faisois. Enfin la connoissant incapable de prendre de la raison, & craignant qu'il ne lui en coûtât la vie; après avoir beaucoup souffert de ses caprices, je tombai dans une triste indifférence pour toutes choses : je laissai couler l'eau ; je ne m'embarrassai plus de ce qu'elle faisoit, & ce que je souffre encore à présent, est en partie un juste châtiment de ma tiédeur à réprimer ses outrages & ses injustices.

Cette indulgence acheva de la gâter. Osant tout impunément, elle continua de mettre en pratique ces vertus dont votre ami vous a fait de si pompeux éloges. J'y veux ajouter des circonstances qu'il a sans doute supprimées pour épargner sa modestie, en cas que le rapport avantageux qu'il vous faisoit d'elle, vint un jour à sa connoissance.

N'ignorant pas que l'embonpoint & l'éclat du teint sont deux grains de beauté qui emportent quasi tous les autres, elle travailloit assidument

assidument à les acquérir. S'il y avoit au marché une bonne pièce de gibier, c'étoit à quelque prix que ce fût pour la bouche de madame. Les ortolans, les faisans, les petits pieds étoient ses mets ordinaires. Elle n'épargnoit non plus ces choses dans leur rareté, qu'on fait aux champs les fruits les plus communs dans leur saison. Il n'y avoit pour elle ni carême, ni vigile, ni quatre-tems. Si elle mangeoit bien, elle ne buvoit pas mal. Les vins & les liqueurs paroissoient chez moi sous tant de noms différens, que je n'ai pas eu assez de mémoire pour en retenir la dixième partie. Il lui falloit à chaque repas trois fois plus de vin qu'un honnête homme n'en boit à son ordinaire : elle s'enyvroit assez souvent avec des femmes de son humeur. Elles poussoient quelquefois la débauche jusqu'à l'excès : les plus fameux libertins ne l'outrent pas davantage ; & dans le tems qu'elle chantoit des chansons dissolues, & qu'elle jettoit ses coëffures dans le feu, elle s'applaudissoit de ses emportemens & de ses saillies de bacchante, en disant que la vigne avoit été plantée pour elles comme pour nous : qu'elle ne vouloit pas se singulariser en ne buvant que de 'eau, ni se priver d'un plaisir que notre siècle, plus heureux que les autres, commençoit à mettre

I

en usage parmi les dames. Si vous aviez vu sa trogne vermeille & entendu son caquet, vous l'auriez prise en ce tems-là pour une folle ou pour une furie. Vous avez beaucoup perdu de n'avoir pu faire connoissance avec elle. Vous auriez eu souvent ce régal, & l'auriez trouvée telle que je vous la dépeins. Car je ne pense pas que les jeûnes qu'elle a faits pour le repos de mon ame, aient été capables de l'amaigrir, ni mon absence triste pour elle au point de lui faire perdre la parole & le goût des plaisirs.

Elle avoit autant de complaisance pour sa beauté, qu'une jeune fille qui en a besoin pour suppléer au peu de bien qu'elle doit avoir en mariage. Elle s'occupoit souvent à distiller, & à faire des pâtes. On ne voyoit dans son cabinet qu'herbes, racines, feuilles, alambics, matras, cornues, fourneaux, & tout l'attirail des chymistes. Elle avoit plus de fioles & de boîtes qu'un apothicaire. Elle ne manquoit point soir & matin de se faire rafraîchir les entrailles avec de l'eau de rivière ou de l'oxicrat. Quand elle alloit aux étuves, dont je croyois qu'elle devoit revenir bien nette, je la trouvois à son retour aussi fardée qu'auparavant. Elle se plâtroit si copieusement le visage, qu'un jour m'étant approché d'elle plus près que de coutume, mon nez s'apperçut plutôt que mes yeux, des couches qu'elle s'étoit donnée : je me barbouillai les lèvres, & faillis à vomir.

Elle étoit ravie quand elle pouvoit affembler un confeil de deux ou trois de ces créatures favantes en l'art de rendre belles, qui nettoient les dents, & rafent avec un filet de foie ce coton prefque imperceptible qui ombrage toujours un peu le teint. Ces fortes d'ouvrières, comme vous favez, font affez communes chez nous ; mais leurs vifites, non plus que celles de certaines marchandes qui vendent aux toilettes des dames, n'apportent ordinairement rien de bon aux maris.

Je ne viendrois pas à bout en quinze jours de vous dire ce qu'elle faifoit pour plaire à tout autre qu'à moi. Cependant elle avoit beau faire : *non fù còsi bella scarpa, che non diventaffe brutta ciavatta.* Elle n'étoit plus jeune, & prenoit fouvent des peines inutiles; *le plus riche foulier devient à la fin favatte.*

Elle maudiffoit le foleil, le grand air, le clair de lune, le ferein & les brouillards, s'ils ne prenoient fon tems pour régner dans la nature. La pluie, le vent, la pouffière & la fumée, étoient fes ennemis irréconciliables ; & fi par malheur une mouche fe pofoit fur son visage lorsqu'il étoit fraîchement verniffé, elle en étoit auffi fcandalifée & auffi émue, que fi elle avoit reçu un foufflet.

Un jour que fon teint étoit fait tout de neuf, un de ces petits infectes volans s'étant arrêté fur un carreau de vitre, elle l'apperçut, & fit fon poffible pour l'attrapper avec la main. N'en pouvant venir à bout, elle fe mutina fi fort contre cette pauvre beftiole, qu'elle la pourfuivit pendant deux heures dans fa chambre, tantôt avec un balai de jonc, tantôt en lui jettant une orange : elle fe décoëffa pour lui jetter toutes les pièces de fa coëffure les unes après les autres. Ce plaifant manège vous auroit diverti, fi vous l'aviez vu. Enfin elle courut tant après fon ennemie qu'elle la laffa, & l'écrafa avec une rage qui l'auroit fait crêver elle-même, fi elle ne fe fût contentée. Que n'avoit-elle pour lors la lance & l'épée de fon trifaïeul ? Ce fameux duel auroit illuftré fes preuves de chevalerie, & lui auroit fait plus d'honneur que l'accolade qu'elle recevoit fouvent.

C'étoit bien pis quand elle entendoit la nuit le bourdonnement d'un coufin. A quelque heure que ce fût elle faifoit lever valets & fervantes ; elle vouloit que chacun entrât dans fon reffentiment ; toute la maifon étoit en rumeur : elle ne se rendormoit point qu'on ne lui eût apporté mort ou vif le petit impertinent qui avoit eu l'audace de troubler son repos.

Quand je l'épousai, elle avoit près de quarante ans, & ne s'en donnoit que vingt-huit. Elle avoit beaucoup de cheveux blancs, qu'on appelle ironiquement des quittances d'amour. Cela ne plaît point aux femmes : on a beau dire que tête de folle ne blanchit jamais, elles ne veulent point passer pour sages par cette observation. Dieu sait avec quel soin la mienne se les faisoit arracher. Une fille y employoit tous les jours des heures entières, & répandoit sur sa tête plus de poudre & d'essence, qu'il n'en faut pour la perruque d'un petit maître. Craignant enfin de devenir chauve, il fallut renoncer à cet inutile soin, & se parer de cheveux postiches, pour ne pas convaincre le public de la fausseté du proverbe.

Lorsqu'elle s'habilloit elle avoit besoin de trois ou quatre miroirs ; elle se tournoit comme un godenot : un pli, un rien l'occupoit la moitié de la matinée ; ce n'étoit jamais fait. Si sa femme-de-chambre n'exécutoit pas à point nommé ce qu'elle lui commandoit, elle lui disoit des duretés qui me faisoient considérer la servitude comme la condition la plus malheureuse de la vie.

Lorsqu'on la venoit voir, elle consultoit ses amies sur son ajustement : on opinoit, & l'on délibéroit avec autant d'application que s'il se fût agi d'une affaire d'importance. Elle se promenoit gravement dans sa chambre, pour faire voir si tout alloit bien; & quand je lui demandois pourquoi elle se donnoit tant de peines, elle me répondoit effrontément que c'étoit pour me plaire, mais qu'elle avoit le malheur de ne pouvoir y réussir; que je la laissois souvent pour courir après des grisettes. Elle en avoit bien menti : elle m'avoit tellement rebuté des femmes, que je les fuyois toutes, & m'appercevois au contraire que les blondins lui tenoient fort au cœur; car s'il passoit devant elle quelque joli homme, elle se rengorgeoit comme un coq d'inde. Si l'on ne jettoit pas les yeux de son côté, c'étoit une injure. Si on la voyoit sans louer ses appas, c'en étoit une plus grande. Si on la cajoloit, ou qu'en passant on dît quelque chose à son avantage, elle étoit transportée de joie tout le reste du jour; & si elle remarquoit qu'on prît plus de plaisir à considérer quelqu'autre objet, elle étoit hors d'elle, & s'en prenoit à tout le monde.

Elle aimoit les férénades, le bal, les cadeaux, les spectacles; cependant elle ne s'y divertissoit point quand elle devoit ces plaisirs à d'autres femmes. Elle croyoit qu'aucune ne méritoit mieux qu'elle d'en faire les honneurs. Le dépit qu'elle en avoit paroissoit dans sa contenance embarrassée, & souvent éclatoit par des traits de mauvaise humeur qui troubloient quelquefois la fête.

Sont-ce là les gestes glorieux, les traits d'esprit, & les merveilles que votre ami vous racontoit de mon illustre moitié ? Aucune femme assurément ne la surpassoit en gentillesse, si l'on peut appeller gentillesse, s'habiller comme une comédienne, & professer toutes les maximes des plus effrontées coquettes. Vous pouvez juger sur cela combien mon front eut d'assauts à soutenir. Je pris vainement toutes les précautions que la prudence humaine inspire pour s'en garantir, elles furent inutiles, & je ne dois m'en prendre qu'à moi. J'avois appris à mes dépens à quoi l'on s'expose quand on se marie. J'étois devenu libre; je devois me tenir comme j'étois; mais on ne peut éviter sa destinée : les mariages se font au ciel, & les cocus en terre.

Demander de la constance à une femme, c'est demander une chose contre nature; &

je trouve qu'une des plus grandes foiblesses du cœur humain, c'est d'être sensible à leurs infidélités. On s'y doit attendre, & n'en être pas plus surpris que de voir au nord une girouette qui deux momens auparavant étoit tournée du côté du midi. Qu'une femme brise des nœuds qu'elle avoit formés pour toute sa vie; qu'elle succombe aux charmes d'un nouveau venu, j'ai pitié de sa foiblesse. Qu'elle prenne soin de la cacher, & qu'elle choisisse un galant assez sage & assez amoureux pour sauver sa gloire du naufrage; qu'enfin elle soit assez maîtresse de sa passion pour ne point donner de scène au public, je loue sa discrétion, & ne désespère pas de son salut; mais je ne lui pardonne point quand elle joint l'effronterie à la lubricité, & qu'elle est insatiable, comme celle dont nous parlons; car son feu ne s'éteignoit non plus que celui des vestales, quoique bien différent. Tout ce que pouvoient faire dix ou douze de ses amis n'en diminuoit point l'ardeur. Mais je ne dois pas toucher davantage cette corde. Je suis ici pour vous guérir: plus je vous représenterois votre maîtresse de complexion amoureuse, plus votre espérance se nourriroit, & mon remède vous feroit plus de mal que de bien.

Je vous conterai seulement une aventure qui

m'apprit ce que je ne voulois pas savoir. Je sortois un jour de chez moi : je rencontrai au bas d'un escalier, qui conduisoit à l'appartement de ma femme, un laquais, qui tenoit un paquet à la main. Je m'informai de lui ce que c'étoit; le mystère qu'il m'en fit augmenta ma curiosité. Je lui pris ce paquet & l'ouvris. J'y trouvai deux portraits en mignature, qui avoient tous les traits & la ressemblance de mon épouse. Celui sur lequel je jettai d'abord les yeux, faisoit voir son buste dans une balance, qui étoit élevée comme la plus légère, quoique l'autre qui l'emportoit fût vuide. Ces deux mots étoient écrits au-dessus : *levior aura*, qui l'accusoient d'être plus légère que le vent. L'autre représentoit dans le ciel une pleine lune, avec ces mots : *hæc ut illa*, pour montrer qu'elles étoient changeantes l'une comme l'autre. Une troisième pièce accompagnoit ces deux-là. C'étoit une lettre écrite par un homme que j'avois cru jusqu'alors un de mes meilleurs amis, mais qui l'avoit été seulement de ma femme, & ne l'étoit plus. Je lui portai moi-même ce beau présent, sans lui expliquer les emblêmes de ces représentations malignes de son visage & de son cœur. Ne sachant pas le latin, elle ne comprit pas d'abord la force de ces peintures. Elle crut qu'elles venoient de moi; elle en parut charmée, & son erreur alla jusqu'à s'imaginer que je reprenois pour elle mes anciens erremens de galanterie. Quand elle eut bien considéré & bien admiré ces petits tableaux, je lus tout haut la lettre qui les accompagnoit. Voici ce que j'y trouvai :

« Je suis assez heureux pour n'être point affligé de votre inconstance. Damon, Lisandre, Octave, & cinq ou six autres compagnons de ma bonne fortune ne la partageront plus avec moi; je leur en abandonne volontiers ma part. Vous me demandâtes ces jours passés si j'avois encore le portrait dont vous m'avez fait présent. Je vous en envoie deux copies, qui vous ressemblent mieux que cet original, que j'ai jetté dans la boue. Je me suis avisé de le multiplier, & de vous l'envoyer double, afin que vous eussiez moins de peine à vous reconnoître, & que vous ne pensiez pas que la valeur de votre tableau m'oblige de le garder. Vous trouverez votre compte à cela, parce que vous avez pour maxime, que deux valent mieux qu'un. Adieu, madame, j'ai trop d'indifférence pour vous faire des reproches, & trop de sincérité pour vous dire que je suis votre serviteur, ERGASTE. »

Je n'ai jamais su d'autres nouvelles des affaires d'Ergaste avec ma femme. Vous pouvez croire que je lui dis mon sentiment. Elle me soutint, malgré tout ce que je voyois, que cela ne s'adressoit point à elle, parce qu'il n'y avoit point d'adresse sur le paquet. Il étoit (disoit-elle), pour une de nos voisines, qui avoit un peu de son air : le laquais avoit pris une porte pour l'autre, ou avoit confondu l'ordre qu'on lui avoit donné. Je la devois connoître incapable de donner la moindre entorse à la fidélité conjugale; enfin, elle me dit des injures, & je sortis plus honteux qu'elle en faisant réflexion à deux choses fort vraies : c'est qu'un mari est toujours le dernier informé des intrigues de sa femme, & que nos meilleurs amis sont ordinairement ceux qui nous trompent.

Etant sorti, je fus me promener tout rêveur dans un jardin; je m'assis sous un berceau, & tirai de ma poche un livre que je n'avois point encore lu. Il s'intituloit, *Nouveaux Contes en vers*. Je l'ouvris, & tombai justement sur un fait propre à me donner de la consolation. Il y servit effectivement, & par reconnoissance je l'ai conservé tout entier dans ma mémoire. Je vous en ferai part en réveillant votre attention au nom des muses.

L'ESPRIT FORT,
CONTE.

Il est des cœurs bien faits que rien ne décourage:
Qui choisissant toujours le parti le plus sage,
Désarment la rigueur des destins ennemis,
Et par des sentimens qu'un fort esprit suggère,
S'élèvent noblement au-dessus de la sphère
  Où leur planette les a mis.
Lise étoit jeune & belle, & son époux Damis
Cachoit sous sa perruque un crâne à cheveux gris.
Lise avoit cent vertus, Damis étoit bon prince.
Leur parfaite union passoit dans la province
  Pour un miracle de nos jours.
Jamais tant d'agrémens, jamais tant de sagesse
  Ne firent honneur à Lucrèce,
Et jamais tant de soins & de tendres amours
  N'accompagnèrent la vieillesse.
Rien ne manquoit enfin à leur félicité.
  Barbe grise & jeune beauté
Font ordinairement un mauvais attelage:
Cependant tout rouloit si bien dans ce ménage,
  Qu'au bout de l'an le bon seigneur
  Vit arriver un successeur.
Tandis qu'avec plaisir il élève l'enfance
  De cet aimable rejetton,
  Un jubilé survint en France.
  On sait qu'en ce tems d'indulgence
  Chacun demande à Dieu pardon.

Le pécheur prend la discipline.
D'un zèle tout dévot les chrétiens sont touchés.
On ressasse les vieux péchés,
Les gros & les petits, tout passe à l'étamine.
Aux pieds d'un directeur, la dame un beau matin,
Avec un repentir sincère,
Déclara nettement que le petit Colin
N'étoit pas le fils de son père.
Alte-là ! dit le confesseur,
Pour un *confiteor* vous n'en serez pas quitte :
Il en faut deux au moins ; ce crime fait horreur :
Faut-il qu'injustement votre enfant deshérite
Un légitime successeur ?
Il faut, madame, vous résoudre
A confesser le fait à votre époux,
Sans quoi je ne puis vous absoudre.
C'est m'exposer (dit-elle) à son juste courroux.
Le beau compliment à lui faire !
Je m'en suis accusée à bien d'autres qu'à vous,
Qui n'ont jamais trouvé cet aveu nécessaire.
Telle condescendance a damné bien des gens,
(Répliqua le *Pater*) : Confesseurs obligeans
Passent légérement aux ames criminelles
Des péchés dont ils sont aussi coupables qu'elles,
Quant à les pardonner ils sont trop indulgens ;
Pour moi je ne sais point flatter les infidèles.
Elle se lève, part, & fut dès ce moment
De honte & de douleur saisie.
La pauvrette n'avoit qu'une fois seulement
Cessé d'aimer fidellement,
Et s'en étoit (dit-on) mille fois repentie.
La voilà dans un embarras

Qu'on ne peut exprimer. D'un côté l'aventure
    Etoit à digérer trop dure
Pour le seigneur Damis. On craignoit ses éclats ;
D'autre part, le salut, l'enfer & le trépas,
    Et du confesseur l'ordonnance,
    Requeroient telle pénitence.
Il fallut succomber, & d'un mortel chagrin
    Tomber dans une maladie
    Qui lui pensa coûter la vie.
    Sur le rapport du médecin.
Son époux connoissant que la mélancolie
    Alloit couper la trame de ses jours,
    La pria d'en dire la cause.
Elle veut l'en instruire, & jamais elle n'ose.
    Ose tout (dit-il) mes amours,
Rien ne me déplaira, pourvu que tu guérisse.
Quoi ! faut-il qu'un secret te donne la jaunisse ?
Et qu'une femme meure à faute de parler ;
Cela seroit nouveau. Je vais tout révéler,
Puisqu'aussi bien (dit-elle) un trépas favorable
Doit bientôt terminer mon destin déplorable.
    J'étois à la maison des champs
    Où je faisois la ménagère,
Quand la voisine Alix, par des discours touchans,
    Auxquels on ne résiste guères,
    Me prouva qu'avoir des enfans
    Etoit à vous chose impossible :
Me prôna les malheurs de la stérilité,
Qui chez les Juifs passoit pour un défaut terrible :
Puis dans un jour charmant me fit voir la beauté
    D'une heureuse fécondité.

Je me rendis, hélas ! à cette douce amorce ;
Et Lucas, le valet de notre métaïer,
Avec moi se trouvant un jour dans le grenier ;
Je me souvins d'Alix, & je manquai de force,
Je lui parlai ; d'abord il comprit mon langage,
Et sur un sac de bled : sac funeste & maudit....
  Faut-il en dire davantage ?
De ce malheureux sac notre Colin sortit.
  A Lucas je donnai je pense,
Quelques boisseaux de bled pour toute récompense.
Si je vous ai trahi, je meurs, pardonnez-moi :
A cela près, toujours je vous gardai ma foi.
N'est-ce pas de mon bled que tu payas l'ouvrage ?
(Lui répondit Damis nullement effrayé.)
Cet enfant est à moi, puisque je l'ai payé,
  Ne m'en parle pas davantage.
La belle en peu de tems reprit ses lys, ses roses,
  Son embonpoint, sa belle humeur,
Colin fut élevé comme un petit seigneur.
A la maison des champs on parla d'autres choses.
Enfin, pour s'épargner d'inutiles ennuis,
  Ces époux ont vécu depuis,
  Comme si du sac l'aventure,
  Etoit chimère toute pure.

  Bel exemple pour les maris,
Dont le chagrin jaloux mérite une apostrophe.
Damis prit en tel cas le meilleur des partis,
Et soutint cet assaut en brave philosophe.
Des sentimens communs sa raison triompha.
Ce trait fait plus d'honneur à l'humaine sagesse,
Que tout ce qu'on nous dit des sept sages de Grèce.

L'antiquité a donné le nom de sages aux philosophes. Le christianisme l'accorde seulement à ceux qui craignent Dieu, & personne ne doit le refuser à ceux qui ne faisant tort ni au prochain, ni à eux-mêmes, font admirer en toutes choses leur modération, leur prudence & leur habileté. Notre siècle plus libéral en gratifie encore d'autres gens, comme les capitaines qui tiennent plus du renard que du lion, les politiques qui vont à leurs fins par toutes sortes de voies, les orateurs qui prennent avec succès la défense de l'injustice, & même ceux qui n'ayant pas cinq sols de patrimoine, font rouler de superbes carosses, & peuvent enrichir vingt héritiers de leurs dépouilles. Mais ce n'est point par tous ces endroits que ma femme a passé pour sage dans l'esprit de votre ami : ce ne peut être que par le grand art de la coquetterie, qui double à présent son revenu, & dans lequel elle est assez savante pour donner des leçons de rafinement aux plus habiles du métier. Si je lui ai su bon gré de quelque chose, c'est qu'elle n'étoit point encore hypocrite de mon tems. On dit de certaines femmes, que ce sont des anges à l'église, des diables à la maison, & des singes dans le lit. Je la trouvois plus uniforme ; c'étoit pour moi un diable partout.

Je

Je ne l'aurois jamais soupçonnée d'une manœuvre dont je suis à présent convaincu. Elle entretenoit un homme qu'elle aimoit, & répandoit sur lui ses bienfaits avec cette générosité que votre ami lui attribue ; mais elle étoit généreuse à mes dépens. Elle est naturellement avare de son bien, & prodigue de celui des autres.

Sa magnificence consistoit dans les habits qu'elle portoit, dans l'argent qu'elle répandoit à ses intriguantes, & dans les repas qu'elle donnoit fréquemment. Mais ce n'étoit jamais à elle que le marchand & le traiteur portoient leurs parties, quand elles étoient considérables ; elle se contentoit de les arrêter, & me laissoit le soin de les payer. Son industrie, & ce qu'elle m'attrapoit avec une fausse clef de ma cassette, suffisoit non-seulement à ses menus plaisirs, mais encore à prêter charitablement sur gages, quand un courtier lui offroit un écu à gagner par mois sur chaque pistole.

A l'égard de ses manieres douces & civiles, on les trouvoit, comme je crois qu'on les trouve encore, dans une grande facilité à faire connoissance avec tout le monde, & dans une courtoisie universelle pour tous ceux qui lui en demandoient. Je m'étonne qu'elle en ait manqué pour vous. Vous êtes peut-être le seul au monde qui s'en plaigne ; mais je vous trouve plus heureux que sage, de n'avoir pu obtenir des faveurs que vous auriez dû refuser, quand on vous les auroit offertes.

Quoiqu'elle se pique de se connoître en mérite, elle n'y entend rien. Elle n'a du discernement que sur les qualités qui rendent un homme propre à la débauche. Si dans sa lettre elle donna des louanges au style de la vôtre, ce ne fut pas un effet de son bon goût ; ce fut pour vous faire croire qu'elle en avoit.

Dans la conversation il faut se retenir à parler avec elle ; sa langue se remue dans son palais comme le poisson dans l'eau. Ce seroit un morceau bien délicat pour un antropophage, si ce que les naturalistes disent est vrai, que le membre des animaux qui se remue le plus souvent est le plus savoureux, & le plus facile à digérer. Je ne crois pas que cette maudite langue discontinue un moment du jour de frétiller ; le sommeil l'arrête à peine ; car elle parle quelquefois en dormant, & ment presque toujours en parlant.

Si je ne craignois de vous scandaliser, je vous ferois un détail de toutes les imperfections que ses habits cachent. Je vous dirai seulement que son teint qui paroît de lis & de roses, est en sortant du lit grossier, livide & plombé. Si vous la voyiez en ce tems-là, les yeux battus, paroissant plus vieille de vingt ans, avec des cornettes sales, un mouchoir de col aussi malpropre, un manteau fourré & une méchante jupe; vous en auriez peur, & le dégoût vous prendroit; sur-tout quand elle est sur un chauffe-pied, & qu'elle tousse & crache comme si elle étoit pourrie. Sa gorge qui paroît assez élevée, ne l'est que par le moyen de deux bouchons de laine; ses mamelles sont comme des vessies vuides; elle pourroit en un besoin les jetter sur ses épaules, en guise de besaces. Enfin son corps exhale des vapeurs si mauvaises, que sans les sachets de senteur, on ne peut durer auprès d'elle, & dans le lit elle m'empoisonnoit.

Vous êtes peut-être surpris de m'entendre dire de semblables choses. J'avoue qu'elles ne seroient point décentes dans la bouche d'un prédicateur; mais si la pudeur m'empêche de dire tout; je ne puis aussi tout supprimer. J'ai besoin d'un peu de coloquinte pour vous dégoûter d'un poison que vous trouvez agréable; & je fais ici le devoir d'un bon médecin, qui ne s'attachant pas au goût des remèdes, n'emploie que les plus propres à la guérison de son malade. Votre mal n'est pas aux oreilles; il est au cœur : je ne puis me servir de termes assez forts pour pénétrer jusques-là.

Il n'est pas surprenant qu'on soit trompé, quand on achete chat en poche. La plupart des hommes ne savent ce qu'ils marchandent dans le commencement d'un commerce amoureux. On ne s'attache qu'aux dehors : quand après s'y être bien attaché, l'on examine de plus près son emplette, & qu'on se trouve abusé par sa prévention, l'estime cesse, on se dégoute, l'amour finit, & l'on est contraint de fausser des promesses de fidélité qu'on avoit faites trop légèrement. En vérité, si l'on examinoit bien toutes les femmes, il s'en trouveroit peu qui fussent dignes de semblables sermens. Elles ont beau dire, pour se venger de notre sagesse quand nous les quittons, qu'il n'y a point d'honnête homme en amour. Leur inconstance est moins excusable que la nôtre ? Car la raison de leurs défauts nous justifie, & leur légèreté naturelle les condamne.

> Ulisse qui pour sa sagesse,
> Fut si célèbre dans la Grèce,
> Quoiqu'amoureux & bien traité,
> Refusa, malgré sa tendresse,
> D'accepter l'immortalité,
> A la charge d'aimer toujours une déesse.

M. P.

Il est aisé de comprendre que la vie, en l'état où je me voyois, avoit peu d'agrémens pour moi : elle m'étoit à charge ; j'avois un pressentiment qu'elle finiroit bientôt. Cette espérance me consoloit, & je disois souvent en sortant de mes profondes rêveries, ces beaux vers qu'une savante fille, presque toujours infirme, fit peu de jours avant sa mort.

Mad. S.

  Bientôt la lumière des cieux,
  Aura cessé de paroître à mes yeux ;
  Bientôt quitte envers la nature,
   Je vais dans une nuit obscure,
Me livrer pour jamais aux douceurs du sommeil.
On ne me verra plus par un triste réveil,
Exposée à souffrir les troubles de la vie.
Mortels qui commencez ici-bas votre cours,
  Je ne vous porte point envie :
Votre sort ne vaut pas le dernier de mes jours.

Viens favorable mort, viens briser les liens,
Qui malgré moi m'attachent à la vie ;
  Frappe, seconde mon envie.
Ne point souffrir est le plus grand des biens.
Dans un long avenir j'entre l'esprit tranquille.
Pourquoi ce dernier pas est-il si redouté ?
De l'auteur des humains la suprême bonté,
Des malheureux mortels est le plus sûr asyle.

Je tombai dans une mélancolie qui augmentoit par le soin que je prenois de la cacher. Un fond de tristesse paroissoit malgré moi sur mon visage. On en devinoit aisément la cause, & l'on me plaignoit sans me le dire. Enfin le chagrin fixa insensiblement les esprits, qui suffoquèrent le cœur, & je mourus presque subitement. Dès que j'eus rendu l'ame, je connus mieux que jamais la noirceur de celle de ma veuve. Elle n'avoit jamais eu une plus grande joie que celle qu'elle ressentit en ce tems-là. Elle n'attendit pas que je fusse expiré pour s'approprier une partie de mes effets. On voit peu de veuves qui ne soient habiles à succéder. Celle-ci, pendant qu'on étoit occupé à me donner du secours, ouvroit mes coffres, & voloit tout ce qu'elle pouvoit à mes enfans.

On trouve aisément des receleurs & des receleuses en ces tems-là : il semble qu'il y ait de la charité d'aider une pauvre veuve affligée à piller les héritiers de son mari. La mienne ne manqua pas de ces officieuses personnes pour mettre ses larcins en sûreté. Cela fait, elle poussa les hauts cris : elle feignit d'être évanouie; elle déplora sa destinée, & donna des larmes de bienséance à ma mort, tandis qu'au fond du cœur elle maudissoit la vie dont j'avois joui trop long-tems à son gré. Elle porta si loin la dissimulation, & contrefit si bien l'affligée, que tout le monde y fut trompé. Cependant elle ordonna que mes funérailles fussent pompeuses, pour contenter son orgueil, & non pas pour honorer ma mémoire. Ensuite, pour satisfaire plus facilement son inclination libertine, elle dit qu'ayant dessein de passer le reste de ses jours dans la retraite, & ne pouvant plus habiter une maison qui lui représentoit trop sensiblement la perte qu'elle venoit de faire, elle vouloit s'éloigner du grand monde, & demeurer dans un lieu écarté. Ainsi elle ne voulut point rester chez moi, ni chez personne de sa famille : elle choisit dans une rue détournée un petit logis commode, à l'usage secret des plus honteux plaisirs.

Mille gens furent édifiés de cette retraite. Ils auroient juré qu'elle n'avoit point d'autre motif qu'une sincère conversion ; & l'on disoit ce proverbe en parlant d'elle :

Quand le diable fut vieux, le diable fut hermite.

Elle se logea près d'une église conventuelle, où vous la vîtes la première fois, & dont elle fit un semblable trébuchet aux eunes gens qui s'y trouvent en foule à la dernière messe. Elle ne se contentoit pas d'y faire une capture tous les jours, elle y revenoit trois ou quatre fois avec sa chanterelle & sa glu, & ne cessoit point d'y tendre ses filets. Elle levoit de tems en tems son voile, tiroit en bas son collet, & se dégantoit pour faire admirer la blancheur de sa peau, dont l'eclat paroissoit davantage sur le noir que sur toute autre couleur. Vous savez comment cela lui réussissoit, puisque vous avez donné dans ces mêmes piéges.

Si-tôt qu'elle étoit dans l'église, elle envoyoit ses yeux à la petite guerre, & les baissoit modestement lorsqu'on la regardoit. Elle avoit toujours un chapelet à la main, faisant semblant de dire ses patenôtres. Après l'office, elle s'arrêtoit au bas de la nef sous prétexte de parler à un religieux, ou à quelques femmes qu'elle connoissoit. On trouvoit-là facilement l'occasion de l'aborder : on lui donnoit la main ; on la reconduisoit chez elle, & c'étoit une connoissance faite. Chacun de ses nouveaux amis pensoit avoir trouvé une bonne fortune, ne sachant pas qu'un mauvais tempérament & l'interêt la rendoient affamée de dupes, & que c'étoit uniquement pour en faire qu'on la voyoit régulièrement au sermon, à vêpres, à complies, au salut, quand elle étoit sans compagnie ; car chez elle, comme chez bien d'autres, la dévotion n'a que les restes du plaisir. Hélas ! si elle avoit fait pour moi quelques aumônes, ou récité quelques prières, elle auroit pu soulager l'ardeur du feu qui me dévore. Je lui aurois obligation, & ne serois pas assez ingrat pour m'en taire. Peut-être en faisoit-elle pour quelqu'autre ; car l'ame d'un homme dont elle a fort regretté la perte, est depuis peu délivrée de notre purgatoire. Cependant je suis persuadé que le secours est venu d'ailleurs, & que ses prieres (si elle en fait) ne sont que de la fausse monnoie devant Dieu, dont sa justice ne se paie point.

Ses plus ordinaires méditations sont sur les Amadis, sur l'Arioste, sur votre Décaméron. Quand elle y trouve quelque tour adroit pour parvenir aux larcins amoureux, elle retourne le sablier, & relit deux fois de suite le même chapitre.

Parmi la foule d'amans qui partagent son loisir suivant l'ordre du tableau, elle a un tenant depuis quelques années qui est payé pour lui servir de pis-aller. C'est cet Absalon que vous avez justement soupçonné d'être bien avec elle. C'est aussi le même dont je vous ai déjà dit quelque chose. L'outrage qu'il m'a fait autrefois, & qu'il continue de me faire, n'est pas tout-à-fait impuni. Dieu permet souvent que les pécheurs soient châtiés par les mêmes péchés qu'ils commettent ; sa femme lui a donné depuis peu un enfant, dont il n'est que père putatif, & je lui vois souffrir sans pitié la peine du talion.

Voilà la bonne vie que mène celle qui étoit mon épouse, ou plutôt mon fléau. Voilà cette honnête personne pour qui vous avez fait des folies, que je ne puis cesser de vous reprocher. Mais il est tems en parlant d'elle, que je vous mette sur les rangs pour augmenter vos remords, & vous faire plus promptement mériter le pardon & le salut.

Je ne disconviendrai pas que vous n'ayez été cruellement maltraité ; mais vous m'avouerez que cette personne, telle que je vous l'ai dépeinte, & telle qu'elle est, ne méritoit pas que vous fussiez si sensible à l'affront qu'elle vous a fait de refuser vos services. Il faut vous parler de vos lettres, & vous apprendre quel en fut le sort, afin que vous acheviez de mépriser & de chasser de votre cœur celle à qui vous les adressiez.

S'il vient souvent dans le lieu où je suis des gens du monde qui nous apprennent ce qui s'y passe, il n'en revient guère du purgatoire sur la terre. Dieu n'accorde que rarement ces sortes de graces ; & quand on les obtient, c'est pour faire souvenir de nous ceux qui sont obligés d'avoir pitié de nos peines, ou pour la conversion de quelque vieux pécheur comme vous.

Mon bon ange m'ayant apporté du ciel une obédience pour aller voir ma femme, j'attendis qu'il fût nuit ; car ce n'est pas notre coutume de faire nos visites en plein jour. Elle avoit reçu votre première lettre le matin de cette même journée. J'eus la curiosité d'entrer dans tous les appartemens du nouveau logis qu'elle occupe, & m'arrêtai quelque tems dans son cabinet. J'y trouvai quantité de billets doux, de vers passionnés, & de pièces nouvelles, dont je crois vous avoir dit qu'elle est fort curieuse, soit pour se les approprier, soit pour en savoir le titre, les citer, & passer pour bel-esprit chez les gens qu'elle fréquente. Je lus d'abord à la lueur du feu que je porte toujours avec moi, ce quatrain, qui ne me parut pas mauvais.

Le soleil ici-bas ne voit que vanité,
D'ignorance & d'erreur toute la terre abonde ;
Mais aimer tendrement une jeune beauté,
Est la plus douce erreur des vanités du monde.

Ensuite je jettai les yeux sur des vers Italiens, au bas desquels je trouvai l'explication en prose Françoise.

Past. Fid.

Non far idolo un volto, ed ame credi.
Donna adorata un nume è del inferno.

Di se tutto presume ; è del suo volto,
Sovra te che l'inchini è quasi dea :
Come cosa mortal ti sdegna, e schiva.
Chel d'esser tal per suo valor si vanta,
Qual tu per tua vilta la fingi, ed orni.

N'idolâtre point un beau visage. Une femme qu'on adore devient par son orgueil une divinité de l'enfer. Elle croit tout ce que tu lui dis, & s'imaginant avoir sur toi les avantages que les dieux ont sur les hommes, elle te méprise comme un malheureux mortel, & pense être par son mérite ce que tu la fais par ton adulation.

Je fus surpris de trouver cette pièce chez elle ; je ne doutai point qu'elle ne la gardât pour s'en servir à la désunion de quelque couple d'amans qu'elle avoit intérêt de séparer. Après avoir fait cette réflexion, je lus avec plaisir une épître que je vous réciterai pour disposer votre esprit par cette petite récréation, à supporter plus aisément la nouvelle peine que je lui prépare.

ÉPITRE A SAPHO.

Sage & docte Sapho, dont la veine féconde,
Fait des admirateurs aux quatre coins du monde :
Vous qui si dignement employez votre voix,
A chanter notre Hercule & ses fameux exploits :
Vous qui sans déroger à l'austère sagesse,
Avez pour vos amis une vive tendresse,
Et qui n'avez choisi qu'Apollon pour époux,
Peu content de l'hymen, j'ose m'en plaindre à vous.

  Aristote, du froid expliquant la nature,
Le nomme l'ennemi de toute créature.
Au contraire le chaud en est (dit-il) l'auteur,
Le père nourricier & le conservateur.
L'un par ses qualités fait unir les semblables,
Et les fait devenir amis inséparables,
Et joignant chaque espèce à son individu,
Ce que les élémens ont souvent confondu,
Il sait le séparer, & le mettre en sa place.
  L'autre par sa rigueur, ses frissons & sa glace,
Insulte la nature & l'opprime toujours :
De tous ses mouvemens il arrête le cours ;
Il assemble des corps que leur être divise,
Et désunit enfin tout ce qui sympatise.
  Ainsi le froid hymen que produit l'intérêt,
Efface de l'amour les plus aimables traits.
Par le lien fatal de sa chaîne funeste,
Une moitié s'unit à ce qu'elle déteste.
N'ayant pour conseiller que notre ambition,
Il nous fait tout donner à cette passion.

Timandre a de l'esprit, des vertus, du mérite;
Je l'aime; mais hélas! sa fortune est petite.
Que ferai-je (dit-on) en lui donnant ma foi?
Peu de chose pour lui, & presque rien pour moi.
Licas est sans naissance, il est brutal, avare,
Et d'un bien mal acquis injustement se pare:
Mais l'or est aujourd'hui l'attrait le plus puissant.
Vive l'homme d'honneur qui prête à vingt pour cent.
Damis, qui chaque jour me rend un tendre hommage,
Quoique fort endetté peut me donner un page.
On me verra marquise, & grace à tout mon bien,
Je pourrai dégager quelques lambeaux du sien.
Il est vrai qu'en parlant il fatigue l'oüie:
Il turlupine trop, & souvent il m'ennuie:
On baille en écoutant ses sots raisonnemens,
Et ses riches habits font tous ses agrémens.
Il a vécu long-tems aux dépens des coquettes:
Il est dans son quartier le patron des grisettes:
Satisfait de son nom, sans charge, sans emploi,
Il ne sert aujourd'hui ni l'état ni le roi.
N'importe, il est marquis, on n'en veut point dé-
  mordre,
Et du fat en carrosse il faut avoir de l'ordre.
 Ainsi se font d'hymen les nœuds mal assortis.
Ce n'est qu'à l'opéra qu'on voit des Amadis.
On ne se pique plus d'avoir un cœur fidelle.
Ariste a soupiré dix ans pour une belle.
Tous ses empressemens, & toute son ardeur
Ont semblé jusqu'ici répondre de son cœur,
Il paroissoit brûler d'une flamme constante.
Iris la méritoit; sa personne est charmante,
Son esprit des mieux faits, & son cœur amoureux,

Et l'hymen ne pouvoit former de plus beaux nœuds.
Il eût, si cet amant n'eût point été volage,
Pour la première fois fait un juste assemblage,
Mais dès qu'il veut parler, l'amour le plus parfait
Cede ses intérêts, & demeure muet.
Mon Ariste en fait foi. Un parent le marie ;
Au sang d'un P *** lâchement il s'allie ;
Il prend un vase plein de sentimens abjets,
Tel que seront toujours de semblables sujets,
Une fille orgueilleuse, impertinente, avare:
Il voit les maux qu'hymen pour jamais lui prépare,
Et regrette un bon cœur dont il étoit charmé,
Qui n'a d'autre défaut que de l'avoir aimé.

 Votre Ariste eût été moins sage & plus fidelle,
Mais il n'eût pas été plus content de sa belle,
(Me répondra quelqu'un, ignorant la raison,
Qui produit de l'hymen le dangereux poison).
S'engager pour toujours au repentir expose,
Et du fatal contrat c'est l'ordinaire clause,
Qu'au moment qu'on se lie en se donnant la main,
L'amour & ses attraits disparoissent soudain.
Un nœud qu'amour lui-même a pris plaisir à faire
Cesse d'être charmant dès qu'il est nécessaire.
Soyez toujours amans, & vous serez heureux.
Si-tôt qu'on est époux on néglige ses feux.
L'hymen, toujours suivi de chagrins, de caprices,
Emousse la tendresse, affadit les délices.
Sans lui l'on ne feroit jamais réflexion
Que le plaisir finit par la possession.
L'amant n'est plus épris, l'amante n'est plus tendre,
Et leur flamme n'est plus que charbon & que cendre.
Le mépris qui succède à l'injuste froideur,
Cause une aversion qui ne sort plus du cœur.

Ce qu'on aimoit jadis eſt ce que l'on abhorre;
Chacun de ſon côté ſon triſte ſort déplore :
On accuſe en ſecret les auteurs de ſes nœuds;
Et le toit domeſtique eſt un ſéjour affreux.
De-là naiſſent par-tout libertins & coquettes,
Poiſons, aſſaſſinats, éclats, divorces, dettes,
Les regrets éternels, & les haines ſans fin,
Et tout ce que l'enfer a produit de venin.
Enfin, l'on peut trouver dans le ſiècle où nous ſommes,
Preſque autant de témoins que de femmes & d'hommes,
Qu'à l'élément du froid l'hymen a du rapport :
Que ſes peines ſouvent durent juſqu'à la mort :
Qu'il eſt très-peu d'époux contens dans leurs ménages :
Que les meilleurs maris, les femmes les plus ſages,
Amans avant l'hymen paſſent de triſtes jours,
Et qu'on ne s'aime plus dès qu'on ſe voit toujours.
Convenons cependant qu'aux premiers jours du monde,
Où l'amour ſeul règnoit dans une paix profonde,
Ce dieu, par l'intérêt n'étant point combattu,
Il ſuffiſoit pour dot d'avoir de la vertu.
L'hymen ne bâtiſſant que ſur la ſympatie,
L'ardeur de deux époux duroit toute leur vie.
Son joug ne leur faiſoit qu'un deſtin plein d'appas;
On ne s'épouſoit point quand on ne s'aimoit pas.
On ſe paſſoit alors de témoins, de notaire,
La bonne-foi parloit & ſoutenoit l'affaire;
Le jour d'hymen étoit un favorable jour,
La couronne & le prix du véritable amour.

L'amour n'eſt point ſenſible à l'éclat des richeſſes;
Il fait pour des bergers ſoupirer des princeſſes.
Un mélange inconnu d'eſprits ſympatiſans :
Forme inſenſiblement ſes nœuds les plus charmans;

En forte que deux cœurs dont l'amour se rend maître,
Se cherchent quelquefois avant de se connoître.
Se sont-ils rencontrés ; ont-ils fixé leur choix ?
Ils sont égaux en tout, suivent les mêmes loix,
Forment semblables vœux, portent les mêmes chaînes,
Goûtent mêmes plaisirs, & souffrent mêmes peines;
Enfin, tant que l'amour occupe deux amans,
Ils ont mêmes desirs & mêmes sentimens.
L'heure du rendez-vous à tous deux paroit lente.
L'horloge tête-à-tête est toujours diligente.
Jamais, en se quittant, ils ne se sont tout dit :
Leur flamme par le tems jamais ne s'amortit.
Ils trouvent des douceurs jusques dans leur souffrance :
Le plaisir du retour fait supporter l'absence.
Ils s'aiment loin & près, & ce qu'amour a joint,
Malgré l'éloignement, ne se sépare point.
D'un objet qu'on chérit on garde les idées :
On se parle en esprit, on commerce en pensées,
Et l'amant de retour pouvant s'expliquer mieux,
De la félicité dispute avec les dieux.
Comme le feu, l'amour unit tous les semblables :
Sans un parfait rapport ses nœuds sont peu durables.
Le taureau ne suit point la biche dans les bois.
Une belle Françoise a peur d'un Siamois.
Une jeune Cloris fuit l'amant à lunette,
Et l'homme bien sensé, la folle & la coquette :
Si l'on voit quelquefois pareils assortimens,
L'amour n'a point de part à ces égaremens.
C'est la brutalité, l'intérêt, l'avarice,
Qui sous le nom d'hymen donne carrière au vice.
Le bon cœur, la vertu, la douceur, la beauté,
Font des engagemens l'exquise volupté.

L

Telle étoit autrefois celle de l'hymenée;
Sa chaîne étoit pour lors brillante & fortunée :
Rien de mieux assorti que ces couples heureux;
Mais l'intérêt depuis gâta de si beaux nœuds.
Le cœur humain devint ambitieux, avare,
D'un nom jadis si doux il en fit un barbare.
Il connoît le malheur de sa condition,
Et ne peut se guérir de sa corruption.
Oui, dans ses passions, aveugle, volontaire,
Il court après un bien toujours imaginaire,
Et ne peut employer sa raison & ses soins
A jouir d'un bonheur qui lui coûteroit moins.
 Sapho, qui de l'hymen avez fui l'esclavage,
Que vous avez d'esprit, & que vous êtes sage !
Vous pouviez aisément choisir un digne époux
Parmi tant d'aspirans à l'honneur d'être à vous,
Et malgré les beaux feux que souvent a fait naître
Le mérite éclatant que vous laissiez paroître,
Malgré la mode enfin, vous avez évité
L'appas que tend l'hymen à notre liberté.
La fortune, le rang, la beauté du génie,
Ne font pas à coup-sûr le bonheur de la vie.
Défions-nous toujours des dangereux attraits
Dont l'hymen embellit ses funestes apprêts.
Que la victime soit de festons couronnée ,
Elle n'en est pas moins à l'autel condamnée.
Craignons un repentir en donnant notre main :
Assez de gens sans nous ont soin du genre humain.

 Je pris ensuite mon chemin vers la chambre de la dame; je la trouvai qui dormoit tranquillement avec le seigneur Absalon. Je remuai un fauteuil pour les éveiller. Ce bruit fit l'effet que j'en attendois : ma femme en eut une telle frayeur, qu'elle fit lever son amant pour allumer un flambeau, qui brûla le reste de la nuit.

S'étant remis au lit & rassurés l'un & l'autre par la lumière, ils commencerent à parler du pauvre Bocace, & à le tourner en ridicule. Je n'ai jamais été si surprise, dit la dame, que de recevoir un pareil compliment d'un tel homme. Je veux vous en donner le régal, afin de vous convaincre que mes charmes sont assez puissans pour démonter la gravité d'un philosophe. En disant cela, elle fouilla dans une jupe, & tira votre lettre amoureuse. Absalon la lut tout haut, & à chaque période ils faisoient des éclats de rire, qui marquoient la petitesse & la stérilité de leur génie. Vous aviez bien profané les reliques du parnasse : ce qu'il y avoit de plus délicat dans votre style fut traité par leur ignorante critique, d'impertinent & de grossier. Voyez, disoit-elle, ce tartuffe qui se mêle d'en conter : vraiment, disoit l'autre, il faut lui donner de jolies femmes. Diroit-on à sa mine qu'il seroit si extravagant ? Il mériteroit les étrivieres, de tromper ainsi le public. Voilà comme on parloit de vous. Votre savoir fut traité de pédantesque :

rien n'a du rapport à votre famille, à votre corps, à votre esprit, qui ne fût méprisé. Ils n'épagnèrent pas même la philosophie d'Aristote, ni les beaux vers d'Homère & de Virgile, parce que vous faites profession d'estimer ces auteurs. Ensuite avec des termes bas & ridicules, ils se dirent l'un à l'autre mille choses à leur avantage, qui me firent connoître qu'ils n'étoient pas moins ivres de vin que de présomption. Enfin ils vous déchirèrent; & pour avoir un nouveau sujet de se moquer de vous, ils méditèrent la réponse qui donna matière à votre seconde lettre, dont le sort (à ce que je crois) ne fut pas plus heureux que l'avoit été celui de la première.

Je suis persuadé que si le galant ne se fût pas défié que votre rhétorique lui eût été fatale tôt ou tard, il se feroit donné plus long-tems le plaisir de voir des lettres de votre façon, & de prêter sa main pour y faire des réponses concertées, pour vous berner; mais il aima mieux renoncer aux douceurs du sacrifice, que de s'exposer lui-même à être sacrifié. Sa maîtresse n'avoit pas accoutumé de lui faire de semblables confidences : rien ne l'y engagea que la pensée, qu'il étoit impossible qu'un homme aussi délicat & aussi éclairé que vous ne pénétrât bientôt dans le secret de sa con-

duite, ne prît du dégoût pour la décadence de
sa beauté, & ne revînt plus chez elle après la
première visite. Elle savoit que vous faites des
vers en galant homme ; c'est-à-dire, sans
affecter d'être poëte en fatiguant tous les gens
de votre connoissance du récit de vos ouvrages. Elle n'ignoroit pas non plus que votre inclination à la satyre, vous rend plus habile &
moins charitable qu'un autre sur les défauts
d'autrui, & elle vous haïssoit, à cause d'une
chanson que vous fîtes il y a quelques années
sur une ouverture d'opéra. Elle croyoit avoir
raison de vous en savoir mauvais gré : ce couplet sembloit avoir été fait pour elle, & tous
les traits satyriques qu'on adresse aux personnes
auxquelles nous ressemblons, nous blessant par
réflexion, révoltent ordinairement notre vanité, & nous animent contre des gens qui n'ont
jamais eu dessein de nous offenser. Il n'y a que
les bons esprits qui rendent justice à l'intention, & ne prennent jamais pour eux ce qui
ne sauroit leur faire honneur. Voici ce couplet
que vous avez peut-être oublié, & qu'elle
n'oubliera jamais.

  Quoi ! malgré nos dégoûts,
    Vous croirez-vous
     Toujours aimable ?
  Votre sort est déplorable :

Vous souffrez mille tourmens,
Et malgré vos présens
Les jeunes gens
Ont du mépris pour vos ans.
N'aimez plus,
Vos soins sont superflus :
Venus, l'amour, les jeux, les ris,
Ont peur des cheveux gris :
Et si vous croyez plaire
Et faire
Comme en votre printems,
Vous perdez votre tems.
Vos soupirs,
Vos desirs,
Vos langueurs,
Ne donnent à nos cœurs,
Au lieu d'ardeurs,
Qu'effroyables horreurs.
Hélas ! comment
Se peut-il autrement ?
Vous n'avez plus ces traits
Si parfaits,
Le tems les a défaits :
Vos flammes n'ont rien qui nous flatte,
Vous êtes maigre & plate,
Votre beauté ne reviendra jamais.
Dessus l'Acheron
Déjà pour vous le vieux Caron
Prend un aviron :
Renoncez donc à nos plaisirs :
Ne poussez plus de vains soupirs:
Vos appas impuissans,
Usés, languissans,

N'ont plus de pouvoir sur nos sens.
Allez voir aux enfers Proserpine,
Et fuyez ces lieux charmans,
Où l'amour fait cent jeux aux jeunes amans.
Rien n'est si laid qu'une vieille badine.

Les trois derniers vers de votre chanson renferment les deux plus cruelles injures qu'on puisse dire à une femme. La vouloir faire servir de commode, quand elle croit encore être bonne à autre chose, c'est pis que de lui arracher le pain de la main ; & le mot de vieille est la plus outrageante épithète qu'on puisse lui donner, quand elle n'est pas au-dessus de la médisance par ses vertus & par sa conduite. Mais pour vous achever la relation de mon voyage : las d'un très-mauvais dialogue ; plein d'un charitable dépit, de voir berner un honnête homme : enfin, craignant d'être témoin de quelque chose d'infâme, je quittai tristement la terre sans donner d'autres signes du séjour que j'y avois fait.

Jusqu'ici vous n'avez pu savoir que par conjecture la manière dont on a reçu vos lettres. Tous les rapports qu'on vous a faits ne viennent peut-être pas de gens trop dignes de foi. Ainsi vous avez eu grand tort de vouloir vous poignarder, non-seulement sans raison, car il n'y en a jamais eu pour une semblable extravagance, mais encore pour un mépris dont vous n'aviez pas une entière certitude. Qu'auriez-vous fait dans le tems que votre esprit étoit plus foible qu'il n'est, si vous en aviez été aussi bien instruit que vous l'êtes à présent ? Je ne doute pas que vous ne vous fussiez pendu à la porte de votre maîtresse, comme fit l'amant d'Anaxarette ; mais si vous aviez eu le jugement sain, vous auriez eu plutôt envie de rire que de vous désespérer, en considérant que cette femme, de la probité de laquelle vous étiez si prévenu, n'en avoit pas davantage que la plupart des autres. Vous deviez faire réflexion qu'elles ont toutes la vanité de vouloir passer pour belles ; qu'elles se regardent dans les yeux de leurs amans avec plus d'amour-propre que dans leurs miroirs, & qu'elles se font plus d'honneur du nombre que du mérite de ceux qui les aiment. Comment celle-là vous eût-elle pu refuser son estime, si elle avoit eu la moindre espérance de conserver la vôtre ? La plupart ne souhaitent de faire des conquêtes que pour la gloire du triomphe ; il leur faut plus d'amans pour la vanité du cœur que pour les besoins du tempérament. Il n'y a nulle apparence que votre nymphe, infailliblement charmée d'être encore trouvée jolie, & d'avoir engagé un homme qui passe pour avoir du discernement, vous eût montré à ses compagnes par un véritable mépris : il est plus vraisemblable que pour contrefaire en même-tems la belle & la dévote, & donner une grande idée de son prétendu changement de vie, elle vous a fait remarquer, en disant : « Voyez ce » séducteur qui a eu l'effronterie de me faire » une déclaration criminelle ; voyez ce démon » qui conspire contre mon salut, & fait ses » efforts pour corrompre mon innocence ». Peut-être alors s'est-elle servie de termes plus injurieux ; peut-être aussi n'a-t-elle parlé de vous que pour parler ; car il arrive souvent que les femmes hachent sur le prochain par cet unique motif.

Quoi qu'il en soit, vous devez ou revenir à cette incontestable vérité, que les femmes raisonnables sont si rares, que ç'eût été la chose du monde la plus extraordinaire, si celle-là eût agi raisonnablement ; & si vous avez cru lui inspirer dans l'automne de sa vie, ce que la nature & l'éducation n'ont pu lui donner dans son printems, votre présomption vous rend plus coupable qu'elle des maux que vous avez soufferts.

Supposons que le portrait flatteur qu'on vous fit lui ressemblât, peut-on s'imaginer que l'honnêteté que vous croyiez dans l'original, allumât dans votre cœur des flammes impudiques ? La vertu n'inspire point le vice, mais l'air enjoué de cette coquette, & quelque chose que aviez ouï dire de sa conduite, vous donnèrent sans doute l'espérance d'un embarquement heureux.

Comment vous êtes vous laissé prévenir si fort, que vous n'ayez pas remarqué qu'elle est sur le retour, & par conséquent peu digne de vos soins & de votre tendresse ? Ou si telle qu'elle est, vous ne pouviez vous empêcher d'en être épris, comment n'avez-vous pas prévu que le succès étant incertain en amour comme à la guerre, vous seriez outré de douleur, si vous ne réussissiez pas à vous en faire aimer ? Que n'appelliez-vous de bonne heure votre raison au secours de votre cœur ? Elle préserve des coups du sort les plus fâcheux, quand la passion n'est pas encore assez forte pour aveugler tout-à-fait. C'est une mauvaise excuse que d'attribuer les disgraces à des fatalités auxquelles on ne peut s'opposer : le monde est un jeu d'échecs, où l'on ne perd que faute de jugement. Quelle folie ! quelle vapeur avoit si pitoyablement brouillé votre cerveau, que vous ayez eu tant de sensibilité pour une si petite perte, & que vous ayez moins estimé votre salut que la possession de cette malheureuse ! Croyez-vous être si peu de chose & si infortuné, qu'il ne soit au monde d'autre bonheur pour vous que la bienveillance de cette personne ? Quel plaisir, quelle utilité, quel honneur en pouviez-vous attendre ? Rien autre chose qu'un éternel repentir d'avoir tenu entre vos bras une louve digne du mépris de tous les hommes.

Je ne pense pas qu'il vous soit tombé dans l'esprit d'être son pensionnaire, comme l'aventurier dont je vous ai parlé. Vous avez l'ame trop belle pour vouloir être un serviteur à gages, en exigeant un salaire de semblables travaux ; mais si vous aviez été capable d'une pareille bassesse, vous auriez été bien trompé. Absalon a dix ans moins que vous, & depuis ma mort elle a retranché par avarice les trois quarts des dons qu'elle lui faisoit.

Cela étant, encore un coup, qu'en pouviez-vous espérer ? Qu'elle diminuât le nombre de vos années ? Cela se pouvoit de celles que vous devez encore passer dans la vie ; mais pour celles qui sont consommées, vous n'ignorez pas que la soustraction en est impossible, & que la multiplication des autres ne dépend que de Dieu. Pouvoit-elle vous rendre plus savant ? Oui, si c'est en malice : elle n'est habile qu'en cette science ; mais vous n'êtes pas curieux des découvertes qui s'y font tous les jours. Espériez-vous qu'elle vous mît en paradis par anticipation ? Cela pouvoit arriver, si c'est une béatitude temporelle d'être aimé d'une perfide, qui a donné en sa vie mille preuves de son mauvais cœur, & qui s'est condamnée elle-même, par son libertinage, à une éternité malheureuse. Comptiez-vous sur sa protection auprès des Sénateurs, pour obtenir par le pouvoir de ses charmes quelqu'emploi considérable dans la république ? Hélas ! elle a moins de crédit que vous en ce pays-là. Le sénat n'est composé que de personnes sages, & l'on ne voit guère d'homme, jaloux de sa réputation, qui ne méprise ce qui vient de la part d'une femme qui n'en a point.

Combien y a-t-il de grands seigneurs qui seroient ravis d'avoir auprès d'eux un homme tel que vous ? Quoiqu'on dise que la fortune ne suit que son caprice, lorsqu'elle distribue ses bienfaits, apprenez que le mérite perd quelquefois beaucoup à n'être pas connu. On lui rend plus de justice à la cour des princes qu'ailleurs : il y trouve des juges éclairés qui le protégent & le rendent heureux, tandis que dans le reste du monde on se contente de lui donner seulement les louanges que l'on ne peut lui refuser. Mais vous ne pouvez vous jetter à la tête : soit timidité, soit orgueil, vous ne sauriez vous résoudre à faire des démarches qui vous paroissent basses, & qui souvent sont nécessaires pour trouver de l'accès, & s'introduire auprès des grands. Sont-elles plus honteuses, dites-moi, que le joug sous lequel vous vouliez vous soumettre ?

Ne parlons point des lumières que Dieu a répandues dans votre esprit ; parlons seulement des dons que vous a fait la nature. En les considérant, vous ne devez pas être affligé d'avoir été méprisé par une femme, mais seulement d'avoir donné dans ses panneaux comme une bête. Sans vous flatter, vous valez mieux qu'elle : malgré sa pommade & son fard, vous êtes plus bel homme qu'elle n'est belle femme. Vous êtes mieux fait & plus jeune. Son sexe est moins noble que le vôtre. Enfin, à peser tout dans une juste balance, elle perd par son insensibilité beaucoup plus que vous ne pouviez gagner par sa tendresse.

Non sò a ch'effetto
L'huom si metta a periglio, e si tormenti,
Per riportarne una vittoria poi,
Che giovi al vinto, e'l vincitor annoi.

Ariost. cant. 20, s. 124.

Comment l'homme peut-il s'expofer aux tourmens
Que l'on voit fouffrir aux amans,
Et mettre fottement fa gloire
A remporter une victoire
Qui couvre le vaincu d'honneur,
Et devient à charge au vainqueur?

N'êtes-vous point de l'humeur de ceux que l'éclat du rang éblouit de telle manière qu'ils préferent les faveurs d'une comteffe ridicule, à celle d'une bourgeoife accomplie? On peut dire que ces gens-là n'ont ni le goût bon, ni l'ame belle. Il entre dans cette préférence un intérêt de vanité & de fortune qui ne fait guere d'honneur à la maîtreffe & à l'amant; au lieu que le généreux défintéreffement avec lequel on s'attache au mérite, en quelque place qu'on le trouve, en fait beaucoup plus à l'un & à l'autre.

La qualité de cette femme n'eft point affez relevée pour faire la félicité d'un cœur ambitieux. Il eft vrai qu'elle eft demoifelle, mais fa nobleffe eft moderne, & fon crédit fort petit. Ses ancêtres fe font faits riches aux dépens de la veuve & de l'orphelin. L'avarice, la violence & l'orgueil font les principales racines de fon arbre généalogique; mais quand fes aïeux auroient été à bons titres de grands feigneurs, les vices de leur defcendante aviliroient leur fang, puifqu'ils feroient capables par leur noircœur de ternir l'éclat de la plus brillante couronne de la terre.

Je pourrois par un plus long discours vous représenter encore mieux que je n'ai fait les imperfections de cette personne, la folie de votre prévention & l'horreur du crime que vous méditiez, quand vous vouliez mourir pour elle; mais je crois vous en avoir assez dit: c'est à votre tour à parler.

Je baissois la vue tout honteux, & ne savois que répondre. Enfin, pénétré jusqu'au cœur de ce que je venois d'entendre, je dis à l'esprit: Vous m'avez instruit & corrigé en termes plus doux que mon péché ne méritoit. Les vérités qui viennent de sortir de votre bouche ont produit tout l'effet que vous en pouviez espérer. Je reconnois mon illusion: je méprise ce que j'aimois; je me trouve tout changé. Le crime que je méditois me paroît si horrible, que sans la confiance que j'ai en la protection de la reine du ciel, dont votre présence me répond, je désespérerois de mon salut, & me regarderois déjà comme un tison d'enfer.

L'esprit d'un air compatissant m'interrompit, en me disant: rassurez-vous contre ces frayeurs, & persévérez dans le dessein de vous amander: il n'est point d'actions si criminelles, que les larmes du pécheur n'effacent, & que la bonté divine ne pardonne, quand on en fait pénitence. Vous avez péché par ignorance & par fragilité : vous n'êtes point si coupable devant Dieu que ceux qui l'offensent malicieusement; mais les uns & les autres désarment également sa colere par une sincère conversion. L'enfer n'est fait que pour les cœurs endurcis ; & vous me paroissez si repentant, que je crois déjà votre péché à demi pardonné. Je vous exhorte à mettre la main à l'œuvre pour en arracher toutes les racines. Travaillez-y pour l'amour de vous-même. Songez qu'il s'agit d'un bonheur ou d'un malheur éternel, & que malgré les fausses maximes du monde, l'honnête homme & la vertu sont inséparables.

Prenant Dieu à témoin, lui dis-je, des promesses que je vous fais de réformer ma vie, je vous supplie de m'aider encore de vos bons conseils, pour l'exécution de mon dessein. Vous n'avez, me répondit-il, qu'à faire le contraire de tout ce que vous avez fait ; c'est-à-dire haïr l'occasion du péché dans ce que vous aimiez. Vous avez été passionné d'une femme, parce qu'elle vous paroissoit charmante, & que vous vous figuriez de grandes délices dans sa possession. Songez que sa beauté est un obstacle à votre salut. Fuyez les appas qui vous ont tenté. Défiez-vous de tout ce

qui

qui peut exciter votre convoitise. Evitez soigneusement de vous trouver dans les lieux où vous aviez accoutumé de voir cette sirène, & tirez de l'outrage qu'elle vous a fait une vengeance utile à votre salut & au sien. Les poëtes élèvent jusqu'aux nues les personnes qu'ils estiment, & font des satyres contre celles qu'ils n'aiment pas. Vous vous acquittez également bien de l'un & de l'autre. Occupez votre plume à publier les défauts d'un objet qui ne méritoit pas vos louanges. Peignez-la telle qu'elle est, pour réparer la fausseté des éloges que votre muse lui a prodigués; pour détruire l'idée avantageuse que des personnes aussi crédules que vous peuvent avoir conçue de son faux mérite; enfin pour humilier l'orgueil que votre adulation lui a donné.

Je lui promis que si le bon Dieu me faisoit la grace de sortir du labyrinthe, j'exécuterois de point en point ce qu'il m'ordonnoit; que je ne me vengerois que par la plume, & ne publierois que des vérités; mais que j'espérois de les porter si loin, qu'elles seroient suffisantes pour humilier cette orgueilleuse, & la faire peut-être rentrer en elle-même.

Etant restés quelque tems l'un & l'autre sans parler, je repris la parole, & lui dis : Je ne me souviens point de vous avoir assez fréquenté dans le monde, ni de vous y avoir rendu de services affez importans pour mériter que vous ayez pris la peine de venir plutôt qu'un autre me tirer d'ici. Il me répondit : Dans le lieu où je fuis, l'on ne fait acception de perfonne ; on a de la charité généralement pour tous les humains, & nous fommes tous également propres à leur être utiles, quand Dieu nous le permet. Cependant il fembloit que je devois préférablement à tout autre être employé à rompre le funefte enchantement, dans lequel je vous ai trouvé. La fatisfaction eft néceffaire à la pénitence. Il eft croyable que vous deviez avoir plus de confufion de me confeffer votre péché qu'à un autre, qui peut-être auroit eu plus de peine que moi à vous le faire déclarer. D'ailleurs connoiffant mieux que perfonne la caufe de votre défefpoir, j'étois plus en état d'y apporter du remède. Voilà je crois les raifons de ma miffion, que je trouve fort heureufe, fi elle vous guérit parfaitement d'un mal dont la cure eft toujours très-difficile. De quelque manière, lui dis-je, que la guérifon vous en ait été commife, je vous remercie de vous en être chargé : je vous en aurai éternellement obligation ; & pour vous témoigner ma jufte reconnoiffance, apprenez-moi ce que je puis faire de plus utile pour vous ? Je vous jure que je n'y épargnerai rien.

L'esprit me répondit que sa femme étoit d'un si mauvais naturel, que non-seulement elle ne faisoit rien pour le soulagement de ses peines; mais négligeoit aussi d'apprendre à ses enfans encore jeunes, les devoirs de piété qu'on a coutume de rendre aux défunts. Que pour de vrais amis, on n'en avoit guère dans le monde, & pas un lorsqu'on étoit dans le tombeau. J'ai rendu service à mille gens, dit-il, qui ne se souviennent plus de moi. Je serai encore long-tems dans les souffrances, si vous ne me rendez charité pour charité, & secours pour secours. Faites donc dire quelques messes, & donnez quelque chose aux pauvres à mon intention: cela me suffira. Mais si je ne me trompe, l'heure de votre délivrance approche, je crois voir une lumière nouvelle, qui vous mettra bientôt dans un état plus heureux.

Je regardai, & vis effectivement sur l'horison une clarté semblable à celle de l'aurore, quand elle commence à dissiper les ténèbres de la nuit. Elle s'augmentoit insensiblement, & devint grande; mais d'une manière différente de celle du jour, qui se répand par-tout. Celle-ci paroissoit comme un rayon entre deux nuées fort épaisses & fort sombres, & marquoit un un chemin qui aboutissoit où nous étions; & ne passoit pas plus loin. Sitôt que cette lumière tomba sur moi, je me sentis une amertume de cœur sur l'énormité de mon péché, qui me saisit & m'affligea plus que jamais. Je connus encore mieux mon erreur; & quand avec un redoublement de syndereze j'y eus réfléchi, je me sentis soulagé d'un pesant fardeau, qui m'avoit rendu jusqu'alors immobile. Me trouvant donc plus léger, & plus en état de m'éloigner du lieu où j'étois, j'appris à l'esprit ma bonne disposition, & le priai de trouver bon que je prisse congé de lui. L'esprit me paroissant fort joyeux me répondit qu'il y consentoit. Sortons d'ici, me dit-il, mon cher ami : je vais marcher devant vous; ne me quittez pas de vue, & prenez bien garde au sentier lumineux qui nous guide. Il y a des abîmes affreux à droite & à gauche. Si vous tombiez dedans, il faudroit de nouvelles peines pour vous en tirer, & le ciel ne vous accorderoit peut-être pas les secours que vous venez de recevoir. Au nom de Dieu, marchons, lui dis-je, je m'observerai si bien que je ne me trouverai plus dans un pareil inconvénient. Mon conducteur commença d'aller du côté d'une montagne, dont le sommet sembloit toucher aux nues. Il me dit, en chemin faisant, mille bonnes choses ; entr'autres, il me récita des vers qu'il m'exhorta de retenir, si j'avois envie de me marier. Les voici :

      Pour vous dire mon sentiment
      Sur le sujet du mariage,
   C'est un état doux & charmant,
Quand l'époux & l'épouse, à la fleur de leur âge,
    Apportent tous deux en ménage,
 Avec un bien commode & de facile usage,
Un corps propre, bien fait, un bon tempérament ;
Un cœur de part & d'autre exempt d'engagement ;
Une humeur douce, aisée ; un esprit droit & sage,
Qui sache au sérieux joindre le badinage,
Et sans aimer le monde avec attachement,
Le connoisse, le goûte, & s'en passe aisément.
Dans une liaison telle que je l'ai dite,
Tous les jours sont heureux : les nuits ont leur mérite :
Et lorsque le soleil reparoît dans les cieux,
    C'est avec un plaisir sensible
Que l'époux & l'épouse, après le tems paisible
    D'un sommeil doux & gracieux,
Tournent à leur réveil l'un sur l'autre les yeux.
    Dès qu'il s'agit de quelque affaire,
    En secret tout se délibère :
Et s'ils ont quelquefois des avis différens,
L'autorité, l'humeur, n'est point ce qui décide.
On s'éclaire l'un l'autre, on s'instruit, on se guide,
    Sans trop abonder en son sens :
Et comme ils ont tous deux l'esprit juste & solide,
Ils discutent si bien leurs différens avis,
    Que la droite raison préside,
    Et voit toujours les siens suivis.

En cet état digne d'envie,
Ils partagent toujours entr'eux
Les biens & les maux de la vie :
Ils se rendent ainsi tous deux ,
Et les biens plus piquans, & les maux moins fâcheux.
Que si de leur hymen il leur vient quelque gage,
Ils sentent redoubler leur amour conjugal :
Ils se plaisent à leur ouvrage,
Qu'ils élèvent ensemble avec un soin égal :
Ils sont charmés d'y voir leur portrait, leur visage,
Et déjà par avance en osent espérer
Tout ce qu'un tendre amour les porte à desirer.
Tel est ou tel doit être un heureux mariage.
Pour n'en pas dire davantage,
Je passe à ceux dont le nombre est plus grand :
Mais ce qu'ici je me propose,
Ce n'est nullement de parler
D'un hymen où le crime est venu se mêler.
Je parle seulement de ceux où je suppose
Que l'époux & l'épouse attachés à leurs nœuds ;
Ne se permettent autre chose
Que de se rendre malheureux,
Sans nul sujet, sans nul cause,
Que le peu de raison des deux.
Je parle seulement de ceux
Où les humeurs mal assorties,
Font que toutes les deux parties,
En attendant qu'un jour vienne à leurs vœux s'offrir;
Passent toute leur vie à se faire souffrir.
Quelle union, grands dieux ! qu'une union semblable,
Qu'une union qui n'aboutit

Qu'à se gronder toujours, mangeant à même table !
Qu'à se tourner le dos, couchant au même lit !
Ils se cherchent sans cesse, & sans cesse ils se fuyent.
Et tous deux tour-à-tour l'un de l'autre ils essuyent
   Le jour leurs mauvaises humeurs,
   La nuit leurs mauvaises odeurs.
Survient-il des enfans, (car enfin la nature
Se mêle quelquefois de les raccommoder,
   Autre matière de gronder.)
L'épouse incommodée, à toute heure murmure ;
   Et s'en prend toute à son époux,
   Qui sans amitié, sans tendresse,
La plaint peu de sentir les maux d'une grossesse
Dont il faut jour & nuit qu'il sente les dégoûts :
Mais lorsque l'un ou l'autre, ou tous les deux jaloux
D'amertume & de fiel se nourrissent sans cesse,
   Quel supplice, quel enfer est-ce ?
L'hymen à ce prix-là mérite-t'il la presse ?
C'est ainsi cependant qu'ils sont faits presque tous.

Ensuite il me parla de la briéveté de la vie ; & de l'incertitude du tems qu'elle doit durer. Il me fit comprendre que toutes les grandeurs du monde ne sont qu'illusion ; que ses plus doux plaisirs sont mêlés d'amertume ; que la mort nous fait raison de toutes nos vanités. Enfin, sur le peu d'attachement que l'on doit avoir pour la vie temporelle, il me dit encore le sonnet qui suit :

Comme des pélerins nous sommes ici-bas.
Le monde n'est qu'un gîte en un lieu de passage.

Quelque bien qu'on y soit, on n'y demeure pas :
Des meubles qu'on y trouve à peine a-t'on l'usage.

Ceux qui viennent après faisant même voyage,
Les laisseront à ceux qui marchent sur leurs pas.
On n'a, quand on n'en sort, que le seul équipage
Qu'on avoit en entrant dans ce lieu plein d'appas.

Chacun pour votre argent vous y fait bonne mine :
On y mange, on y boit, souvent on y badine,
On y dort en repos, attendant le matin :
Enfin, il faut quitter la ville, ou le village :
      Il faut plier bagage,
Et payer chèrement le lit & le bon vin.

L'esprit, sans doute aussi las de parler que je le suis d'écrire, me présenta une feuille de papier, remplie de quelques maximes morales, que je me ressouvins d'avoir lues autrefois, & qu'il m'obligea de lire encore comme une récapitulation des principales choses qu'il m'avoit dites. Les voici :

L'amour donne de l'esprit à ceux qui n'en ont point, & l'ôte à ceux qui en ont.

Il y a de bons mariages, mais il n'y en a point de délicieux.

Un mari aime-t-il sa femme, elle en abuse : la néglige-t-il pour en aimer une autre, il éprouve qu'une femme jalouse est insupportable à un mari galant.

Il y a des maris qui haïssent leurs femmes, quoique fort aimables : quelle injustice ! Il y en a qui les aiment, quoique remplies d'imperfections : quelle folie !

Toutes les passions nous font faire des fautes; mais l'amour nous en fait faire de plus ridicules.

Il faut demeurer d'accord en l'honneur de la vertu, que les plus grands malheurs des hommes sont ceux où ils tombent par les crimes.

Quelque heureux que soit un amant, il trouve plus d'épines que de roses ; il a plus de jours sombres que de sereins. S'il est brutal, ses plaisirs sont imparfaits. S'il est délicat, son cœur est le premier & le plus grand de ses ennemis.

C'est inutilement qu'on cherche du solide en amour ; tout y est faux, tout y est vain, excepté les peines.

La jalousie est le plus grand de tous les maux, & celui qui fait le moins de pitié à ceux qui le causent.

Il y a peu de femmes dont le mérite dure plus que la beauté.

Il n'y a guères de gens qui ne soient honteux de s'être aimés, quand ils ne s'aiment plus.

La prudence & l'amour ne sont pas faits l'un pour l'autre ; à mesure que l'amour croît, la prudence diminue.

Une femme est à plaindre, quand elle a tout ensemble de l'amour & de la vertu.

Il y a peu d'honnêtes femmes qui ne soient lasses de leur métier.

La nature & l'amour ont rendu beau le dehors des femmes, & ont négligé le dedans.

Il n'y a que les personnes qui évitent de donner de la jalousie, qui méritent qu'on en aie pour elles.

Il n'est rien de plus naturel, ni de plus trompeur, que de croire qu'on est aimé.

On peut trouver des femmes qui n'ont jamais eu de galanterie; mais il est rare d'en trouver qui n'en aient jamais eu qu'une.

Il est du véritable amour comme de l'apparition des esprits; tout le monde en parle, mais peu de gens en ont vu.

Le moindre défaut des femmes qui se sont abandonnées à faire l'amour, c'est de faire l'amour.

La vanité, la honte, & sur-tout le tempérament, font souvent la bravoure des hommes, & la vertu des femmes.

Il ne peut y avoir de règle dans l'esprit ni dans le cœur des femmes, si le tempérament n'en est d'accord.

Dans les premières passions les femmes aiment l'amant; dans les autres elles aiment l'amour.

La plûpart des honnêtes femmes sont des tré-

sors cachés qui ne sont en sûreté que parce qu'on ne les cherche pas.

Lorsque nous fûmes arrivés au sommet de la montagne, le jour me parut universel : je respirai un air plus pur & plus doux ; mes yeux furent charmés en découvrant dans une grande étendue de pays de la verdure, des fleurs, & une infinie diversité d'objets également dignes d'admiration : je repris ma gaieté naturelle. L'esprit m'obligea de tourner la tête pour voir l'endroit d'où je sortois : il ne me parut plus une vallée, mais un gouffre profond & ténébreux, d'où j'entendois sortir des gémissemens, & des cris qui me faisoient horreur. L'esprit me dit alors que j'étois libre, & que je pouvois faire ce que bon me sembleroit. Ma joie fut si grande, que voulant me jetter à ses pieds pour le remercier, je m'éveillai tout en nage, & aussi las que si j'avois effectivement grimpé une des plus hautes montagnes des Alpes.

Les différentes idées d'un rêve si singulier & si long me parurent si mystérieuses, que de crainte d'en perdre quelqu'une, je les jettai sur le papier dès que j'eus les yeux ouverts. Ensuite je m'informai plus particulièrement de la conduite & du caractère de la femme que j'aimois : ce que j'en appris me confirma qu'il y avoit quelque chose de surnaturel dans mon songe. Je résolus de profiter de cet avertissement, & de renoncer pour toujours à ces engagemens qui nous rendent indignes de la protection divine ; dont je venois de recevoir une marque si sensible.

Fin du Songe de Bocace.

LES RÊVES D'ARISTOBULE,

Philosophe Grec.

LES RÊVES
D'ARISTOBULES,
PHILOSOPHE GREC,

Tels qu'il les a racontés à ses disciples, & mis ensuite par écrit.

La vie entière, mes chers disciples, n'est qu'un mélange de rêves peu suivis, presque toujours bisarres & pour l'ordinaire malheureux. Le plus fortuné des hommes est celui dont le sommeil de la vie a été agité par un moindre nombre de rêves tristes.

Accoutumé dès la plus tendre jeunesse à réprimer mes passions, mes jours ont dû être tranquilles : mais les dieux n'ont pas voulu que mon destin différât entièrement de celui du reste des hommes. Ils m'envoyent toutes les nuits des rêves tellement suivis, qu'ils ressemblent à la réalité même. Ainsi, du moins pendant mon sommeil, j'ai plus qu'aucun homme éprouvé toutes les vicissitudes de l'humanité.

Vous voulez que je vous fasse le récit des rêves que je me rappelle : je consens volontiers à satisfaire votre envie, & peut-être tirerez-vous de quelques-uns d'utiles instructions.

PREMIER RÊVE.

Les richesses.

JE croyois être seul dans le temple de Plutus. Aveugle & injuste dieu, lui disois-je, à qui te voit-on distribuer tes tréfors ? A des avares qui les enterrent, à des prodigues qui les dispersent sans raison, à des ames viles qui les employent d'une manière conforme à leur bassesse, à des hommes affreux qui les rendent l'instrument de leurs projets criminels. Ah ! si tu faisois tomber sur moi tes faveurs, je les répandrois avec une sage économie dans le sein de mes amis vertueux ; je soulagerois l'honnête-homme pauvre & languissant ; je soutiendrois ces jeunes gens d'une heureuse espérance, qui dès leurs premières années, privés de leurs pères, sans appui, sans fortune, perdent le fruit des difpofitions qu'ils ont reçues des dieux; je conferverois à la vertu ces jeunes filles, encore innocentes, que leur pauvreté femble deftiner au vice. L'humanité te rendroit graces des tréfors que tu m'aurois accordés, parce que mes richeffes feroient en effet celles de l'humanité.

Je finiffois de parler. Le temple trembla, je vis la ftatue du Dieu s'ébranler. « Ceffe de » te plaindre, Ariftobule, me dit-il, prends » cet or : la feule reconnoiffance que je te de- » mande, c'eft d'en faire l'ufage que tu pro- » mets. »

A ces mots, je vis un monceau d'or devant moi : je le ramaffai avidement, & je gagnai ma maifon, fans même me reffouvenir de rendre grace à Plutus.

Rentré chez moi, je me dis à moi-même : Ariftobule, que tu vas faire d'heureux! Tout en parlant, je tournai les yeux de côté & d'autre dans ma chambre étroite, digne de ma philofophie & de mon ancienne pauvreté. Mais, dis-je, quel tort ferai-je aux hommes que je veux fervir, quand j'employerai une petite portion des richeffes que je leur deftine, à me loger, à me meubler décemment? Pourrois-je même dans la retraite refferrée, qui m'a fuffi jufqu'à préfent, recevoir avec

N

commodité les malheureux qui viendront implorer mon secours?

Aussi-tôt je sors, en fermant ma porte avec soin. Je vois une maison à vendre; elle étoit vaste, superbement décorée & remplie de toutes les commodités imaginables. Je fus ébloui, j'oubliai que ce faste convenoit peu à ma philosophie & au plan que je m'étois fait. J'en fis l'acquisition. De-là j'allai acheter les meubles qui m'étoient nécessaires : je les pris d'une magnificence qui répondoit à celle de la maison où ils devoient être placés : c'est dans cette maison, disois-je, que je vais donner l'hospitalité; le voyageur, accablé de fatigues, qui trouvera chez moi toutes les aises de la vie, bénira long-tems le ciel de lui avoir fait rencontrer pour hôte Aristobule, & Jupiter me comblera de ses bienfaits.

Sans penser jamais à moi-même, & toujours rempli de l'idée de procurer aux heureux que j'allois faire, toutes les douceurs désirables, j'achetai une grande quantité d'esclaves. En mon chemin je trouvai un nombre innombrable de malheureux qui imploroient avec larmes ma pitié : les uns étoient jeunes; ils peuvent travailler, disois-je, ce sont des fainéans à charge à l'état, par mauvaise volonté, & que la république devroit punir. D'autres estropiés, couverts de plaies & d'ulcères, sembloient ne traîner que des restes informes de l'humanité : ah ! disois-je tout-bas, leurs maux ne sont que factices ; ce sont des ruses inventées par ces misérables pour toucher le cœur du public. Les autres étoient accablés par l'âge : ce ne sont point là, continuois-je, les malheureux que je dois secourir. Ils subsistent, parce qu'ils ne rougissent pas de demander leur subsistance ; leurs besoins sont soulagés, parce qu'ils ne cachent point qu'ils ont des besoins : prêtons une main secourable à ces infortunés, qui gémissant sous le poids du malheur, n'osent pas même avouer qu'ils sont malheureux, qui conservent cette fierté que la misère augmente encore dans les ames élevées, & qui trouvent leur mort dans ce sentiment si louable.

En retournant à mon nouveau palais, je rencontrai nombre d'amis dont les traits même ne m'étoient pas connus ; l'un m'avoit vu au Portique, l'autre sur le Pyrée : un autre dans le temple ; tous avoient pour moi la plus haute estime, l'amitié la plus tendre. Je les conduisis chez moi. La plûpart sembloient peu opulens : leur donner un repas frugal, c'étoit remplir la promesse que j'avois faite au dieu Plutus. Le repas fut splendide, & rien n'y fut épargné. Lorsqu'il fut fini, j'eus le malheur de bailler ; tous les convives me proposèrent de faire ma partie pour me récréer. Je pensai que l'amour des malheureux ne devoit pas me priver de toute sorte de plaisir. On apporta des dez ; je jouai d'abord petit jeu & je perdis. L'intérêt, l'opiniâtreté, la fureur qui animent tous les joueurs s'emparèrent bientôt de moi ; le jeu fut doublé, triplé, quadruplé, je pariois à chaque coup, & à chaque coup je perdois. On ne quitta pas le jeu que je n'eusse perdu le quart de mes richesses.

J'avois trouvé les convives très-aimables : ils m'avoient témoigné mille égards, leur imagination s'étoit épuisée à inventer des soins pour moi. Ils m'offrirent de renouveller leurs visites ; je l'acceptai, mais je me promis bien de ne plus jouer. Je suis encore riche assez, disois-je, pour secourir les malheureux, & pour goûter la douceur de la société. Le dieu Plutus ne sauroit trouver mauvais que je ne vive point en hibou, & que je reçoive des amis. L'un d'eux m'offrit de m'amener sa sœur. Voir la sœur d'un ami n'est point une action blâmable, & je lui témoignai tout le plaisir que j'aurois à la connoître. Dès le lendemain matin il me l'amena. Une affaire pressante le forçoit de me quitter un instant, il me laissa seul avec sa sœur. Elle étoit belle & touchante : je lui parlai avec indifférence ; mais quelle indifférence peut tenir contre la beauté ? Ma voix s'attendrit ; bientôt elle devint foible & tremblante. Dans une distraction ma main prit la sienne ; dans une autre distraction ma bouche se colla sur ses lèvres ; dans une autre distraction j'imprimai un baiser sur son sein ; dans une autre distraction . . . . . Que la philosophie est foible, quand la passion se fait sentir ! Je cessai d'être philosophe avant d'avoir seulement imaginé que je pouvois cesser de l'être.

Ma nouvelle maîtresse m'avoit rendu heureux assez gaiment ; mais après l'instant du plaisir elle versa un torrent de larmes. Que je suis malheureuse, s'écria-t-elle ! O fatale foiblesse ! Ah cruel ! vous avez abusé d'un instant où je ne me connoissois plus : quelle victoire avez-vous remporté ! Je n'étois plus à moi ; pouvois-je me défendre ? Que deviendrai-je ? Deshonorée dans tout Athènes, vil mépris de ma nation entière, sans fortune, objet du mépris des hommes même les plus méprisables, que dis-je, objet de ma propre haine, où fuir loin des mortels & de moi-même ?

Je lui donnai une somme considérable. Le remède opéra, sa gaieté lui revint, & jamais amante ne fut plus tendre. Elle me proposa de prendre l'air. Nous avions à peine fait quelque pas dans les rues d'Athènes, qu'elle parut admirer les riches étoffes étalées sur la boutique d'un marchand ; je les lui achetai. Une femme des plus riches de la république passa couverte de tous ses diamans, ils attirèrent l'attention de ma maîtresse, je lui en donnai de semblables. Une jolie maison fixa ses regards, j'en fis l'acquisition pour elle. Elle loua les plaisirs champêtres : je m'informai s'il n'y avoit pas de maison de campagne à vendre : on m'en indiqua une, nous y allâmes, & je m'en accommodai avec le propriétaire. Je prévins tous ses desirs, j'eus soin qu'elle eût la compagnie la plus agréable. Elle m'apprit que son frère étoit pauvre, je l'enrichis; elle me dit qu'elle avoit un oncle malheureux, je lui fis du bien : elle me parla d'un cousin peu aisé, je rétablis sa fortune. Elle aimoit le jeu, j'avois juré de ne jouer jamais, cependant je manquai à mes sermens pour l'amour d'elle, & nous jouâmes aussi malheureusement l'un que l'autre. Tous les jours je formois pour elle de nouvelles parties, je travaillois à inventer pour elle de nouveaux plaisirs. Les dépenses les plus fortes ne me coûtoient rien, & j'avois oublié la promesse que j'avois faite au dieu Plutus, & l'usage que je devois faire de ses faveurs. Je m'en souvins un jour, & je voulus compter avec l'esclave que j'avois fait mon intendant, je trouvai qu'il ne me restoit plus rien, & que j'étois considérablement endetté. Je vendis ma maison, mes effets, mes esclaves, & ce que j'en tirai ne put suffire à payer mes dettes. Je devins pauvre, ma maîtresse qui resta dans l'opulence, ne me regarda plus, & je me réveillai satisfait de n'avoir été riche qu'en songe.

SECOND RÊVE.

L'homme.

JE crus une nuit que Jupiter formoit le monde, & que j'étois à ses côtés. Il prit un peu de terre, & dit: Je veux que tu sois un lion, & aussi-tôt je vis un lion paroître au lieu du morceau de terre. Il créa ainsi successivement tous les animaux, & il voulut enfin que le dernier morceau de terre qu'il tenoit fût un homme.

A cet ordre du souverain des dieux, je vis sur la terre se remuer quelque chose de foible & d'assez informe. Ce quelque chose ne put qu'au bout d'un très-long-tems s'élever fur fes pieds; & déja les autres animaux avoient acquis toute leur force. Je m'approchai de ce quelque chofe que Jupiter avoit nommé un homme, mais je l'abandonnai bientôt, parce que la plupart des autres animaux me parurent avoir beaucoup plus d'inftinct, & être bien plus amufans.

Enfin l'homme grandit peu-à-peu. Sa bouche formoit des fons articulés, par lefquels il exprimoit fes penfées, & je les comprenois; ce qui me donna encore plus d'éloignement pour lui, car elles étoient d'une folie & d'un orgueil dont je ne pus qu'être irrité.

Je fuis, difoit-il, le plus bel ouvrage de Jupiter, &, beau comme je fuis, je dois croire que je lui reffemble. C'eft pour moi qu'il a créé tout ce que je vois. Cette terre eft deftinée à me fervir de promenade, ces fleuves ne coulent que pour me défaltérer, cette mer eft deftinée à faire un fpectacle agréable à mes yeux; ce foleil qui eft plus grand que ma tête a été attaché au haut des cieux pour m'échauffer; cette lune qui eft prefqu'auffi grande que la paume de ma main, doit m'éclairer dans l'obfcurité des nuits; ces étoiles qui ne font guères moins grandes que mon petit doigt, ont été femées dans le ciel pour que ma tête fût couverte d'un dais d'azur & de feu. O Jupiter! je te rends graces : tu pouvois me laisser dans le néant, & tu m'as élevé presque jusqu'à toi ; tu m'as donné l'empire de l'univers.

Oui, tous ces animaux ont été créés pour me servir, pour obéir à ma voix. Je suis leur souverain, & je n'ai de maître que Jupiter même.

Tandis qu'il parloit, un lion sortit d'un antre. L'homme prit à l'instant la fuite, & grimpa sur un arbre en murmurant encore tout bas que ce lion qui l'effrayoit, étoit créé pour lui être soumis.

Tremblant & presqu'inanimé, il laissa passer le lion, & descendit ensuite de son arbre. Je sais tout, continua-t-il, & mon œil sublime & perçant, pénètre tous les secrets de Jupiter.

Ce soleil qui brille de tant d'éclat, est une plaque d'or que le maître des dieux a clouée au ciel, & cette lune est par conséquent une plaque d'argent. Rien n'est si clair.

Je puis, ajouta-t-il, commander à mes passions & y mettre un frein. A ces mots, il vit une vigne ; il en cueillit quelques grappes, les pressa, en fit une liqueur, la goûta, & la trouva délicieuse. La liqueur lui monta à la tête ; il s'en apperçut. Elle pourroit me nuire, dit il, il faut que je n'en boive pas davantage d'aujourd'hui, & puisque je commande à mes passions & à mes désirs, rien n'est si aisé. Il laissa donc ce vase; mais quand j'en boirois encore un coup, cela me pourroit-il faire quelque tort ? Et il boit. Eh bien, ce coup que je viens de boire ne m'a guères plus étourdi que je ne l'étois; quand je redoublerois, quelle conséquence y auroit-il ? Il but encore, & reprenant toujours le même raisonnement, & disant toujours qu'il savoit dompter ses passions, l'homme tomba ivre.

Il resta long-tems enseveli dans un sommeil léthargique. A son réveil sa tête étoit appesantie, son corps foible & douloureux, son cœur abattu. Toujours persuadé que rien n'avoit été fait que pour lui, & que les herbes qui l'environnoient devoient renfermer une vertu salutaire, il en cueillit & en mangea. Aussi-tôt il tomba dans des convulsions affreuses, & touchoit à son dernier moment. Je m'apperçus qu'il s'étoit empoisonné, je pris pitié de lui, je lui fis avaler le suc d'une herbe qui étoit un contre-poison certain. Il me dut la vie, & n'en fut pas plus reconnoissant. Il prétendit que la nature seule l'avoit sauvé, & non pas mon remède. C'est que la gratitude eût coûté à son amour-propre, & que son orgueil ne vouloit pas avouer que j'eusse des connoissances qu'il n'avoit pas.

Cesse donc du moins, lui dis-je, créature

ingrate, de tout rapporter à toi seul, de croire que tout a été fait pour toi. Est-ce pour toi qu'a été formée cette herbe qui te donne la mort? Est-ce pour te servir qu'existent ces animaux qui menacent tes jours, & à qui peut-être cette même herbe qui t'ôteroit la vie sert de nourriture? Tu penses que Jupiter a fait de toi son ouvrage de prédilection; & combien d'animaux l'emportent sur toi par la force? Il n'y en a pas du moins qui soient sujets à autant d'infirmités; il n'y en a pas qui ne connoissent mieux que toi ce qui leur est salutaire & ce qui peut leur nuire. En as-tu vu engloutir comme toi les sucs des fruits qui peuvent leur causer une ivresse dangereuse? En as-tu vu manger comme toi des herbes empoisonnées? Toi seul est nud & exposé à toutes les insultes de l'air; toi seul n'as aucunes armes pour repousser les attaques des animaux tes ennemis; tous peuvent t'outrager, & te trouvent sans défense. Quitte donc ton orgueil; & loin de te croire le chef-d'œuvre de Jupiter, reconnois qu'il n'a fait de toi qu'un ouvrage de caprice.

L'homme humilié & embarrassé de mon discours, resta long-tems enseveli dans un profond silence & les yeux inclinés vers la terre; mais enfin levant son front avec plus d'orgueil que jamais: ah! me dit-il; ne soyez pas étonné, de la bizarrerie qui règne dans l'univers ; je viens d'en découvrir la cause. Vous avez toujours cru qu'il est un Jupiter, & il n'y en a point. Comment, m'écriai-je, aussi indigné que surpris, est-ce toi qui t'es fait toi-même ? Est-ce toi qui as formé ce monde ? Non, me répondit-il, avec la même audace. Le hasard a tout fait, & rien n'est plus facile à comprendre. Les élemens, ou la matière première, ou les atômes confondus ensemble, nageoient indifféremment dans l'immensité de l'étendue ; les uns de ces atômes étoient quarrés, les autres crochus, les autres octogones : sans cesse ils se rencontroient, se fuyoient, se rapprochoient les uns des autres. Par succession de tems, à force de mouvemens & de rencontres variés à l'infini, la terre s'est formée, le soleil de même, &c. Cette matière première, disposée d'une certaine façon par le hasard, a fait des corps organisés, qui sont des animaux ; ces organes, disposés aussi d'une certaine façon par le hasard, ont produit la faculté de penser que je possède seul à l'exclusion de tous les animaux.

Ici, l'homme finit son discours, & l'on voyoit à son air qu'il s'applaudissoit fort de tout ce qu'il venoit de dire.

Un taureau fier & majestueux, qui étoit toujours resté auprès de nous pendant notre conversation, & qui avoit toujours paru ruminer profondément, ne put retenir plus long-tems son indignation, & parla en ces termes :

Tu mériterois, animal aussi superbe que foible, que je te frappasse d'une de mes cornes, & te rendisse au néant dont jamais tu n'aurois dû sortir. Toi seul des animaux as, dis-tu, la faculté de penser : je suis de ton avis, si par cette faculté tu entends le pouvoir de former des idées bizarres & insensées. Tu es, as-tu dit, le premier des animaux; & nous, nous sentons l'égalité que Jupiter a mis entr'eux tous. Le chien est vainqueur du lièvre, & est terrassé par le loup; d'un coup de corne je donne la mort à celui-ci, & le lion m'assomme d'un coup de sa queue : lui-même seroit enlevé par l'éléphant avec facilité. Nul de nous ne croit que tout a été fait pour lui, mais nous sentons tous que nous sommes chers au maître des dieux qui nous a faits, & qui a voulu que chacun de nous trouvât sur la terre sa subsistance. Nous ne sommes pas surpris en voyant des plantes qui nous seroient dangereuses, parce que nous pensons qu'elles sont utiles à d'autres animaux qui ne sont pas moins dignes que nous de la vie. Tu te vantes de tout savoir; & nous, nous nous vantons seulement de savoir ce qui nous est nécessaire; nous ne cherchons pas à connoître comment Jupiter a fait les aftres, & quelle courfe il leur a prefcrite, & nous le remercions feulement d'avoir formé le foleil qui donne la vie & la chaleur à tout ce qui eft fur la terre, tandis que d'autres êtres lui rendent grace fans doute d'avoir créé ces autres aftres, dont l'utilité nous eft moins fenfible. Tu dis que tu commandes à tes paffions; mais Jupiter a bien plus fait pour nous, car il ne nous en a point donné. Il a fait que nous ayons envie de manger, quand notre corps a befoin de nourriture; il a fait que le taureau défire la géniffe, quand il doit procurer la propagation de fon efpèce. Cette raifon que tu eftimes tant, & que nous n'avons pas, n'eft qu'un défir aveugle & effréné de favoir tout, & le fruit que tu en tires, c'eft de favoir, fi tu es de bonne foi, que tu ne peux rien connoître; elle fait ton fupplice, & le maître des dieux te l'a donnée pour te punir de ton orgueil. Sache donc que tous les autres animaux ont été formés par lui dans un inftant de tendreffe, & qu'il t'a créé dans un inftant de haine : auffi nous te fuyons tous, car nous t'avons tous en horreur.

Le fage difcours du taureau me frappa au point que je m'éveillai en furfaut, & le fonge de cette nuit me donna matière à réflexion pendant bien des jours.

TROISIÈME RÊVE.

Le philosophe.

Je songeai une nuit que j'errois dans une forêt épaisse, sans savoir où j'étois. Tous les pas que je fis pour retrouver mon chemin ne firent que m'égarer davantage. Enfin, je me trouvai auprès d'une grotte que la nature s'étoit plue à embellir. Une douce horreur régnoit à l'entour; des arbres hauts & touffus l'environnoient & y formoient le plus épais ombrage: des rocailles variées à l'infini faisoient l'ornement de l'entrée de la caverne; auprès étoient des sièges de gazon & de mousse; je m'y reposai, & déja je tombois dans les plus profondes réflexions, lorsqu'elles furent tout-à-coup interrompues par l'arrivée d'un vénérable vieillard. Jamais je n'ai été frappé de tant de respect: sa taille étoit noble, son port majestueux, son regard mêlé de douceur & de fierté, une longue barbe lui tomboit sur la poitrine. Ce n'étoit qu'à la blancheur de ses cheveux, à des traits plus grands & plus marqués qu'on reconnoissoit qu'il avoit atteint à la vieillesse, car il avoit conservé toute la vigueur du jeune âge. A peine osai-je lever les yeux sur lui : je le pris pour Saturne, le père du maître des dieux ; je tombai à ses genoux ; il me releva en souriant. C'est aux dieux seuls, dit-il, en me serrant la main, que doit être réservée cette marque de respect. Eh quoi ! m'écriai-je, seriez-vous un mortel ? Oui, mon fils, je le suis, répondit-il, & les ans qui s'accumulent sur ma tête, m'avertissent que la mort n'est pas loin de moi.

O mon père, comment accorder avec cette bonté tendre que vous me témoignez, la haine que vous avez sans doute pour les hommes, puisque vous les fuyez ?..... Je ne hais pas les hommes, répartit le vieillard ; mais je ne puis rien faire pour leur bonheur, & j'ai cru qu'il m'étoit permis de chercher le mien dans la solitude.

Ils l'ont donc traversé votre bonheur, lui dis-je ? Vous les avez donc trouvés méchans ?

J'ai cru du moins qu'ils l'étoient, répondit-il ; mais depuis que je suis éloigné d'eux, depuis que j'ai fait des réflexions sur leur cœur, & que j'ai cherché à les excuser, je crois qu'en général il est peu d'hommes méchans, mais qu'il n'en est point qui ne fasse de mal, ce qui revient au même pour ceux qui vivent avec eux.

Eh !

Eh! mon père, comment sans méchanceté peuvent-ils tous faire du mal?

C'est, mon fils, qu'ils n'ont qu'une très-foible lueur de raison. Oui, leurs crimes n'ont d'autres causes que leurs erreurs; ce défaut de raison les empêche de voir que tout dans le monde n'est que bagatelle & misère; ils se sentent malheureux, & se croyent capables de parvenir au bonheur, comme s'il n'étoit point réservé aux dieux seuls. Le pauvre croit qu'il ne faut qu'être riche pour le goûter; il s'enrichit & n'en est que plus infortuné. Une maison considérable à soutenir lui donne mille soins; des débiteurs, par leurs faillites, le font trembler pour sa fortune; sa femme ne s'occupe qu'à la dissiper; ses enfans le déshonorent, parce qu'ils savent que leur père peut acheter leur impunité.

Que le riche seroit heureux s'il en étoit quitte à ce prix! L'ambition vient encore le dévorer. Il parvient à occuper les principales places de l'état, il fait de grandes choses, & mille envieux jurent sa perte; il fait des fautes, parce qu'il est homme, & tout un peuple l'accuse; on lui reproche jusqu'à ses bonnes actions; il ne connoît plus de repos; nuit & jour il faut que par vanité il travaille pour le bien du peuple qu'il n'aime point & qui le hait. La crainte de la disgrace est un ver rongeur qui le tourmente sans cesse; son ambition, qui avoit paru satisfaite, renaît avec encore plus de force. La seconde place avoit fait tous ses vœux : la première seule peut à présent le tenter. Il se fait un parti ; le crime ne l'épouvante plus : heureux, s'il périt ! Mais s'il parvient à ce qu'il désire, ce n'est qu'un nouvel instrument qu'il ajoute à son supplice.

Les mêmes rôles se jouent dans toutes les classes des hommes; sans cesse on change d'état, de lieu, de sociétés, & l'on ne se trouve pas plus heureux dans un tems que dans un autre : on espère tout de l'avenir ; il ne peut rien faire pour nous, si ce n'est de nous amener la mort; c'est dans nos cœurs qu'est la source de notre misère.

Voilà où conduit la fausse idée du bonheur. De-là les cabales, les trahisons, l'envie, les forfaits. On n'aime point à faire du mal, mais on se détermine à en faire pour devenir plus heureux, c'est-à-dire, plus riche ou plus grand.

Que les hommes seroient bien différens, si la saine raison parloit à leur esprit ! Ils reconnoîtroient alors quel est leur véritable intérêt, & que cet intérêt est inséparable de la vertu : peut-être dans l'état de nature les hommes n'avoient-ils, ne pouvoient-ils avoir d'autre loi que le besoin physique qui leur crioit de le satisfaire.

Mais il n'en est pas de même dans la société ; il y a tels préjugés qui peuvent y devenir des vertus indispensables, parce que tous les membres s'y soumettant, celui qui s'élève contre, détruit l'harmonie. Souvent telle action condamnable qu'on traite légèrement, est un crime contre la société, & qui tend à sa destruction, ou du moins à en troubler la paix. Fuyez, mortels coupables, qui ne regardez que vous, comme si vous existiez seuls, fuyez loin de l'assemblée des hommes, si vous ne pouvez que leur arracher leur repos.

O le plus sage de tous les humains, m'écriai-je ! Vous n'avez jamais connu les foiblesses & les vices de l'humanité, & en fuyant les hommes, vous vous êtes élevé au dessus d'eux.

Je n'ai pas toujours vécu dans la solitude, interrompit le vieillard, j'ai été, comme un autre, enveloppé dans le tourbillon du monde ; j'ai aimé des femmes qui me jouoient, des amis qui ne m'aimoient point ; j'ai rampé sous mille protecteurs qui m'ont fait mille promesses, & qui m'ont toujours trompé. Dégoûté des désagrémens que j'avois essuyés, j'ai fui les hommes, l'aigreur de mon esprit s'est adoucie par l'éloignement ; je ne dirai pas que je les aime, mais je ne les méprise ni ne les estime.

Mais, lui dis-je, si les hommes ne sont pas

foncièrement méchans, ils peuvent n'être pas incorrigibles. Je me fais un plaisir d'espérer qu'un sage quelque jour leur prouvera que c'est en eux-mêmes qu'ils doivent chercher leur bonheur, que ce n'est qu'en eux-mêmes qu'ils peuvent le trouver, que ce n'est point un état plus ou moins haut qui rend plus ou moins fortuné; que le laboureur peut être aussi heureux que le monarque, s'il est persuadé que le monarque peut être aussi malheureux que lui.

Votre sage n'opéreroit rien, me répondit le solitaire : on l'écouteroit, on l'applaudiroit, mais on ne se corrigeroit point, parce que les hommes ne suivent que le conseil de leurs cœurs.

Je lui représentai qu'il y avoit, sans doute, des hommes qui, par la force de la raison, se trouvoient exempts des vices de l'humanité, pour qui l'ambition n'avoit point de charmes, en qui l'amour n'étoit point fureur, qui étoient contens du peu que le ciel leur avoit accordé & qui le bénissoient de ne leur en avoir pas encore accordé moins. Ces mortels, ajoutai-je, sont ils d'une nature privilégiée, ou plutôt tous ne leur ressembleront-ils point quand on leur aura fait connoître la véritable & saine raison?

Les hommes dont vous parlez, répondit froidement le vieillard, ont peu de vices, parce qu'ils ont peu de passions; ils ne font point d'efforts pour être vertueux. Je vous l'ai dit: ils suivent l'impression de leur cœur. Direz-vous qu'un eunuque soit tempérant, parce qu'il n'attente point à la vertu de votre fille?

Mais n'est-il point, répondis-je avec feu, des hommes bienfaisans qui se plaisent à secourir l'humanité? Direz-vous que ce soit par défaut de passion, ou plutôt n'est-ce point par la noble passion de faire des heureux?

On a des vertus par orgueil & par foiblesse, interrompit le vieillard. Un grand accorde des graces, parce qu'il n'a point la force de résister aux importunités; un riche répand ses trésors, parce qu'il veut passer pour généreux. Heureux du moins les vices qui ressemblent à la vertu?

Mais vous, lui dis-je, vous êtes un véritable sage; pourquoi voulez-vous être le seul?

Je suis un sage, parce que je suis dans un désert. Si je retournois parmi les hommes, je redeviendrois, sans doute, bientôt semblable à eux. Le feu des passions est couvert, mais il n'est point éteint; on le verroit reparoître dès qu'il trouveroit des alimens.

Mais comment donc corrigera-t-on les hommes?

On ne les corrigera point, parce que Jupiter seul peut changer la nature des êtres. Il est vrai qu'il y a des hommes que leurs paſſions portent au crime & à la noirceur; mais ainſi l'a voulu Jupiter & nous devons le bénir. S'il n'a pas tout fait pour le mieux, il a tout fait ſuivant ſa volonté. Eſt-ce à nous de nous plaindre, & nous a-t-il créés pour lui preſcrire des loix?

Je priai mon ſolitaire de ſouffrir que je reſtaſſe auprès de lui; mais il le refuſa: il craignoit que la compagnie même d'un ſeul homme ne le rendît moins vertueux.

QUATRIÈME RÊVE.

L'amour.

JE rêvois une nuit que je me promenois dans le lieu le plus agréable du monde. Des arbres plantés dans l'ordre le plus recherché, & taillés avec art formoient des allées où régnoit une douce obſcurité. J'y errois avec plaiſir, & mon eſprit éprouvoit la gaieté que la beauté de ces lieux inſpiroit. Au bout des allées, je vis des parterres jonchés des plus belles fleurs: les jets-d'eau qui s'élançoient avec impétuoſité dans les airs, répandoient à l'entour une fraîcheur délicieuſe. Je ne pouvois me laſſer d'admirer.

Enfin je vis un berceau, j'y entrai pour goûter un instant de repos; j'apperçus un lit de roses, & dessus un enfant qui dormoit. Que de graces, que de charmes avoit cet enfant! J'avouai dans ce moment qu'avant de l'avoir vu, j'avois toujours ignoré ce que c'est que la beauté..... Il étoit profondément endormi, & cependant on remarquoit sur son visage une vivacité inexprimable. Il y avoit dans son air quelque chose de malin, & même, si l'on veut, de perfide; mais, je ne sai comment, cet air lui seïoit. Quoique ses yeux fussent fermés, il sembloit qu'on en démêlât les attraits. Je ne pouvois le quitter, je m'assis à côté de lui, je l'éveillai, malgré moi, par un soupir qui m'échappa. Il soupira lui-même en ouvrant les yeux, & les tournant de mon côté: ah! c'est toi, dit-il, qui viens interrompre mon sommeil; il faut bien que je me venge. A ces mots, il me perça d'un trait qu'il tenoit caché. Mon premier mouvement fut de pousser un cri, je me croyois frappé d'un coup mortel. Ah! traître enfant, m'écriai-je, qui pourroit, d'un âge si tendre, craindre une telle perfidie? Cependant un charme inconnu se glissoit dans mon ame; j'éprouvois, au lieu de douleur, un sentiment délicieux. Je ne me trouvois plus le même. Mon cœur s'attendrit, des pleurs coulèrent de mes yeux; mais que ces larmes étoient douces à verser! Enchanté, ravi, ne me connoissant plus, j'embrassai cet enfant qui venoit de me frapper. Il sourit : eh bien, dit-il, les blessures de l'amour sont-elles bien douloureuses? Pour toute réponse, je voulus l'embrasser encore....... Ce n'est pas moi qu'il faut embrasser : c'est en rendant hommage à la beauté que l'on doit révérer l'amour. Tourne les yeux..... J'obéis, je vis une nymphe...... Qu'elle étoit belle! Après l'amour, je n'avois rien vu de si charmant..... Amour, lance encore un de tes traits dans mon cœur, je ne saurois assez l'aimer.

Je dis, je vole à elle, j'allois me jetter à ses genoux; je n'ose. Mon cœur le veut, la crainte m'arrête. Je la regarde, elle baisse les yeux, je les baisse moi-même; je veux parler, je garde le silence; je brûle & je forme le dessein de lui cacher mes feux..... Ah! que je puisse seulement obtenir d'être souvent auprès d'elle! Je la verrai, je lui parlerai, je serai trop heureux!

Cette permission que je désirois, je l'obtins. J'avois cru qu'elle suffisoit à mon bonheur; mais qu'il est cruel de voir sans cesse ce qu'on aime & de n'oser le lui dire!... Quelquefois elle jettoit sur moi les yeux avec douceur; quelquefois elle me parloit avec bonté & même presqu'avec tendresse; quelquefois elle soupiroit....

Quelle joie je reffentois alors! Une douceur inexprimable me couloit de veine en veine..... Elle m'aime, difois-je: peut-être auroit-elle autant de plaifir à m'apprendre fon amour que j'en aurois à lui déclarer le mien. La pudeur de fon fexe eft tout ce qui l'arrête. Ah! parlons..... Mais fi je me trompois..... Si je lui étois indifférent..... Si ce n'étoit que de l'amitié qu'elle eût pour moi...... Ah! gardons le filence. Si j'allois l'irriter!....

D'autres fois elle étoit plus férieufe, plus réfervée. C'en étoit affez pour inquieter un amant. Quel tourment mon cœur éprouvoit alors!..... Je me fuis toujours trompé. Non, elle ne m'aime point. Eh! comment ai-je cru qu'elle m'aimât? Pourquoi lui aurois-je plu? Quel titre avois-je pour la charmer?.... O! la plus adorable des nymphes, ai-je pu me croire digne de toi? C'étoit trop t'offenfer.... Tu ne m'as jamais aimé, tu ne m'aimeras jamais : l'inégalité eft trop grande entre nous... Fuyons loin d'elle; cherchons loin de fes yeux un repos qu'ils ne me rendroient jamais.... La fuir!.... Ah! fi je dois mourir de douleur, mourons du moins auprès d'elle.

Tels étoient les mouvemens qui fe paffoient dans mon cœur. Ils l'agitoient quelquefois enfemble, quelquefois tour-à-tour. Que l'amour, quand il est sincère, donne de plaisir & cause de douleur!

Enfin l'occasion de me déclarer fut amenée par ma nymphe elle-même. J'étois assis avec elle sur le bord d'une fontaine. Elle prononça le nom de l'amour. Ah! lui dis-je, que quelquefois il est cruel d'aimer! Figurez-vous quel doit être l'état d'un amant qui craint sans cesse d'offenser celle qu'il aime, qui l'adore & n'ose le lui dire. Tel est tout amant véritable. L'amour sincère est toujours craintif. Je finis en poussant un soupir qui s'exhaloit du fond de mon cœur.

A ce soupir, me dit-elle, à la chaleur avec laquelle vous parlez, on croiroit que vous êtes l'amant que vous peignez.

Ah! sans doute, j'aime..... Dois-je rendre grace à l'amour, ou dois-je l'accuser? J'aime la plus aimable des nymphes, & mon malheur n'en est que plus grand, si elle ne m'aime point... Que devroit cependant m'importer son amour, puisque, sans doute, elle ignorera toujours le mien?

Cette obstination à garder le silence, interrompit-elle, me paroît assez mal fondée. Un amour sincère mérite du retour & vous en êtes digne à d'autres titres.

Ce mot me donna quelqu'assurance. Je lui

parlai encore quelque tems de l'objet de mes feux; je l'obfervois : elle me parut inquiette. Il me fembloit qu'elle craignît que ce ne fût une autre qu'elle. Elle m'ordonna d'un ton abfolu de lui nommer celle qui avoit triomphé de mon cœur. Je tenois toujours les yeux fixés fur elle. Je crus appercevoir qu'elle fe repentit auffi-tôt de l'ordre qu'elle m'avoit donné. Elle ne favoit où porter fa vue; un léger tremblement la faifit; la rougeur fe répandit fur fon front.... Si c'étoit elle que j'aimois, le moment d'une déclaration eft embarraffant, eft difficile à foutenir. Mais fi ce n'étoit pas elle !...

Je craignois de mon côté, parce qu'un amant craint toujours; mais l'inftant étoit trop favorable : il falloit en profiter. Regardez, lui dis-je, d'une voix foible & obfcure : voilà celle que j'aime. En parlant, je lui montrois l'eau de la fontaine, que même le zéphir n'ofoit agiter.

Son fort étoit décidé : elle étoit fûre que je l'aimois. Son embarras augmenta de même que fa rougeur; elle détourna les yeux; qu'alloit-elle me répondre ?.... Son filence étoit aifé à interpréter ; je m'enhardis, je ne ceffai point de la preffer que je n'euffe obtenu l'aveu qui fit mon bonheur.

Je paffai quelque tems plongé dans les délices. Le foleil en fe levant, le foleil à fon couché, nous voyoit enivrés d'amour : la nuit qui chaffoit la clarté ne pouvoit interrompre nos plaifirs. Mais peut-on aimer & ne fe point tourmenter ? Je crus que ma chère nymphe ne m'aimoit point autant que je l'aimois : quel fupplice ! M'aimes-tu ? lui difois-je fouvent.... Peux-tu le demander ? répondoit-elle. Ne te l'ai-je pas affez prouvé ? ne te l'ai-je pas affez dit ? Ah ! m'écriois-je, repète-le fans ceffe, je ne l'aurai jamais affez entendu. C'eft par trop d'amour que je crains que tu ne m'aimes moins. Je t'aime, je t'aimerai toujours !.... Ah ! qu'il m'eft doux de te dicter ainfi ce que je veux que tu me difes !... Viens dans mes bras, nymphe adorée, appuie-toi fur mon fein, prouve-moi que tu m'aimes, en me faifant mourir de plaifir.

Un tourment bien plus cruel m'étoit réfervé, & bientôt j'en éprouvai toute l'horreur. Dans le lieu charmant que nous habitions étoient de jeunes bergers, qui tous inutilement fe difputoient l'honneur de plaire à ma chère nymphe. Tous l'adoroient & j'étois feul aimé d'elle ; mais j'euffe été trop heureux fi j'avois pu le croire. Je n'aurois point voulu qu'elle les regardât, qu'elle leur parlât. Si elle jettoit les yeux fur l'un d'eux, je le regardois à l'inftant comme un rival ; mais les yeux de ma nymphe retomboient fur moi, & j'étois appaifé.

Etoit-elle long-tems abfente ? Ah! m'écriois-je, c'eſt avec un berger qu'elle s'arrête : il lui déclare ſon amour, & peut-être elle lui avoue le ſien. Perfide, tu m'as toujours trompé. Pourquoi m'abuſois-tu ? Pourquoi ne m'avoir pas dit que tu ne pouvois m'aimer ? Je ſerois mort ſans doute ; mais du moins je ne ſouffrirois plus..... Tandis que je parlois encore, ma belle nymphe paroiſſoit & je n'avois plus de colère.

Quelquefois j'oſois lui faire de tendres reproches ; mais auſſi-tôt après j'en étois honteux. Elle y répondoit avec douceur, & ma confuſion augmentoit.

Un jour les bergers donnoient une fête ; ma nymphe y fut invitée : ah ! lui dis-je, tu vas donc t'éloigner de moi ? Veux-tu que je puiſſe être tranquille ? Tu vas te trouver au milieu de tant de bergers aimables, ils te parleront de leur amour avec tant de chaleur, tant de vivacité !.... Pourras-tu y être inſenſible ? N'y en aura-t-il pas un dans le nombre que tu croiras ſincère ? Croire un amant ſincère, c'eſt être prête à l'aimer..... Dans les danſes que tu vas exécuter, tu feras obligée de caractériſer l'amour : ô douleur ! tu vas feindre de l'amour pour un autre que pour moi ! Un autre verra tes yeux ſe porter ſur lui avec tendreſſe ; il te verra par tes geſtes, par des pas enſeignés par

Vénus, l'inviter à la volupté! L'art feul, que tu possèdes si bien, aura part à tes mouvemens; mais peut-être se croira-t il adoré; peut-être osera-t-il.... dieux! je ne puis y penser!

Eh bien, viens avec moi, me dit-elle; tu seras plus tranquille : tes yeux seront toujours sur moi, tu éclaireras jusqu'au moindre de mes regards.

Que j'aille avec toi! que je me montre à cette fête! que j'écoute les tendres propos que les bergers te vont tenir! que je les voie s'empresser autour de toi, se disputer ta conquête; l'un prendre ta main, l'autre peut-être oser porter sur ta bouche.... j'aimerois mieux tomber dans les enfers!

Si tu ne veux point m'accompagner, je n'irai point, je reste auprès de toi. Que je serai bien dédommagée des plaisirs de la fête! Crois-tu que j'en puisse goûter d'autres que ceux que j'éprouve avec toi?

Eh ne vois-tu pas que je suis un insensé? Mes folles craintes t'arrêtent! Va, goûte les plaisirs, ils sont tous faits pour toi : n'en prive point les habitans de ces lieux. Va pars; ils sont déja tous rassemblés, ils t'attendent, & ton retardement porte la tristesse dans tous les cœurs. Pars, je sens à présent que je suis tranquille.

Quelle tranquillité! elle partit, ou plutôt

elle m'arracha le cœur. La jalousie m'offroit comme présentes mille images cruelles : tous les tableaux affreux qui se peignoient dans mon imagination agitée me faisoient voir ma maîtresse infidelle. Elle est, sans doute, disois-je, arrivée aux lieux où se donne la fête : oui, elle l'est, & déja tous les bergers l'entourent, ils lui parlent tous ensemble, ils se pressent les uns les autres pour venir l'embrasser, & la cruelle le souffre!.... N'en entends-je pas un qui déclare sa passion?... Elle l'écoute! elle lui répond!.... Que lui dit-elle?.... Elle lui dit qu'elle l'aime!.... Le rouge de la volupté se répand réciproquement sur leurs visages..... La perfide souffre qu'il la couvre de baisers! que dis-je? elle les lui rend avec fureur!... Ils s'éloignent des autres bergers, ils gagnent des bosquets écartés; ils vont s'entretenir de leurs feux, se jurer un amour éternel, se prodiguer mille caresses.... Ah! mon malheur est décidé!

Voilà quelle fut mon état affreux jusqu'au moment où je la revis.

Je passai encore long-tems dans les tourmens & dans les plaisirs. Enfin je sentis que peu-à-peu mon ardeur s'affoiblissoit. J'aimois toujours ma nymphe, mais je n'étois pas insensible à tout autre plaisir qu'à celui de l'adorer. Elle s'éloignoit de moi pour quelques instans & je n'étois pas au désespoir : les bergers approchoient d'elle, & je n'en étois pas jaloux. J'aimois encore à lui prodiguer des caresses, mais j'aurois trouvé ennuyeux de lui en prodiguer toujours : elle me reprocha ma froideur & me parut injuste ; mais bientôt cette froideur augmenta tellement, que je vis bien que je n'aimois plus.

Je sortis des lieux consacrés à l'Amour. A mon réveil je rendis grace aux dieux de m'avoir fait connoître toute la cruauté de cette passion funeste.

CINQUIÈME RÊVE.
L'île de la Poésie.

JE lisois un jour un poëme nouveau : le sommeil s'empara de mes sens au milieu d'une tirade que le poëte avoit cru fort intéressante. A peine mes yeux cessoient-ils de voir la lumière, que je crus être en voyage, & qu'une troupe de génies m'arrêtoient. Suivez nous, me dirent-ils, & sans attendre ma réponse, ils me transportèrent dans l'île de la Poésie.

Je regardai aussi-tôt d'un air inquiet autour de moi & à perte de vue. Que cherchez-vous ? me dirent les génies. Mais, répondis-je, ma
recherche

recherche ne doit pas vous sembler extraordinaire. Je suis, dites-vous, dans l'île de la Poësie ? Où donc est ce mont ambitieux qui menace le ciel de son double sommet ? ce cheval si connu que doivent monter les poëtes ? cette fontaine dont les eaux si vantées animent leurs esprits ? ce Dieu puissant qui les inspire ? Où sont enfin ces doctes vierges qui président sous lui ? Je ne vois rien de tout cela ; mais je vois bien autre chose ! Ciel ! l'île est dans un fond ? Où m'avez-vous conduit ? Chaque flot menace de la submerger. Que vois-je ? je suis perdu ! dans un instant elle va être engloutie !

Ne craignez rien, me dirent les génies en éclatant de rire. L'île ne vous paroît point sûre : si elle étoit plus solide, elle ne subsisteroit pas long-tems. On détruit à présent tout ce qui pourroit être stable ; un rien se conserve par les soins qu'on y donne. Mais ne perdons pas plus de tems en discours inutiles : voici le temple, entrons.

De vieilles & respectables ruines avoient servi à le construire, elles avoient été rassemblées au hasard : aussi le goût en étoit-il bizarre.

Dès l'entrée, j'apperçus un nombre innombrable d'hommes différemment occupés. Quelle est cette foule ? demandai-je. Ce sont les poëtes, me répondit-on. Cette déesse qui se promène au milieu d'eux, eſt la Folie, le Caprice la ſuit, pluſieurs génies diſperſés mettent la main à l'œuvre & aident chacun leurs favoris. Allez plus avant, examinez.

Le premier bureau étoit entièrement couvert d'ouvrages des meilleurs auteurs & entouré d'hommes au teint pâle, aux yeux creux, au viſage allongé. La Miſère, génie féminin, étoit au milieu d'eux. Elle prenoit un livre ſur le bureau, en coupoit une page qu'elle diſtribuoit à chacun, & rejettoit le livre pour en prendre un autre, dont elle faiſoit le même uſage. Les poëtes enfiloient ces morceaux rapportés, & lorſque la liaſſe étoit devenue un peu conſidérable, on en faiſoit une copie qu'on expoſoit, comme un ouvrage nouveau, aux yeux du public.

Plus loin étoient des hommes que l'amour de médire avoit conduits dans le temple. Leurs yeux égarés & pleins de perfidie peignoient leur caractère. Une furie étoit ſans ceſſe avec eux. Elle diſtilloit dans leurs veines un poiſon infernal.

Un grand nombre travailloient pour le théatre. Les uns ſe croyoient faits pour chauſſer le cothurne, les autres ſe contentoient du brodequin. Des génies gais, triſtes, ſérieux, enfantins, ſublimes & bouffons, inſpiroient indifféremment, & en même-tems, les uns & les autres.

L'Epopée avoit quelques sectateurs. Ils invoquoient l'Imagination, & le Délire venoit à leur secours. Il tenoit sous leurs yeux un miroir magique, où ils voyoient mille objets extraordinaires, insensés. Ils en étoient frappés ; les imitoient dans leurs ouvrages & s'admiroient sans cesse.

La même divinité inspiroit les lyriques & les faisoit voler d'objets en objets. Plus ils suivoient des impressions vagabondes, plus ils s'éloignoient de la raison & plus ils s'estimoient poëtes.

L'élégie avoit quelques jeunes partisans. La langueur les inspiroit, l'ennui les suivoit de près. Un génie versoit négligemment de la glace sur chaque vers qu'ils traçoient.

Je n'eus pas le tems d'en voir davantage. Tous les poëtes se levèrent en tumulte & entrèrent en foule dans une salle spacieuse. On alloit leur donner un monarque & des grands. L'esprit du jour étoit l'électeur. L'élection finie, ce peuple singulier trama une conspiration contre les grands & le roi, & jura la perte de l'un & des autres.

Mais le spectacle changea bientôt de face. Chacun des conjurés croyoit avoir le plus de talent, delà naît une guerre civile entr'eux. L'envie les anime, ils se déchirent mutuellement, & des chardons viennent se placer d'eux-mêmes sur la tête des vainqueurs. Mais qui croiroit jusqu'où va la folie de ce peuple? Ces vainqueurs ainsi couronnés en conçoivent de l'orgueil. Leurs yeux sont fascinés, ils prennent pour des lauriers ces vils chardons, & veulent que tout le monde pense de même.

Le public est convoqué pour juger la querelle. Les poëtes récitent leurs ouvrages avec enthousiasme : ils ne peuvent lire un vers sans s'admirer. Le public n'est pas d'avis qu'ils soient admirables, &, pour mettre cette société d'accord, il la siffle indistinctement.

Alors Apollon parut au haut des cieux, porté sur un nuage argentin : il souffla trois fois sur l'île ; aussi-tôt & l'île & les poëtes furent perdus au fonds des ondes. Je me réveillai, & je souris de mon rêve.

SIXIÈME RÊVE.

Bagatellopolis.

En me promenant vers le Pyrée, je m'entretins un jour avec des commerçans qui avoient parcouru toutes les mers. Ils me parlèrent de cent peuples différens; mais la conversation roula principalement sur une nation singulière, qui est peu connue des Athéniens. Ce qu'ils m'en racontèrent, m'inspira, la nuit suivante, le songe dont je vais vous faire le récit.

Il me sembloit que j'étois dans une ville spacieuse, dont le nom, que l'on m'apprit, étoit Bagatellopolis, capitale du vaste royaume de Frivolarque.

Chaque pas qu'on fait dans cette ville, donne de nouveaux sujets d'étonnement. Le bon-goût & l'ignorance y règnent tantôt ensemble & tantôt tour-à-tour. Une façade superbe se trouve où il n'y a point de palais : le portail d'un temple attire les regards, on veut entrer & l'on ne trouve pas de temple. Un édifice présente d'un côté la plus belle architecture, & de l'autre c'est le triomphe du mauvais goût : à chaque inſtant on admire, à chaque inſtant on ſe rétracte.

Les habitans au lieu de marcher font des pirouettes. Ils ont des idées de la philoſophie, ils l'eſtiment ſans être philoſophes, ils tournent en ridicule ceux qui le ſont, & il y a de leurs membres qui les perſécutent. Ils admirent les plus grandes vérités & les traitent de chimères, de paradoxes. Etrange aveuglement de ne pas reconnoître la vérité dès qu'elle ſe préſente, & d'admirer ce qu'on croit n'être pas elle !

Ils ont tous ſur le viſage un maſque fait avec tant d'art, qu'on le prendroit pour la nature. Un homme eſt né fourbe & porte le maſque de la candeur : il veut tromper un autre homme qui eſt couvert du maſque de la ſottiſe, & reconnoît à ſes dépens que ce prétendu ſot eſt plus ruſé que lui.

Un Seigneur eſt dur & inflexible : mais il ne lui coûte rien de prendre le maſque de la bienveillance & de la protection. Un flatteur, qui a beſoin de lui, ſe revêt du maſque de la vérité, & le ſeigneur eſt pris pour dupe.

Une femme aime extrêmement les plaiſirs : elle ſe déguiſe avec le maſque de la pudeur. Un étourdi ſe couvre du maſque de la diſcrétion, obtient ſes dernières faveurs & les prône partout. La réputation de la dame eſt perdue, mais elle prend le masque de la dévotion, & sa réputation est rétablie.

Les Bagatellopolitains ont un grand nombre d'auteurs. La plupart, entraînés par leur légèreté naturelle & par le goût de ce peuple, ne donnent que dans les bagatelles : mais ils savent les assaisonner de tant de vivacité, de tant d'esprit, que quelquefois les ennemis même de la frivolité daignent jetter sur eux un regard.

Ils ont des poëtes qui font des *impromptus* dans leurs cabinets, des tragédies à une toilette, des poëmes épiques dans un café.

De jeunes prêtres de Jupiter gagnent souvent dans les ruelles les emplois de la sacrificature, &, comme l'ingratitude est défendue, ils exercent leurs fonctions sur l'autel de Vénus.

Le peuple est extrêmement vif; aussi pourroit-il être remuant & séditieux : mais il est aisé de le rendre tranquille. On invente des *orquestes :* le magistrat oublie ses cliens, le marchand son commerce; l'artisan la faim qui le presse : tous les citoyens, d'un accord unanime, s'occupent à faire danser des *orquestes* (1).

---

(1) Voici la phrase grecque : *Tous orchestas tarat-*

Un particulier est pauvre ; mais il soutient qu'il sera riche bientôt, & ces paroles seules le font vivre.

Il y a des rues remplies d'une espèce bien particulière de marchands : ils vendent à-peu-près au même prix & avec un débit à-peu-près égal, de l'ennui, de l'instruction & du plaisir.

Les militaires prient des femmes de les avancer, & leur font assiduement la cour pour obtenir un poste avantageux : ils l'obtiennent & courent chez leurs maîtresses pour apprendre à s'y distinguer.

Des particuliers perfectionnent la chymie, & des médecins inventent des modes.

Des femmes interrogent la nature & apprennent ses secrets. Les hommes trop supérieurs à elles pour leur disputer de science, fredonnent légèrement des ariettes nouvelles,

---

tousin, saltatores agitant. J'ai francisé le mot, sans le changer, & l'ai rendu tout simplement par *orquestes*. J'aurois pu traduire qu'ils faisoient danser, qu'ils agitoient des sauteurs ou pantins, ce qui est le sens. Ainsi quelque savant pourra faire une dissertation intéressante, tendante à prouver que la fureur que nous avons eue pour les pantins est une mode renouvellée des Grecs.

& s'efforcent d'imiter les tons d'une actrice minaudière.

Deux hommes demandent le même emploi. L'un d'eux est refusé & se contente de murmurer : mais quelque tems après ces deux hommes se battent pour une méprisable favorite.

Quelqu'un plein de vertus & de rares qualités, veut s'introduire dans le monde : on le méprise. Il court chez son tailleur. Donnez-moi, lui dit-il, en lui présentant de l'argent, donnez-moi un mérite plus éminent que celui que je puis avoir : il est obéi, retourne dans les mêmes cercles, & l'on a d'yeux que pour lui.

Une actrice qui a eu toute la ville, veut encore faire tourner la tête à toute la ville, &, pour y parvenir, elle forme le dessein d'être sage. Aussi-tôt tout le monde la fuit, elle fait naître des desirs dans tous les cœurs. Un seul homme est assez téméraire pour se déclarer, & elle refuse ses hommages : il tombe malade, il va mourir : qu'il meure, tant mieux ; la réputation de l'actrice sera au comble.

Tel étoit le tableau que me présentoit un vain délire. Il n'est pas possible qu'il existe un tel peuple. Si cependant il y avoit une nation semblable, je crois qu'elle seroit malheureuse, & que cependant elle ne seroit pas à plaindre.

SEPTIÈME RÊVE.

Monde nouveau.

JE crus une nuit être transporté dans un monde inconnu. Je rencontrai des hommes d'une figure assez singulière : je les pris pour des bourgeois d'une ville voisine, & je leur demandai le chemin de la ville. Ils me regardèrent avec de grands yeux, ne pouvant comprendre ce dernier mot. Enfin je leur expliquai par un grand nombre de périphrases ce que c'est qu'une ville. Ils me répondirent qu'ils n'en avoient pas. . . . . . Eh ! où donc logez-vous ? . . . . . Où voulez-vous que nous logions si ce n'est dans cette campagne ? . . . . Mais comment évitez-vous le froid rigoureux de l'hiver, la chaleur brûlante de l'été, la fraîcheur & l'humidité des soirées ? . . . . . Je compris à leur air étonné qu'aucun de ces mots ne leur étoit connu, & j'appris qu'ils jouissoient d'un air toujours également doux & pur, qui ne les obligeoit par aucune variation à quitter la pleine campagne. En me promenant avec eux, je leur témoignai ma surprise de voir par-tout du gazon pour se reposer & de n'appercevoir nulle part ni arbres, ni vignes, ni champs semés de bleds, ni rivières, ni ruisseaux; j'eus encore la peine de leur expliquer ce que c'étoit que toutes ces choses, & l'étonnement d'apprendre qu'elles leur étoient inconnues, parce qu'ils ne buvoient ni ne mangeoient. Comme je trouvois ces hommes assez stupides, ne pourrois je pas, leur dis-je, entretenir quelques-uns de vos savans? Nouveau terme ignoré, nouvelle explication, après laquelle je connus qu'ils ne savoient ce que c'est que les arts ni que les sciences. Avez-vous un roi? Non, répondirent-ils, nous n'avons rien qui s'appelle comme cela. . . . . Ah! vous êtes donc républicains, & vous vous gouvernez par des magistrats?.... Pas davantage. Nous ne savons ce que vous entendez par des magistrats & par gouverner. Enfin, je leur fis comprendre en gros, avec un travail étonnant, comment nos états se gouvernent & ce que nous appellons sciences, arts; ce que c'est que les passions, les vices, les vertus. Toutes ces idées étoient neuves pour eux. Ils n'avoient point de passions, point de desirs; ils ne savoient ce que c'est que vertus ni que vices. Qui connoissoit un citoyen de ce monde, les connoissoit tous. Leur état étoit un repos, une apathie, une indolence continuelle. . . . . Ah ! leur dis-je, que vous êtes heureux, vous ne connoissez aucun de nos maux ! . . . . . Ah ! s'écrièrent-ils, que nous sommes malheureux ! Nous ne connoissons aucun de vos plaisirs !

HUITIÈME RÊVE.

Le bonheur.

BÉNIS soient à jamais les dieux qui ont voulu m'instruire par des songes remplis de salutaires vérités : qui m'ont appris pendant mon sommeil ce que je devois éviter, & ce que je devois suivre !

Depuis quelque tems j'avois sans cesse l'esprit agité de pensées vaines. J'étois dégoûté de l'état de philosophe qui me paroissoit trop peu respecté dans Athènes. Autrefois nous étions un objet de vénération, & souvent nous ne sommes plus qu'un objet de ridicule. Il fut un tems où les plus grands rois s'empressoient à nous appeller dans leurs cours : quelquefois ils essuyoient nos refus, & ces refus augmentoient l'estime qu'ils avoient pour nous,

& leur envie de nous posséder. Ce tems n'est plus : ils ne tirent aujourd'hui d'Athènes que des mimes, des joueurs de flute & des saltimbanques. Tantôt la fortune me tentoit, & d'autres fois c'étoient les honneurs. Jupiter, toujours attentif à m'éclairer, m'envoya le songe suivant.

Je crus que Mercure venoit me trouver, & me parloit en ces termes : tu es mécontent de ton sort, Aristobule, & tu crois qu'il en est de plus dignes d'envie que le tien. Jupiter m'envoie te tirer d'erreur ; tu verras des hommes de toutes les conditions, & tu les verras tous malheureux. Suis-moi.

Je le suivis dans une vaste plaine où je vis une foule innombrable. Consulte tous ces hommes divers, me dit Mercure, s'il en est un dont tu desires la destinée, tu n'as qu'à la demander à Jupiter, il a promis de te l'accorder.

Je me mêlai dans la presse ; je vis un homme vêtu d'une longue robe où l'or & l'argent brilloient à l'envi, & étoient effacés par la beauté du travail. Oh ! m'écriai-je, Mercure dira tout ce qu'il voudra ; mais assurément voilà un homme dont je vais demander à Jupiter de partager le sort. Je m'avançai vers lui. Oserois-je vous demander, lui dis-je, quel est votre état? Je juge, à vous voir, que vous êtes bienheureux.

Ah! s'écria-t-il, en levant au ciel des yeux mouillés de larmes, il n'est pas sur la terre d'homme si malheureux; je suis un des plus riches marchands de Tyr, & j'étends mon commerce dans toutes les parties du monde. Jamais ministre n'a tant appauvri sa nation que j'ai enrichi la mienne. Mon cœur seul avoit encore des besoins, & demandoit à être rempli. Je connus une jeune fille des plus aimables & des moins riches de Tyr, je l'adorai, elle m'aima, je l'épousai: je fis sa fortune & elle fit mon bonheur. Qu'elle étoit bien digne de mon amour! Douce, prévenante, toujours égale, elle supportoit avec patience toutes mes inégalités. Avois-je quelque chagrin, elle le partageoit dans le fond de son cœur; mais elle avoit l'art de cacher sa tristesse pour dissiper la mienne. Si j'avois quelque sujet de joie, cette joie redoubloit par celle que je lui voyois éprouver. Elle me donna trois fois des fruits de notre union: une fille, deux fils, douce consolation que je me promettois pour ma vieillesse. Leur esprit, leur caractère, leurs graces, leur noblesse, les faisoient distinguer parmi toute la jeunesse de Tyr. Que j'étois heureux alors! Les dieux même pouvoient me porter envie ; mais qu'ils accordèrent à mon bonheur peu de durée ! Je commençai par perdre mon épouse ; j'étois auprès de son lit, les yeux inondés de larmes, elle me prit la main, elle la serra d'une main foible : console-toi, cher époux, tu ne me perds pas toute entière ; je te laisse des enfans qui te rappelleront sans cesse cette épouse que tu aimois. Répands sur eux toute la tendresse que j'avois méritée de toi : embrasses-moi, cher époux, embrasses-moi pour la dernière fois, & que j'expire dans cet embrassement. Adieu, je vois que tu m'aimes toujours, je meurs contente. A ces mots elle expira.

Le Tyrien interrompit souvent son récit, que ses sanglots l'empêchoient de poursuivre. Enfin il reprit ainsi son discours.

M'appellerez-vous encore heureux ? Mais vous ne savez pas toutes mes infortunes ; la mort avoit étendu sa faux sur ma famille entière : le coup qui me ravit mon épouse n'étoit que le premier de ses coups ; je perdis bientôt après l'aîné de mes fils qui venoit de finir avec succès les premiers exercices de la jeunesse. Son frère me consola de sa perte, autant que je pouvois être consolé. Il s'embarqua pour transporter les marchandises du midi dans les climats glacés du septentrion. Je le vis partir en tremblant ; mon cœur se ferra, je l'embraſſai mille fois, je le baignai de mes larmes. Vingt fois je lui dis que les vents étoient favorables, qu'il falloit nous ſéparer. Vingt fois je le retins encore. Il partit enfin & je perdis bientôt de vue ſon vaiſſeau qui voloit ſur les ondes. Je ne fus pas longtems à apprendre que le vaiſſeau avoit péri avec tous ceux qu'il portoit.

Il ne me reſtoit plus que ma fille; je la mariai au fils d'un négociant de mes amis, jeune homme riche, aimable & plein de mérite. Le jour des noces, elle mangea d'un fruit qu'avoit touché, ſans doute, un animal vénéneux, elle expira dans mes bras & dans ceux de mon gendre. Quel ſort que le mien! Il faut être époux & père pour ſentir toute l'amertume de mon cœur.

L'infortuné Tyrien ſe retira à l'écart pour ſe livrer tout entier à ſa douleur.

Je rencontrai enſuite un homme couvert d'un manteau de pourpre. Je lui demandai avec modeſtie qui il étoit: je ſuis roi, me répondit-il avec fierté. Vous êtes donc bien content de votre ſort, lui dis-je, car je crois qu'on doit être bienheureux, quand on eſt roi: je changerois mon état, reprit-il, contre celui du dernier de mes ſujets; je ſuis un des plus puiſſans ſouverains du monde, car je règne

règne sur les Perses ; mais vous ne savez pas ce que c'est que de régner. Ou l'on est indigne d'être assis sur le trône, ou l'on porte réunis dans son cœur les malheurs de tous ses sujets ; on voudroit avoir la paix, & il faut faire la guerre : on voudroit voir ses peuples fortunés , & l'on est obligé souvent de contribuer à leur infortune. La nécessité cruelle nous enlève quelquefois leur amour ; & , après avoir passé nos jours dans les travaux, nous mourons sans leur laisser de regrets. Hommes privés, que votre obscurité est digne d'envie!

Après ce roi, marchoit un grand homme pâle & desséché par un travail opiniâtre; il me prévint : je vois, dit-il, que votre manie est d'arrêter & d'interroger tout le monde. Je suis le premier ministre du roi que vous venez de quitter, c'est-à-dire qu'après lui je suis le plus malheureux de tous les hommes; je fais ce que je peux, mais combien d'inconvéniens sont attachés aux projets les plus utiles ! on croit les avoir considérés sous toutes leurs faces : une seule est échappée , & c'est une source de malheurs. On fait le mal en voulant faire le bien, & quelquefois ce bien même ne peut être produit que par un mal nécessaire. Je travaille le jour & la nuit, je me tue ; mais puis-je faire ce qui n'est possible qu'aux immortels,

Q

rendre un état parfaitement heureux ? Le peuple qui m'accuse de tout, me déteste, & mon prince ne m'aime guères. D'un côté, je crains la disgrace; de l'autre, le poison, l'assassinat. Ma santé se perd, je maudis le métier cent fois par jour, & cependant je mourois de douleur, si mon prince m'obligeoit à le quitter.

Je vis un général d'armée, couvert de blessures, blanchi sous les armes, & décoré de toutes les marques que son roi avoit accordées à son courage. Je le félicitois sur son bonheur; il jouissoit, lui disois-je, d'une réputation éclatante & de la reconnoissance de ses concitoyens, qu'il a défendus contre les ennemis.... Ecoutez-moi, interrompit-il, & ne précipitez pas votre jugement : j'ai embrassé dès ma jeunesse le parti des armes, & dès ma jeunesse je m'y suis distingué. Je suis parvenu de bonne heure aux premiers emplois; toujours plein de zèle pour mon prince, & toujours persécuté par mes envieux, je servois mon roi, & tandis que je prodiguois mon sang, les oisifs de la cour cherchoient à me perdre. Le peuple tranquille dans les villes, veut être mon juge. Si j'amusois l'ennemi pour le détruire en détail, on m'accusoit de foiblesse & d'irrésolution : si je le battois, on disoit que j'avois négligé mes avantages, & que j'aurois pu le détruire. Que je revinsse à la cour, j'y étois reçu avec froideur; les princes ne savent des services de leurs généraux, que ce qu'il est impossible de leur cacher. Un lâche qui les flatte est mieux accueilli qu'un brave homme qui les sert. Enfin, j'ai eu à combattre dernièrement un général qui a les mêmes lumières, le même courage que moi : nos troupes étoient égales par le nombre & par la valeur : il falloit bien qu'un des deux partis fût vaincu, la fortune pouvoit seule décider : elle se déclara contre moi, & après une vigoureuse résistance, je fus défait. Je passe à présent dans ma patrie pour le dernier des généraux, je suis déshonoré, & je n'attends qu'une bataille où je puisse me faire tuer.

Après ce capitaine vint un voluptueux sybarite. La molesse étoit peinte sur son visage : je crus que le bonheur accompagnoit un homme qui comptoit ses instans par des plaisirs, il me détrompa en ces termes.

Vous voulez juger de ce que vous ne connoissez pas; non, je ne suis point heureux : tantôt je veux quitter une maîtresse le soir, elle me cause l'humiliation de me devancer, & me quitte le matin; tantôt je lie une partie de plaisir où je dois m'amuser infiniment j'invite les convives les plus agréables, & précisément ce jour-là ils sont maussades ou mauvais plaisans : toute la ressource qui reste, c'est de cacher son ennui. Je veux briller par un habit d'un goût unique, & personne ne paroît me remarquer ; il me prend envie de donner un concert, j'ordonne qu'on me fasse de la musique nouvelle ; elle est insipide, & tout le monde s'endort. Je commande une fête, je suis forcé par complaisance d'avoir de la cohue : tout manque par la négligence des intendans. Je veux un meuble d'un goût exquis, je donne mes ordres avec soin, & les ouvriers imbécilles ratent mon idée. Toutes ces choses vous paroissent indifférentes, & la moindre de ces choses est désespérante pour moi. On croit que je m'amuse sans cesse, & je ne connois que l'ennui. Mais il faut que je vous laisse, & que j'aille monter un char ; on n'en a jamais vu de semblable. A ces mots, mon sybarite me quitta en bâillant.

Un bourgeois de Crète parut. Envain il avoit des richesses ; envain il étoit chéri & respecté de ses concitoyens ; il n'étoit pas plus heureux que les autres. Mari d'une femme du caractère le plus bisarre & le plus acariâtre, il avoit des enfans lâches, bas, sans esprit, sans talens, sans mœurs, sans probité, qui, pour satisfaire à leurs honteuses passions, souhaitoient la mort du plus vertueux des pères.

Malgré leurs vices, il ne pouvoit s'empêcher de les aimer. L'amertume empoisonnoit ses jours. Il fuyoit sa maison comme un lieu de supplice, & quand il falloit y rentrer, il croyoit descendre dans les enfers.

Je crus alors que le bonheur résidoit dans les conditions que le préjugé regarde comme viles. Je vis un laboureur qui me parut assez opulent : j'allai l'interroger. Rien n'égale, dit-il, la calamité des habitans de la campagne. Le travail le plus dur ne nous épouvante pas ; nous faisons vivre les autres, & nous pouvons à peine nous soutenir. J'ai assez grand nombre d'arpens d'une terre fertile que je cultive avec soin ; mais quand j'ai payé les impôts dont elle est chargée, à peine ce qui reste suffit-il à me faire vivre. J'avois quatre fils, ils m'ont été enlevés pour servir dans les armées du prince ; tous y sont morts ; ils me soulageoient dans mes travaux, je suis forcé maintenant d'employer des domestiques, & tout va fort mal. Je suis riche en fonds de terre, & cependant je gémis dans la misère & dans le désespoir d'avoir perdu mes fils.

Je ne pus converser davantage avec personne. Un nouveau spectacle s'offrit à ma vue ; de tous ces hommes répandus dans cette vaste plaine, je vis une partie se ranger en corps d'armée, se lancer de loin la mort, s'approcher, se mêler, fondre les uns sur les autres comme des lions furieux, répandre le sang avec plaisir & s'y baigner avec volupté. D'un autre côté, je vis des hommes qui calomnioient, trahissoient, empoisonnoient, poignardoient leurs ennemis, & quelquefois ceux dont ils paroissoient les meilleurs amis, leurs parens même. L'envie, la fureur, la perfidie, la mort enfin, voltigeoient dans cette plaine immense, la mort, le seul bien que les mortels puissent espérer en arrivant à la vie. Epouventé de ce spectacle affreux, je m'éveillai en frémissant. Instruit du malheur de tous les hommes, je n'enviai la situation d'aucun d'eux.

C'étoit ainsi que le sage Aristobule instruisoit ses disciples pour faire recevoir la vérité; il inventoit, comme Esope, des mensonges féconds en conséquences utiles. Ceux qui l'écoutoient, instruits du néant des choses humaines, laissoient dans leurs cœurs peu d'entrée aux passions. Persuadés que le malheur accompagne toujours les hommes, ils savoient compatir à leur sort, & ne savoient pas se plaindre; & connoissant notre foiblesse, ils gémissoient sur nos erreurs & sur nos fautes, & ne savoient ni condamner ni haïr.

Fin des Rêves d'Aristobule.

SONGES
D'UN
HERMITE.

SONGES

D'UN

HERMITE.

PREMIER SONGE.

Le Talisman.

Un hermite ne goûte pas toujours les charmes de sa solitude; il a souvent à essuyer des momens de tristesse & d'ennui qui lui font regretter la société de ses semblables. Un jour que j'étois dans ce cas, & que je repassois en mon imagination les objets agréables que j'avois vus dans le monde, je me sentis vivement pressé d'abandonner mon désert : cependant comme j'y étois accoutumé & que je l'aimois dans le fond du cœur, je prévoyois que cette démarche seroit pour moi une source de remords qui empoisonneroient les plaisirs que je voulois aller chercher dans les villes. En cet état, j'éprouvois au-dedans de moi-même un combat violent, qui se termina par un profond accablement dans lequel je m'endormis.

Je crus en songe avoir trouvé un talisman qui avoit la vertu de m'attirer l'amitié de tous ceux que je voulois. Je crus ma fortune faite : il ne s'agissoit que de délibérer quelle amitié me feroit plus avantageuse. Je donnai la préférence à celle d'un roi. Aussitôt, transporté à la cour, je me vis dans la plus grande faveur auprès du prince. Mon talisman étoit une émeraude sur laquelle étoit gravée l'image de la fortune : je la portois suspendue à des cordons immédiatement sur la peau de l'estomac, de peur de la perdre ; mais tous les soins que je prenois pour conserver ce talisman, ne purent rendre mon bonheur durable. En vain on le cherche dans les cours. La faveur où j'étois me fit des envieux. Les courtisans jettoient sur toutes mes actions un vernis de noirceur & de méchanceté. Quoique la protection du prince fût pour moi un rempart contre leurs impostures, je ne pouvois m'empêcher de les craindre. Le fracas des affaires, les cérémonies, le faste & le bruit, m'étoient à charge. Je me reprochois les grandes dépenses que ma place exigeoit ; il me sembloit que je les arrachois aux besoins des peuples, & que je faisois couler les larmes des pauvres.

Cette idée portoit dans mon ame le dégoût, l'amertume & les remords. Mes sens agités ne connoissoient plus le repos. Je regrettois le calme & la paix que j'avois goûtés dans mon hermitage. Enfin les cabales de mes ennemis éclatèrent. Le roi prit des ombrages sur ma fidélité ; je fus disgracié. Je me félicitai de ma chûte ; je me trouvois heureux de ne plus languir, au milieu des terreurs & des ennuis : mais par une inconséquence impardonnable, dont cependant j'ai ouï-dire qu'il y avoit des exemples dans le monde, je fis de nouveau servir mon talisman à l'ambition. Je desirai & j'obtins promptement l'amitié d'un distributeur de bénéfices, & ce ne fut pas une amitié oisive. Elle me procura des biens immenses. Je fus nommé à plusieurs grosses abbayes, & alors j'eus une maison montée sur le plus grand ton, une multitude de valets, une table somptueuse, des parfums, de la musique, de brillans équipages, &c. Je nageois dans les richesses ; mais bientôt mes plaisirs furent troublés de nouveau par les remords. Quand j'étois feul, & que j'examinois mon cœur, je me fentois couvert de confufion; je ne pouvois penfer, fans rougir, que je poffédois tant de biens eccléfiaftiques, fans être d'aucune utilité à l'églife, ni au public. Les chagrins & les foucis fe joignirent aux remords. J'étois accablé fous le poids de la trifteffe. En vain j'aurois voulu y réfifter; je ne pus recouvrer la paix qu'en quittant tous mes bénéfices. Devenu libre, je ne fus pas plus fage. Je cherchai d'autres amis par un motif d'intérêt; & la vertu de mon talifman fut encore très-efficace: j'en eus de toute forte d'âge & d'état; mais je n'avois pas le pouvoir de rendre l'amitié durable, parce que mon talifman ne changeoit pas le caractère de ceux que je choififfois pour amis. Je fus donc encore malheureux cette fois. Au bout de huit jours, un jeune homme qui m'aimoit tendrement, me chercha mal-à-propos une querelle, & m'étendit fur le carreau d'un coup d'épée dans le ventre. D'autres amis me portèrent dans une maifon, & raffemblèrent autour de moi une troupe de chirurgiens & de médecins. L'argent que j'avois fut bientôt dépenfé en remèdes. Il fallut recourir à la bourfe de mes amis; mais au premier mot que je dis pour les intéreffer en ma faveur, je les vis tous fuir. Je restai abandonné, & les médecins me voyant hors d'état de les payer, me donnèrent un remède qui me mit aux portes de la mort. Je fus porté dans un hôpital, où je guéris enfin quoiqu'avec peine. J'avois eu le tems de réfléchir sur l'infidélité & la folie de la plûpart des hommes, je crus qu'il n'étoit plus de vrais amis dans le monde; & lorsque je pus marcher, j'allai jetter mon talisman dans la rivière, bien résolu de ne plus sortir de mon hermitage.

SECOND SONGE.

L'orage.

Je songeois qu'un orage affreux avoit presque renversé ma cellule, pendant une nuit où toute la nature sembloit bouleversée. L'aurore écarta ce triste cahos, & le soleil, plus brillant que jamais, dissipa les nuages qui renfermoient la foudre. Un air frais & tranquille succéda aux vents déchaînés; & les oiseaux, reprenant de toutes parts leur gasouillement, annonçoient le plus beau jour. Je me levai, le cœur plein de joie, en voyant le calme & la sérénité rendus à la nature, mais inquiet cependant du ravage que la tempête auroit fait dans mon jardin. Ma crainte n'étoit que trop bien fondée; je fortis, & je vis avec douleur que des œillets que je chériffois particulièrement avoient été très-maltraités. Les uns penchoient triftement leur tête, d'autres l'avoient eu totalement coupée. Je m'affligeois, lorfque portant mes yeux plus bas, je vis que la tempête avoit épargné des narciffes & des violettes qui s'élevoient peu au-deffus de terre : elles avoient même un nouvel agrément, car les gouttes d'eau s'arrondiffant fur leurs feuilles, & colorées par un foleil vif & brillant, reffembloient à de belles perles: de forte que ces petites plantes s'étoient embellies par la même caufe qui avoit brifé mes œillets. Je voyois de même que les plus humbles légumes de mon jardin étoient reftés entiers & fans aucun mal. Je compris par-là que la tige élevée de mes œillets les avoient expofés à la fureur de l'orage, & avoit caufé leur ruine. Alors je me fouvins de ma philofophie, & je dis en moi-même : c'eft ainfi que le ciel fe plaît à frapper les têtes élevées & fuperbes; c'eft ainfi que la fortune fe fait un jeu de renverfer les fiers coloffes qu'elle a le plus comblés de faveurs, tandis que les hommes modeftes, comme ces violettes & ces légumes, font à l'abri des grands revers. Je suis dans mon hermitage comme l'herbe qui est épargnée. Les orages de la fortune grondent sur ma tête sans descendre jusqu'à moi. Ils renversent les ministres & les favoris, & ne font que donner un nouveau prix à ma solitude. Cette pensée me remplit d'une joie réelle qui ne s'évanouit point avec le sommeil.

TROISIÈME SONGE.

Le ciel de Mercure.

M'ÉTANT assis l'après-midi à l'ombre d'un arbre de mon jardin, je m'amusois à relire un vieux livre de systêmes sur la structure du monde. En réfléchissant sur les étonnantes découvertes de l'esprit humain, je m'endormis, & mon imagination frappée de ce que j'avois lu, me fit voyager parmi les astres. Je croyois qu'un poids naturel m'entraînoit. Je me sentois tomber vers cette planète dont on dit que l'orbe est le plus voisin du soleil, & qu'on nomme *mercure*, à ce que je crois. Je sentois en m'en approchant une chaleur excessive; mon sang devenoit bouillant, & je me trouvois une vivacité, une pétulance qui m'étonnoient.

Un peuple nombreux s'étoit raſſemblé pour me voir précipiter du haut des airs, apparemment que leurs aſtronomes avoient prédit ma chûte. Les habitans de cette planète avoient une figure approchante de celle des ſinges. Leurs yeux étoient vifs & pleins de feu. Leurs membres étoient continuellement agités. Ils étoient légers & étourdis, ce que j'attribuois à l'air enflammé qu'ils reſpiroient, car je me ſentois moi-même dans une grande agitation. D'ailleurs ils étoient doux, compatiſſans & affables, & parloient tous françois, à mon grand étonnement. A peine eus-je mis le pied dans ce nouveau monde qu'on me porta en triomphe au palais où habitoit le chef de la nation. Il étoit de belle taille, d'une figure entièrement humaine, & paroiſſoit grave & ſérieux. Il étoit ſur une eſtrade élevée, aſſis ſur un tabouret garni de drap d'or. Plus bas étoient d'autres créatures, moitié hommes, moitié ſinges. C'étoient tous des perſonnages conſidérables, comme il me fut facile d'en juger à des étoiles de papier doré qu'ils portoient collées dans le creux de l'eſtomac. L'un des plus apparens tenoit à la main une canne d'ivoire, un autre des balances, & tous différentes marques de dignité. Le reſte des courtiſans & la foule qui rempliſſoit le palais, étoient entièrement ſinges.

Des

Dès que le prince faisoit un mouvement, il étoit à l'instant imité par toute l'assemblée. Ils quittoient tous en sa présence leur air étourdi, & prenoient la gravité de leur maître. Je vis aussi qu'ils étoient empressés de nouvelles modes; car en moins d'une heure toute la cour fut remplie de boîtes, moitié noires, moitié blanches, qu'on nommoit : *A l'homme tombé de la lune*, & dont je fus l'occasion.

Cependant le prince m'ayant considéré avec un air froid, tous les singes, qui jusques-là m'avoient fait beaucoup de caresses, ne me regardèrent plus qu'avec indifférence; ce qui me détermina à sortir de la cour, pour aller observer les mœurs de ce peuple. Je fus traité partout avec humanité. Je voulus être témoin d'un mariage, & on me le permit. Je n'y trouvai point la gaieté à laquelle je m'étois attendu. Un vieux singe, qui avoit l'air d'un homme d'importance, marioit son fils à la fille d'un autre singe dont la mine étoit tout-à-fait ignoble, mais qui possédoit de grandes richesses. Elles consistoient en d'immenses sacs de marrons d'Inde, qui sont estimés dans cette planette comme l'or dans la nôtre. Les deux jeunes singes ne paroissoient aucunement occupés l'un de l'autre. Dès que la cérémonie fut achevée, le mari, sans penser qu'il eût une femme, emporta en gambadant les marrons, & la guenon, de fon côté, s'étant formé une cour de jeunes finges, tous empreffés à lui plaire, ne parut point inquiette de l'abfence de fon nouvel époux.

Un bruit fe répandit que le roi étoit devenu dévot, & auffi-tôt je vis les principaux habitans marcher le dos courbé & d'un air de grande componction. Tous portoient à la ceinture de longs chapelets qui leur defcendoient fur les pieds. Mais le lendemain une autre nouvelle ayant détruit celle-là, les finges reprirent leur étourderie & jettèrent leurs chapelets. Tandis que j'admirois les mœurs de cette planète, & que je penfois à faire d'autres obfervations, une poire trop mûre fe détacha de l'arbre fous lequel j'étois endormi; & m'étant tombée fur le nez, m'éveilla en furfaut.

QUATRIÈME SONGE.

Les moules intérieurs.

Je songeois qu'après avoir bêché quelque tems mon jardin, j'appuyois les deux mains sur le manche de mon hoyau, & le menton sur mes mains. En cette posture, je me reposois & je méditois, lorsque tout-à coup je vis sortir à mes pieds des pointes d'asperges qui grandissoient à mesure que je les regardois. Cet évènement me causa une grande joie, parce que je n'en avois pas vu depuis long-tems : je voulus en cueillir une, & je m'apperçus que j'avois coupé un doigt. Dans ma surprise ; je palpai les miens, je les comptai, & voyant qu'il ne m'en manquoit point, je ne savois que penser. Je me penchai pour regarder plus attentivement ; mais je fus repoussé de frayeur à la vue d'une main entière qui sortoit de terre. Cependant m'étant rassuré, & voulant savoir si mes yeux ne me trompoient point, je portai en hésitant l'index de la main droite contre cette plante singulière, qui aussitôt serra fortement mon doigt ; je tombai à la renverse, en poussant un cri d'effroi, & demeurai long-tems dans une cruelle perplexité, fans ofer faire le moindre mouvement. Je me relevai peu-à-peu, n'ouvrant les yeux qu'à demi, & penfant à prendre la fuite. Mais lorfque je fus debout, je me vis environné de membres de corps humains & de corps entiers. Ici, je voyois des pieds, là des mains, ailleurs des têtes, dans un autre endroit des nez, des oreilles; plus loin des troncs fans bras ni jambes. Le milieu de mon jardin étoit couvert de figures entières extrêmement petites. Ce fpectacle m'anéantiffoit. Que vais-je devenir? me difois-je; où prendrai-je de la nourriture pour tant de monde? Que ferai-je de ces membres féparés? Si les gens de juftice viennent dans ma folitude, ne diront-ils pas que je fuis un meurtrier?

Dans cette extrêmité, je me fouvins d'un habile phyficien que je croyois avoir vu à Amfterdam, lorfqu'il commençoit un grand ouvrage fur l'hiftoire naturelle. J'allai le confulter fur les phénomènes de mon jardin. Mais en homme prudent, il ne voulut rien décider fans avoir examiné la chofe par lui-même. Il vint donc dans ma folitude; & à la vue de ces nouvelles productions qui m'avoient tant effrayé, il ne témoigna pas la moindre furprife; ce qui me fit juger qu'il étoit accoutumé

de voir des merveilles. Il avoit apporté plusieurs instrumens pour faire ses observations, entre autres un microscope, par le moyen duquel je vis le doigt que j'avois coupé gros comme mon corps; il le disséqua, & trouva dans l'intérieur de l'os une petite molécule qu'il nomma un moule. Il examina ensuite tous les membres, tous les corps, & la qualité de terrein qui les avoit produits; & après qu'il eut fait ses observations, il se tourna vers moi, & me dit qu'il n'y avoit rien de surprenant dans le spectacle qui m'étonnoit; que tout y étoit simple & naturel, & ne pouvoit être autrement. Cependant comme je n'en comprenois pas les causes, parce que j'avois peu étudié la nouvelle philosophie, je le priai de m'expliquer comment des corps humains avoient pu croître en cet endroit, & il continua ainsi : » Les végétaux & les animaux
» sont composés d'une infinité de parties or-
» ganiques qui leur sont semblables; ainsi en
» ôtant à un oignon plusieurs enveloppes, on
» retrouve toujours un oignon, jusqu'à ce
» qu'enfin on parvienne à son germe, qui
» doit s'appeller, moule intérieur : car la na-
» ture est remplie de molécules organiques
» vivantes, analogues à tous les corps exis-
» tans, ou qui peuvent exister, & ces molé-

» cules ont la propriété de s'assimiler avec
» l'animal ou le végétal qu'elles peuvent former,
» pourvu qu'elles trouvent un moule intérieur
» auquel elles puissent s'attacher & le pénétrer
» par une puissance admirable dont elles sont
» douées. De-là on doit considérer toutes les
» parties d'un animal ou d'un végétal, comme
» autant de moules intérieurs auxquels s'assi-
» milent les petits corps organisés qui leur
» sont analogues; & de cette manière on con-
» çoit clairement que la nature, sans qu'il lui
» en coûte rien, peut produire en peu de
» tems une infinité d'êtres vivans qui exis-
» toient déja, mais qui n'étoient pas visibles.
» Le moule intérieur se nourrit par les parties
» des alimens qui lui sont analogues; il se dé-
» veloppe par l'intus-susception des parties
» organiques qui lui conviennent, & il se re-
» produit parce qu'il contient des parties or-
» ganiques qui lui ressemblent & qui lui sont
» venues par la nourriture. Voilà pourquoi
» votre jardin produit des corps humains. Tout
» le merveilleux disparoît, dès qu'on suppose
» que cet espace de terre fut autrefois un ci-
» metière; & c'est ce que j'ai fait d'abord,
» parce que la chose parle d'elle-même ».

Je restai quelque tems dans l'admiration de ce profond raisonnement. Je voulus lui demander ensuite, si, par le moyen des moules intérieurs, il n'étoit pas possible qu'un homme eût vingt bras & autant de jambes, ou même si la nature, pour s'amuser, ne pourroit pas un jour faire un seul être vivant de tous les hommes & de tous les animaux qui sont & qui ont été ? Mais à mon grand étonnement, il n'étoit plus en état de répondre à mes questions. Toutes ses parties organiques se décomposoient ; & formant un rayon de poussière, alloient se rassembler dans un coin de mon jardin. Je suivis leur direction, & je vis qu'elles formoient un rossignol qui m'amusa par son chant ; ce qui me fit comprendre qu'il y avoit dans cet endroit un moule intérieur de rossignol, propre à s'assimiler les molécules vivantes du savant naturaliste.

CINQUIÈME SONGE.

Mon hermitage.

CROIRA-T-ON qu'un pauvre hermitage ait pu devenir l'objet de l'ambition d'un homme riche & puissant ? Il n'est cependant que trop vrai qu'en un songe je me suis vu chassé de ma cellule, & obligé de l'abandonner au souverain du pays où elle est située.

J'avois élevé un bélier dont un berger m'avoit fait l'aumône ; il étoit le fidele compagnon de mes promenades & de mes rêveries. Un jour il alla se joindre à un troupeau de brebis qui étoit venu paître peu loin de mon hermitage. La bergère lui donna du sel & l'emmena avec les siens. Elle le fit admirer à son père, qui eut envie de l'avoir. Il vint me prier de le lui vendre ; je le refusai, parce que je l'aimois comme un enfant. Mon refus le piqua ; & pour s'en venger, il m'accusa auprès de tous ceux qui voulurent l'entendre, d'avoir usurpé une grande étendue de pays; d'en avoir fait un parc où les moutons contractoient des maladies contagieuses, qui ne pouvoient manquer de se répandre & d'infecter les troupeaux voisins. Ces bruits étant parvenus aux oreilles du souverain, je fus condamné d'abord à m'exiler de mon désert. J'en reçus l'ordre de la main de mon accusateur. J'obéis promptement, jettant cependant un coup-d'œil de tendresse sur la chère retraite que je quittois, & sur mon bélier. Je n'avois pas encore fait une lieue, que je reçus ordre de retourner à ma solitude, pour y recevoir des commissaires chargés de venir vérifier sur les lieux les chefs d'accusation portés contre moi. Je retournai, & j'attendis long-tems les commissaires. Quand ils furent arrivés, ils m'interrogèrent pour savoir si depuis ma condamnation je n'avois point détourné, par voie illégitime, l'argent, les meubles & les bestiaux de mon hermitage. Je répondis que je n'avois d'autres meubles qu'un grabat, un tabouret, une table & une écuelle de bois; une paire de lunettes, un bâton & quelques vieux livres; que mes bestiaux consistoient en un bélier fort spirituel & fort gras qui me tenoit compagnie. Ils dressèrent procès-verbal de toutes mes réponses; & après avoir mesuré mon jardin & examiné les murs de ma cellule, ils entendirent plusieurs témoins, & mirent en partant les scellés sur mes lunettes & mes autres petits meubles, avec défense de me servir de tout ce qui étoit cacheté. Ils m'enjoignirent outre cela de demeurer dans ma solitude, & de ne pas m'en écarter plus de vingt pas à la ronde. Alors elle n'eut plus de charmes pour moi. L'ennui & la tristesse m'accablèrent. Je dressai de longs & respectueux placets pour avoir la permission de quitter ce délicieux désert où j'avois passé de si doux momens. Je faisois parvenir mes plaintes & mes prières aux oreilles de mes juges, par le moyen d'un petit berger qui venoit me prier de lui apprendre à lire. Mais toutes mes repréfentations furent long tems inutiles; ma caufe fe plaida lentement; enfin, cependant elle fut jugée. Je reçus la fentence qui me permettoit de changer de demeure. Celui qui me l'apporta fut chargé de me faire un très beau difcours, dans lequel il me prouva que j'avois été calomnié, & que le fouverain maître du pays étoit très-fatisfait de la vie régulière que j'avois menée jufques-là dans fes états; mais qu'il avoit befoin de ma cellule; & que quand je l'aurois quittée, pour me témoigner fa bienveillance, il me feroit parvenir tous les ans une fixième partie du revenu de mon jardin; qu'au furplus, il me permettoit d'emporter mes lunettes. Oh! que je fus content, à mon réveil, de me voir tranquille dans ma retraite!

SIXIÈME SONGE.

L'antiquaire.

QUOIQUE je sois très-pacifique, je me suis plusieurs fois vivement disputé en songe. J'étois devenu antiquaire dans celui-ci; & en cette qualité, je fus en grande querelle avec d'autres savans sur plusieurs objets d'érudition. Je fis des *in-folio* pour prouver à l'un d'eux qu'une oreille d'une statue colossale de Faustine, qu'on avoit déterrée depuis peu, avoit été ajoutée & sculptée plus d'un siècle après la figure, & sur la fin de l'empire d'Alexandre-Sévère, au lieu que la statue entière avoit été exécutée sous les Antonins, comme il étoit prouvé par le caractère du dessein & du ciseau, qui étoit évidemment de ce siècle. Je citai tant d'auteurs, que je crus mon système sur l'oreille de Faustine à l'abri de toute contestation. Mais mon adversaire le combattit par un ouvrage encore plus ample que le mien. Je fus ensuite pris pour arbitre entre deux autres antiquaires qui étoient partagés de sentiment sur une inscription gravée dans un marbre fort mutilé, qu'on avoit trouvé en raccommodant un chemin. L'un prétendoit que c'étoit un vœu à Esculape; l'autre, le tombeau d'un druide; & chacun soutenoit son opinion avec beaucoup de chaleur, rapportant des autorités sans nombre. M'étant mis à observer ce marbre avec attention, j'y découvris ces mots en caractères gothiques : *Route de Châlons à Vitri.* Les deux savans ne voulurent pas s'en tenir à ma décision, & leur dispute s'échauffa encore davantage; à tel point même qu'après s'être chargés d'injures, l'un d'eux jetta le marbre à la tête de son adversaire, & l'en assomma.

Après cette scène sanglante, je crus que j'avois ramassé un des plus beaux cabinets de l'Europe, & que j'y avois employé des sommes immenses. Je possédois des morceaux uniques, entr'autres deux vases d'argile peints, l'un en bleu, & l'autre en rouge-brun; ils étoient admirés & enviés de tous les amateurs. J'avois une multitude de canopes, de statues antiques, de médailles & de bronze. Un jour qu'assis au milieu de mon cabinet, je contemplois mes richesses, une momie Egyptienne, qui étoit couchée dans son coffre, vis-à-vis de moi, se leva debout; je fus pénétré de frayeur, & me jettai à genoux. Alors j'entendis sortir de la bouche du cadavre ces paroles d'une voix basse & triste : Insensé, pourquoi mettre à des objets qui n'ont ni goût ni utilité, des sommes dont tu pourrois soulager une province ? Saches que la science des antiquaires est aussi obscure que vaine. Tu crois que je suis un de ces anciens Egyptiens que leurs parens embaumoient & conservoient avec soin ; apprends que je suis un meurtrier. Il n'y a que trois ans que j'ai été pendu à Marseille. Un chirurgien de cette ville sachant combien les voyageurs sont avides de momies, après m'avoir embaumé & couvert de bandelettes & d'hyéroglifes, qu'il inventa, me vendit à cet Allemand qui m'a revendu à toi. Ayant achevé ces mots, le cadavre retomba dans son coffre.

SEPTIÈME SONGE.

Pour me tirer de la misère où je croyois être réduit dans un songe, j'imaginai que je pouvois devenir auteur ; mais comme cette profession a plusieurs branches, il falloit choisir celle qui pouvoit me donner promptement du pain sans m'obliger à beaucoup d'étude. Après quelques réflexions, je me déterminai à faire un commentaire sur un auteur grec. En conséquence, je louai un galetas & beaucoup de dictionnaires, & en très-peu de tems j'eus composé un gros livre sur la retraite des dix mille, rapportée par Xénophon. Je vendis mon manuscrit, & ma surprise fut extrême, quand je le vis imprimé ; car je dois avouer que je n'avois pas la moindre idée de l'art militaire, ni la plus légère teinture du grec. Je tremblois qu'on ne me demandât l'explication de quelques endroits de mon livre, qui, par bonheur, ne sortit pas du magasin de l'imprimeur. Cependant, comme cet imprimeur n'étoit pas remboursé de l'argent qu'il m'avoit donné, ni de la dépense qu'il avoit faite pour l'impression du commentaire, il me chargeoit d'injures. D'un autre côté, je n'avois pas payé le loyer de mon galetas, & d'autres dettes que j'avois faites pendant que je travaillois. Car, sur l'espérance d'un produit assuré, je m'étois bien nourri & bien vêtu ; de sorte que mes créanciers me voyant hors d'état de m'acquitter auprès d'eux, me firent mettre en prison. Un homme charitable vint m'y rendre visite en habit de religieux ; je lui contai ma malheureuse aventure, & il me consola, en me disant que mon malheur n'étoit pas sans espérance. Le peu de succès de votre livre, ajouta-t-il, vient sans doute de ce que vous n'y avez rien mis contre le gouvernement ni contre les mœurs : entreprenez un autre ouvrage ; faites-y entrer quelques peintures voluptueuses, des aventures galantes, des railleries sur la religion, des exclamations contre les préjugés du genre-humain, quelques traits contre l'autorité du souverain & des magistrats ; enfin, prenez vos précautions pour faire défendre votre livre, & votre fortune sera faite. Mais, révérend, lui dis-je, puis-je en conscience suivre ces avis ? Employez en œuvres-pies, me répondit-il, une partie du profit que vous ferez ; & sur ma parole, tranquillisez-vous à cet égard.

Je sortis de prison je ne sais pourquoi, car je n'y avois pas trouvé de quoi payer mes dettes ; & quand je me vis en liberté, je voulus redevenir auteur de la manière que m'avoit expliqué mon ami. Je me mis à l'ouvrage ; mais, par une erreur d'imagination, il se trouva, quand il fut fini, que c'étoit un traité sur les généalogies. Il étoit très-profond ; c'est pourquoi il me procura de l'honneur & des richesses. Tout le monde me croyant habile généalogiste, me demandoit des titres de noblesse, & j'en faisois pour toutes sortes de personnes.

Un barbier qui étoit devenu fort riche par des héritages, vint me prier de lui chercher une généalogie & des armoiries. Je lui découvris un ancêtre d'illuftre origine, tué à Cérifoles, une couronne de perles, une épée de connétable, & un écu à trois pals flamboyans de fable fur un champ d'or.

Dans le même tems, je reçus une lettre d'un commerçant qui avoit fait une groffe fortune à Cadix. Il étoit fils d'un tailleur de pierre, & me demandoit une nobleffe au moins de quatre fiècles. Je paffai beaucoup fes efpérances. Je le fis defcendre de Froïla Ier, quatrième roi des Afturies. Je mis parmi fes ancêtres, des faints, des généraux d'ordre, des cardinaux, & autres perfonnages qualifiés.

Un grand feigneur voulant époufer une comédienne, je fus chargé de trouver à cette femme des parens convenables, & je m'acquittai honorablement de ma commiffion. Mais en continuant de rêver, je devins comédien moi-même. J'avois les plus heureufes difpofitions pour le théâtre : j'étois ferme dans les principes d'effronterie, & incapable de me laiffer démonter par les huées & les fifflets. J'étois plaifant. De jeunes feigneurs recherchoient ma converfation, & s'en amufoient. Cependant je reffentis bientôt les amertumes de cet état. Mes premiers effais fur le théâtre ne furent pas heureux, & je fus roué de coups de canne & de plats d'épée à un fouper où je m'avifai de

plaifanter

plaisanter un petit-maître qui étoit préfent. Ces revers, & la douleur que je crus reffentir, me firent fonger à un autre métier. Je m'engageai pour fervir de maître-d'hôtel dans la maifon d'un gentilhomme. En peu de tems, je devins très-riche, & mon maître très-pauvre; mais, ce qui eft plus incroyable, c'eft qu'il devint lui-même mon intendant à fon tour, & bientôt nous nous retrouvâmes tous deux dans notre premier état. Cette dernière difgrace m'engagea à quitter le monde; j'aimois la folitude & le repos, je me fis chartreux : mais à peine eus-je été quelque tems dans cette fainte retraite, que je me vis dans l'impoffibilité de fortir de ma cellule, par l'excès de mon embonpoint. Enfin, il me fembla qu'étant auprès de mon feu, je me fentois fondre comme une maffe de cire. En vain faifois-je des efforts pour m'éloigner; je devenois liquide. On ne peut s'imaginer l'angoiffe où je me trouvois, & combien je me fentis fatigué à mon réveil.

HUITIÈME SONGE.

Les lunettes.

LES plus minces objets sont d'un grand prix, quand ils sont nécessaires, & on ne s'en sépare pas sans douleur. Telles sont des lunettes pour un vieillard. Ainsi j'espere qu'on ne trouvera pas ridicule qu'ayant un jour perdu les miennes, je m'en sois amèrement affligé. Hélas! que serois-je devenu, si le ciel ne m'eût rendu mes chères lunettes? Mais je les ai, & je ne dois pas répéter ici les tristes plaintes dont je fis retentir mon désert, lorsque je vis qu'elles me manquoient. Je dirai seulement que dans le doux sommeil que me procura la joie de les revoir, j'en trouvai d'autres bien merveilleuses; car par leur moyen je pouvois, sans être apperçu, voir à découvert les pensées des hommes: elles se présentoient à moi à travers ces lunettes, à-peu-près comme on voit les objets dans la chambre obscure. Je ne saurois exprimer quel plaisir me fit cette découverte. Je m'empressai de la mettre en œuvre, sans en faire part à personne. Lorsque je délibérois sur qui je devois commencer mes observations, je m'apperçus que j'étois dans un boudoir très-galamment meublé. J'y vis une petite-maîtresse, qui, le coude appuyé sur un secrétaire, paroissoit rêver. Je mis mes lunettes, & je vis son imagination remplie d'un pièce de rubans. Un épagneul vint ensuite, & fut remplacé par un nègre; celui-ci par de petits souliers, & les souliers par des pompons de toute sorte. A tout cela succédèrent rapidement une salle d'opéra, une voiture d'un vernis lilas & argent, deux chevaux tigrés, un cours rempli de monde, une petite perruche, une église, un bréloquier.

Je vis ensuite paroître une petite figure humaine, qui, par son air soumis & respectueux, & de fréquens soupirs, me fit juger que c'étoit un amant maltraité. La belle se mit à rire toute seule en pensant à cet homme, qui fut bientôt chassé par une autre petite figure qui parut beaucoup plus à son aise. Il avoit l'air d'un de ces jolis hommes qui possèdent l'art de conter des fleurettes & de se moquer de toutes les femmes. Après qu'il eut sifflé & pirouetté, il disparut, & laissa la place à un petit homme fort laid, qui portoit dans ses mains deux sacs pleins d'argent. Celui-ci paroissoit assez bien venu; mais le second s'empara de nouveau de la scene, & y demeura près de six minutes. Le petit épagneul & le bréloquier l'en chafsèrent & revinrent pour un moment. Puis je vis un petit fapajou & des braffelets garnis de brillans; & peu après, une jeune femme très-agréable. A l'arrivée de celle-ci, la rêveufe prit un air inquiet & jaloux, fe mordant le bout du doigt. Elle fe leva, & fit deux ou trois fois le tour du boudoir, puis s'affit devant une toilette & fe mit à chercher des attitudes de vifage dans fon miroir. Je la voyois tantôt fourire avec langueur, tantôt ouvrir les yeux de toutes fes forces pour trouver des airs de vivacité. Un autre moment elle prenoit une mine froide & dédaigneufe. Enfin elle fe mit elle-même dans fon imagination à côté de la jeune femme; & moi, croyant m'ennuyer de les voir trop longtems enfemble, j'allai faire mes obfervations ailleurs. J'entrai dans une belle maifon, mais bifarrement décorée; j'y vis un homme vêtu d'une maniere extraordinaire, qui étoit affis auprès de fon feu, les pieds fur les chenets. Il veilloit attentivement fur des rôties qui cuifoient. Je regardai dans fon imagination avec mes lunettes, & le premier objet qui me frappa fut une tourte de franchipane, que je vis affez long-tems; puis j'apperçus un agneau farci de truffes, une mappemonde, des privés à l'angloife, un combat naval, un pâté, le portrait de Sully, des langues salées, une brochée d'éperlans, un jet d'eau, une bibliothèque, les cataractes du Nil ; & après tout cela, les rôties étant cuites, il n'y eut plus qu'elles dans le cerveau. Je les lui laissai manger, pour courir à de nouvelles découvertes. Je m'introduisis dans un appartement riche & commode, orné de porcelaines, de tableaux & de vieux laques. J'y contemplai un gros abbé, vêtu d'un velours lilas, avec des olives en or & des dentelles. La bonne chere & la santé brilloient sur son visage. Il étoit seul devant un grand feu, auprès d'une petite table, sur laquelle étoit du thé. Je demeurai fort long-tems sans rien découvrir dans son imagination : je croyois que la poussière avoit terni mes lunettes ; je les nettoyois, & n'appercevois toujours qu'un espace sans objet ; mais, comme j'allois sortir pour chercher quelque tête plus occupée, je vis paroître un chapeau rouge, une crosse, une cavalcade du pape, & un grand esturgeon. A ce spectacle, mes lunettes tombèrent ; & les ayant remises, je me vis dans la chambre d'un petit-maître.

Tout y étoit bouleversé. J'apperçus sur une table un éventail cassé, une boîte de pillules, quelques livres dont le titre me scandalisa, me souvenant que j'étois hermite ; des listes de marchands, un portrait de femme, une épée rompue, plusieurs jeux de cartes déchirés, des pots d'onguent, & autres objets semblables. Lui-même étoit étendu, d'un air harrassé, sur une chaise longue; il avoit le visage pâle & abattu, & tiroit un de ses bas, en regardant sa jambe avec complaisance. J'eus beau fixer le siége de ses idées, tourner & retourner ma lunette, je n'y vis que lui-même en miniature, & j'allai chez un jurisconsulte; mais je crois que je me trompai; car je ne vis dans la tête de cet homme en simarre, qu'une salle de comédie, une loge de francs-maçons, & quelques brochures. Je me transportai de-là chez un thésauriseur. Il étoit nuit, & je le vis à la lueur d'une petite lampe, dans un cabinet dont les murailles étoient tapissées de toiles d'araignées. La porte étoit fermée à plusieurs verroux. Il paroissoit fort attentif à un calcul; mais le moindre bruit lui faisoit tourner la tête, avec une inquiétude qui se peignoit sur son visage. Je ne vis dans son ame qu'un coffre-fort & quelques feuilles de papier remplies de chiffres. Je fis un léger bruit, & aussi-tôt je vis entrer précipitamment dans son imagination cinq ou six hommes le pistolet à la main. L'avare pâlit; mais après avoir écouté long-tems, & n'entendant plus rien, il se remit à

tom. 1 pag. 276

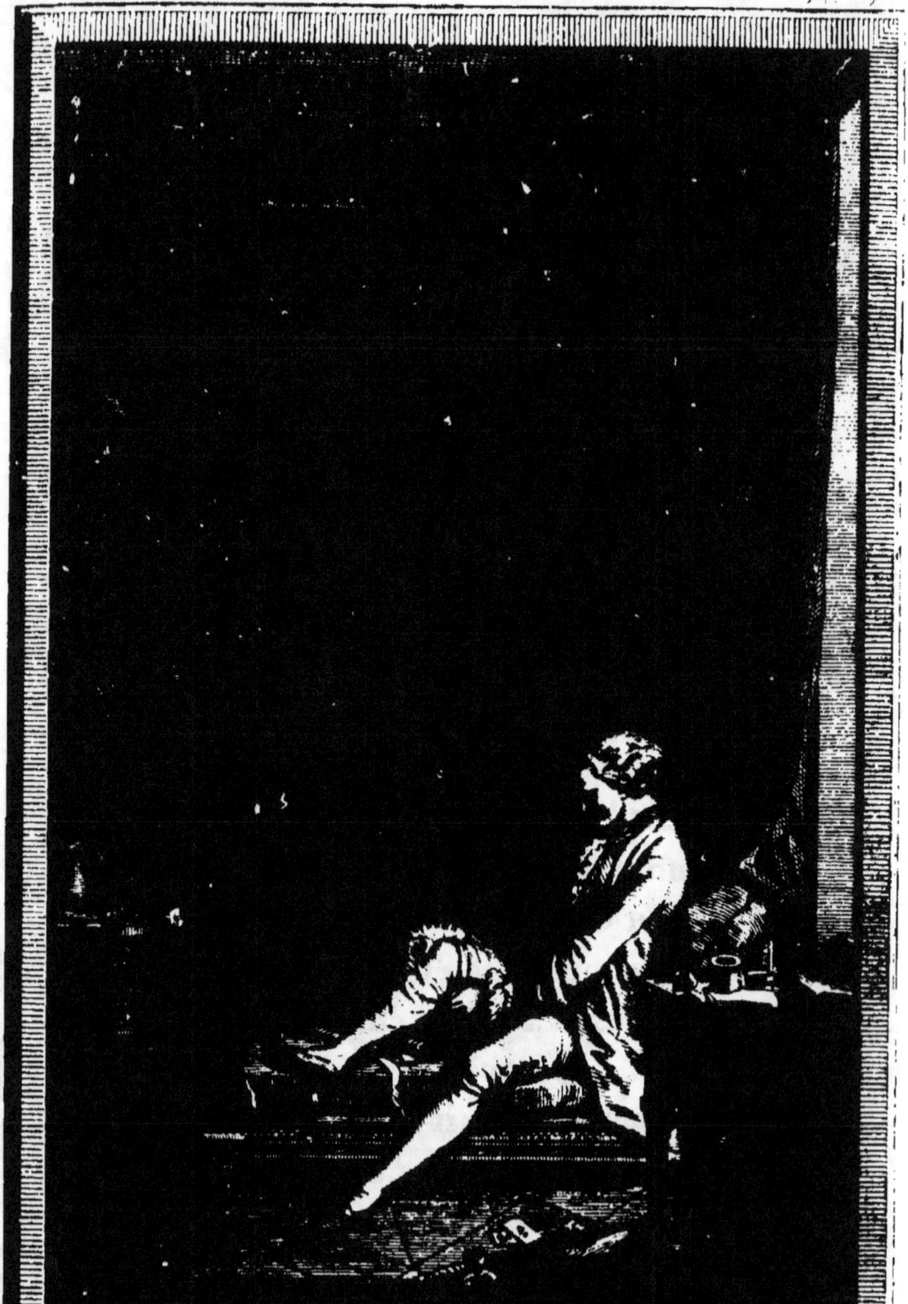

dessin de Marillier. 1788 gravé par [illegible]

supputer, & je vis sortir les voleurs : mais ayant de nouveau fait un mouvement, ils rentrerent plus précipitamment encore que la première fois, y demeurèrent fort long-tems, & je les laissai.

Je voulus voir l'ame d'un courtisan. J'allai chez lui, je le trouvai avec un de ses amis. Ils se donnoient mutuellement des marques touchantes d'estime & de la plus tendre affection : mais ayant regardé leurs cœurs, je vis dans celui du premier, son tendre ami pendu ; & dans le cœur de l'ami, le courtisan roué. Après s'être embrassés, ils se séparèrent, & l'imagination du courtisan se remplit successivement d'une chasse de S. Hubert, d'un cordon rouge, d'une cour nombreuse, où il paroissoit lui-même bas & rampant. Je vis ensuite la maison d'un ministre, & le courtisan se promenant devant la porte d'un des secrétaires, qui le reçut long-tems après d'un air dédaigneux, & le congédia promptement. Ces objets firent place à un bâton de maréchal, une meute, des chevaux anglois, & une petite maison de campagne.

NEUVIÈME SONGE.

Le château.

JE crus me trouver dans ce songe à la porte d'un château magnifique. Sur le point d'y entrer, deux Suisses en bandoulières & en grandes perruques m'arrêtèrent, tandis qu'un troisième domestique alla donner avis de mon arrivée à son maître. Un moment après, je vis venir à moi un homme magnifiquement vêtu, & tout bouffi d'orgueil : je jugeai que c'étoit le maître ; mais on me dit que ce n'étoit qu'un de ses officiers du troisième rang : en m'abordant, il me demanda où j'avois laissé mon carosse & mes gens. Je lui répondis que j'étois un pauvre hermite, & que je n'avois rien de semblable : il ne me laissa pas achever, & se retira avec mépris. Aussi-tôt j'en vis sortir un autre tout couvert d'armoiries, qui m'ordonna de le suivre. Il me fit entrer par une porte de derrière, dans une salle assez mal meublée, mais qui étoit cependant décorée de tous côtés d'armoiries en relief & en peinture. Il me fit apporter des olives, du pain & du cidre. Après ce léger repas, je le priai de me présenter au seigneur du lieu.

Cette proposition le choqua; il me répondit, en me regardant de travers, qu'on ne présentoit pas des gens faits comme moi. Je m'en allois tristement, lorsqu'il ferma la porte, & me dit en jurant, qu'on ne sortoit pas de cette maison sans donner l'étrenne aux gens. J'avois de bonnes raisons pour n'en rien faire : je voulus ouvrir la porte pour fuir ; mais tout-à-coup je fus investi par quinze ou vingt laquais qui me tinrent le même langage. Quoique je n'eusse rien à leur donner, je mis cependant les mains dans mes poches : mais comme ils virent que rien n'en sortoit pour eux, ils voulurent se payer sur ma personne par quelque mauvais traitement. Ils prirent une grande couverture, me mirent dessus, & commencèrent à me berner. A chaque coup, ils me jettoient au plafond, où je me meurtrissois cruellement. Enfin il me sembla que je passois au travers, & que je me trouvois dans un sallon magnifique où le seigneur du château recevoit son monde. Il étoit enfoncé dans un immense fauteuil de maroquin, ayant sur le nez des lunettes garnies de pierreries, & sur sa tête une ample perruque : sa robe étoit d'écarlate ; il avoit une jambe appuyée sur un tabouret de velours cramoisi ; ce qui me fit comprendre qu'il étoit malade de la goutte. Ses armoiries étoient sur ce tabouret

& sur deux crosses, dont il se servoit pour se soutenir, quand il vouloit se lever. Il examinoit attentivement, l'un après l'autre, de longs rouleaux de parchemin, que lui présentoient avec respect tous ceux qui entroient ; & il leur assignoit autour de lui des places selon le rang de noblesse & de richesse qu'indiquoit le parchemin. Je sortis sans qu'il m'eût apperçu ; & m'étant introduit dans une autre chambre, j'y vis une nombreuse compagnie, toute occupée à plaisanter sur le maître de la maison, & à tourner en ridicule ses airs de fatuité & l'étiquette qu'il faisoit observer chez lui. Je rencontrai dans une grande salle un intime ami que j'avois laissé dans le monde, & que je n'avois pas vu depuis vingt-huit ans. Je n'avois cessé de penser à lui depuis que je suis dans ma solitude ; car les devoirs de l'amitié ont toujours été sacrés pour moi : quelquefois je croyois le voir & lui parler ; il me répondoit, il me donnoit divers témoignages d'attachement sincère & tendre ; & ce commerce, tout imaginaire qu'il étoit, avoit pour moi beaucoup de charmes. Dès que je l'apperçus, je m'arrêtai de surprise ; il s'arrêta aussi ; & nous étant fixés mutuellement pour nous reconnoître, nous nous élançames au col l'un de l'autre, & nous embrasâmes tendrement. Que je suis transporté! me dit-il ; quel bonheur! quel raviſſement pour moi de vous revoir après tant d'années d'abſence ! Je ne ſentois pas moins de joie que lui ; j'allois auſſi lui faire part de mes tranſports, lorſqu'un jeune homme paſſant auprès de nous, lui demanda s'il ne venoit pas dîner avec lui ? Oui ſans doute, répondit-il, j'y cours : il partit, & je ne le revis plus.

DIXIÈME SONGE (1).

La ſonnette.

J'ÉTOIS en ſonge aſſis au bord de la mer. Là, conſidérant les vagues, qu'un vent léger pouſſoit ſur le bord du rivage, & les coquillages qu'ils y apportoient ; & qu'ils rentraînoient alternativement, j'arrêtai les yeux ſur une huître qui étoit reſtée à ſec & aſſez loin de l'eau pour que la vague, peu émue dans ce moment, ne pût l'atteindre. Elle s'entrou-

---

(1) Le cadre de ce ſonge eſt le même que celui du ſonge IX, intitulé : *Mahomet*, imprimé dans le volume XXXII ; mais les détails en ſont ſi différens, que nous croyons que nos lecteurs nous ſauront gré de les avoir conſervés l'un & l'autre. *Note de l'éditeur.*

vroit au soleil, & j'apperçus dedans quelque chose qui brilloit ; j'achevai de l'ouvrir, & je vis que ce qui avoit frappé ma vue de son éclat, étoit une petite sonnette d'or. Le battant étoit une perle. Elle étoit couverte de caractères extraordinaires. Je fis d'inutiles efforts pour les lire : je la pris avec le bout des doigts, & l'ayant secouée, mon étonnement fut extrême de voir tout-à-coup paroître une longue file d'hommes & de femmes de différens âges & de différens états, qui marchoient deux à deux, & passoient devant moi comme en revue. Je compris alors que la sonnette étoit un ouvrage magique, qui avoit le pouvoir de ressusciter les morts ; car tous ceux qui composoient cette procession étoient des morts anciens & modernes. Je reconnus d'abord S. Chrysostome, en cheveux blancs & en habits pontificaux : sa contenance étoit grave & modeste ; l'air de son visage étoit noble, & imprimoit le respect & la vénération. Il s'appuyoit sur un bâton pastoral, & marchoit à pas lents. A côté de lui marchoit sur la pointe du pied un prélat moderne ; il étoit chargé de bijoux, avec un petit manteau, le chapeau sous le bras, & tenoit à la main une boîte de pastilles, dont il mâchoit quelques-unes par contenance. Après quelques gambades & quelques pirouettes, il tira de sa

poche un papier, & le présenta d'un air léger
& agréable à S. Chrysostome. Voyez, monseigneur, lui dit-il, si je n'ai pas rempli
joliment ces bouts-rimés ? Le patriarche y
ayant donné un coup d'œil, les jetta avec indignation. Il paroît, lui dit-il, d'une voix forte
& majestueuse, que vous n'avez guère étudié
mes homélies. Qu'est-ce que c'est que des
homélies, dit le moderne prélat en riant ?
Et vous, monseigneur, avez-vous lu mes
poésies ?

En ce moment, je sentis une odeur de parfums qui d'abord me flatta ; mais, devenant
plus forte & plus vive, je fus obligé de me
serrer le nez. Bientôt je vis paroître deux militaires ; l'un étoit un ancien chevalier, extrêmement laid de visage, mais dont l'air étoit
martial : il étoit couvert de fer, & portoit une
épée de connétable. Je compris que c'étoit Du-
guesclin, dont j'avois autrefois vu le portrait.
L'autre étoit un courtisan, d'une figure agréable ; c'étoit de lui que venoient les parfums :
il avoit du rouge, & sa perruque ceinte de
lauriers étoit extrêmement poudrée. Il étoit
vêtu le plus galamment du monde ; & prenant
du tabac d'une façon élégante, il faisoit briller
de beaux diamans qu'il avoit aux doigts : sa
démarche étoit celle d'un danseur : tantôt il

arrangeoit les plumes de son chapeau, tantôt avec une petite vergette, il ôtoit la poussière qui pouvoit être sur son habit ; telle fut la différence que je remarquai entre ces deux hommes. Ils furent suivis de deux magistrats qui avoient vécu en des tems différens. Le premier étoit en longue robe noire, & paroissoit âgé : il avoit la tête rasée & enfoncée dans les épaules, un grand rabat, & l'air studieux & occupé. Il examinoit en marchant gravement un code relié en parchemin. Je me sentois pénétré de respect pour lui, avant même que je sus que c'étoit le président Janin. L'autre lui ressembloit peu ; c'étoit un jeune homme en habit de chasse, les cheveux noués avec grace : il siffloit une contredanse à la mode, & affectoit des airs étourdis.

Après cela, je vis Jacques Cœur, ce généreux citoyen, qui n'employoit les biens immenses que lui avoit acquis son industrie, qu'à secourir sa patrie & son roi. Son vêtement & sa contenance étoient modestes : je sentois naître dans mon cœur une sincère estime pour lui, en pensant qu'il avoit su se défendre de l'orgueil dans une place distinguée, & que ses grandes richesses, ni la faveur dont il jouissoit, n'avoient pu lui faire oublier son premier état. J'observai des qualités toutes opposées dans un financier mort depuis peu. Celui-ci étoit tout couvert d'or. Un ventre prodigieusement gros, un teint frais & vermeil, une perruque bien poudrée, beaucoup de bijoux, concouroient à lui donner l'air opulent. Il s'appuyoit lourdement sur une béquille à pomme d'or. Sa physionomie & ses manières étoient vulgaires & ignobles. Ces deux hommes parloient ensemble en marchant. Jacques Cœur déduisoit au moderne les moyens qu'il avoit employés pour s'enrichir, & l'usage qu'il avoit fait de ses biens. Apparemment, lui répondoit le financier nouveau, que de votre tems on ne connoissoit pas toutes les propriétés du zéro ? Un seul coup de plume a fait les deux tiers de ma fortune ; je n'avois que faire de prendre tant de peine que vous... Je ne pus entendre le reste de leur conversation, ils s'éloignoient ; & des femmes qui venoient immédiatement après, attirèrent mon attention ; les unes avoient la taille haute & majestueuse ; de longs cheveux entremêlés de plusieurs filets de perles, tomboient à grosses boucles sur leurs épaules. Leurs traits étoient fort réguliers ; leur maintien haut & fier : elles étoient vêtues comme nos aïeules sous le règne de Charles VII. Un ample colet monté, beaucoup de perles, de manches courtes & tailladées ; leurs doigts chargés de bagues : un panier long, une robe empefée, annonçoient ces fières maîtreffes de nos ancêtres, qui favoient réveiller par de généreux reproches, leur courage abattu. A côté d'elles marchoient, d'un air étourdi, plufieurs femmes vêtues à la moderne ; il étoit difficile de diftinguer leurs traits naturels ; le vernis qui couvroit leur vifage, les rendoit prefque toutes femblables ; leurs propos étoient fpirituels, mais libertins ; elles infpiroient la joie & les plaifirs, mais non pas la vertu.

Je vis enfuite paffer une partie de la cour d'Henri IV, fuivie immédiatement d'une cour moderne, qui étoit compofée d'une multitude de jeunes gens décrépits, de vifages pâles & de petits hommes tout contrefaits ; mais les parures, la richeffe des habits, effaçoient la cour antique ; car celle-ci n'étoit compofée que de guerriers nerveux & robuftes, couverts de fer, & qui ne paroiffoient point occupés de leur perfonne.

A cet endroit de mon fonge, le foleil, qui étoit déjà affez haut, me donnoit fi vivement dans les yeux, qu'il m'éveilla, & je vis difparoître à regret tout le fpectacle.

ONZIÈME

ONZIÈME SONGE.

Un de mes amis, qui vient me voir de tems en tems, m'avoit apporté des ouvrages nouveaux, pour me faire voir comment les connoissances des gens de lettres s'étoient perfectionnées depuis que j'avois quitté le monde. Parmi ces livres, il y en avoit d'histoire naturelle fort estimés. Je me mis à les lire avec avidité, parce que j'ai toujours aimé ce genre de science. Je fus d'abord frappé de la différence de la nouvelle philosophie avec celle de mon tems. Il me sembloit que la moderne valoit mieux; cependant j'y trouvois des choses qui me choquoient. J'étois révolté de voir que tous les raisonnemens des nouveaux philosophes ne tendoient qu'à chercher des causes physiques à tout, & à disputer au Créateur, pouce à pouce pour ainsi dire, la production de ses ouvrages; mais je croyois voir la vérité dans la manière dont les sentimens étoient exposés: je me laissois entraîner & convaincre; je ne pouvois quitter la lecture. Quand la nuit fut venue, j'allumai promptement ma lampe; & m'étant assis sur mon lit, je continuai à lire. Comme je n'étois pas accoutumé à veiller, le

T

sommeil appesantit mes yeux, je tombai, & m'endormis. Alors je crus être assis dans un bois touffu, mon livre à la main, réfléchissant sur les systêmes de la philosophie nouvelle. Je vis sortir d'entre les arbres un vénérable vieillard. Son âge n'étoit marqué que par des cheveux blancs & une barbe longue & touffue, qui lui tomboit sur l'estomac. Il n'avoit d'ailleurs aucune marque de caducité. Son front, grand & majestueux, imprimoit le respect; son regard étoit doux, & son visage plein de grace. Il avoit la tête ceinte d'une couronne d'ormeau, & s'appuyoit sur une canne d'ivoire. Je fus frappé de son aspect noble & simple. Je me levai, & le saluai. A quoi rêvez-vous, mon fils, me dit-il ? Je lui répondis qu'un livre que je venois de lire m'avoit fait naître des doutes affligeans. Il s'assit sur l'herbe, & me fit asseoir à côté de lui. Il y a cinquante ans, me dit-il, que j'ai quitté la cour, les charges & les honneurs, pour venir dans ces bois jouir de mon existence & étudier la nature : cette étude est la plus belle & la plus intéressante que l'homme puisse faire ; mais de profonds & continuels hommages rendus au Créateur, doivent être le fruit de nos connoissances en ce genre. Je m'anéantis devant l'Etre-Suprême, lorsque je considère la magnificence de l'univers. Je me perds d'un côté dans l'immenfe étendue de ces tourbillons qui entraînent mille mondes ; & de l'autre, dans l'infinie petiteffe de ces animaux pour qui une goutte d'eau eft un monde. La moindre production eft pour moi le fujet d'une admiration profonde. O mon fils ! quel eft l'égarement de l'efprit humain, d'avoir ofé attribuer les merveilles de la création à un effet du hafard ! Tout ce que nous voyons dans l'univers ne s'élève-t-il pas contre une pareille abfurdité ? Notre raifon même n'en eftelle pas révoltée ? Ce brin d'herbe, ce gland, ne fuffifent-ils pas pour faire fentir qu'un être puiffant a préfidé à la formation du monde & aux plus petits objets ? Confidérez-vous vousmême un moment, & voyez, mon fils, fi vous pouvez méconnoître en vous la main d'un Dieu ? Depuis que des milliers d'hommes font des découvertes dans la nature & fur euxmêmes, favent-ils encore comment ils refpirent, comment ils vivent, comment ils parlent, comment ils penfent ? Et cependant ils prétendent tout expliquer, & difputent au Tout-Puiffant la gloire d'avoir tout fait. Si au moins ils étoient de bonne foi, on les plaindroit de leur aveuglement ; mais, à la honte de la raifon, ils décident malignement contre la raifon même. Si la reproduction d'un infecte échappe à leurs foibles yeux, ils en concluent que le hasard est son créateur ; tous les autres êtres vivans élèvent en vain leur voix : nous ne voyons pas, disent les philosophes, comment celui-ci prend naissance ; c'est donc la corruption, la poussière, un accident, qui le produisent. Pour nous, mon fils, adorons la main qui nous a faits & qui nous soutient ; nous n'avons besoin que de nous-mêmes pour reconnoître sa puissance. Quand je considère seulement qu'au premier ordre de ma volonté, de cette puissance inexplicable aux philosophes, je mets en mouvement mon corps, qui est une machine si belle, je m'écrie, plein de gloire & de joie, que je suis l'ouvrage d'un Dieu. J'écoutois avec respect & intérêt le discours de ce sage vieillard, lorsque la lumière que j'avois laissé éclairée, ayant mis le feu à la paille de de mon lit, m'éveilla en sursaut, & pensa incendier ma cellule. Je ne parvins qu'avec peine à l'éteindre ; & après avoir chargé de malédictions la philosophie moderne, qui avoit failli à me faire brûler vif, je me couchai tranquillement, & je goûtai un sommeil paisible le reste de la nuit.

DOUZIÈME SONGE.

Le général d'armée.

RIEN n'est plus bisarre que les changemens qui arrivent dans le sommeil. Confiné depuis vingt-huit ans dans un désert où le calme & la paix sont les seules choses qui me touchent, où rien ne peut irriter mes désirs ou m'inspirer la vengeance, je suis devenu en songe général d'armée, & j'ai cru que l'état se reposoit sur moi du soin de vaincre ses ennemis. J'avois peine cependant à me charger d'un emploi si honorable, & je me sentois un grand fond de timidité, en pensant aux dangers de la guerre. Mais un homme, qui avoit eu comme moi le commandement des armées, m'assura que ma vie ne couroit aucun risque; qu'à présent les officiers généraux avoient le droit de prendre si bien leurs mesures contre les périls, qu'on n'entendoit plus dire que rarement qu'une balle leur eût fait la moindre égratignure. Je fus fort encouragé par cet avis, & je me chargeai volontiers du commandement.

Le prince que je servois aimoit les conquêtes. Il fut décidé dans son conseil que j'irois soumettre quelque nation éloignée du côté du nord : mais comme on avoit fait autrefois un traité de paix avec ce peuple, il falloit trouver quelque prétexte plausible pour le rompre, & on vouloit pouvoir en imputer l'infraction à l'ennemi même qu'on attaquoit, parce qu'autrement la bonne cause n'auroit pas été de notre côté, & la guerre auroit paru injuste. On délibéra long-tems, on tint plusieurs conseils à la cour. Je profitai de ces momens pour lever des troupes ; car en me faisant général, on ne m'avoit point donné de soldats ; sans doute parce qu'on vouloit me laisser la liberté de les choisir à mon gré.

J'avois beaucoup lu dans ma jeunesse, & j'avois remarqué que les historiens, les poëtes, les orateurs, & quelques classes même de philosophes, & presque tous les gens de lettres, raisonnoient à merveille sur l'art militaire. Les uns démontroient clairement que le gain d'une bataille avoit dépendu de telle ou telle cause ; que telle manœuvre, par exemple, auroit sauvé l'armée impériale à la bataille de Bouvines ; que si Philippe de Valois se fût emparé des postes élevés à Créci, & s'il avoit su se servir à propos de l'artillerie, les Anglois auroient été battus. D'autres lettrés donnoient des règles de tactique convenables aux différens peuples de l'Europe. Les géomètres donnoient les moyens de battre à coup sûr une forteresse, & de faire éclater la bombe précisément dans l'endroit & sur le point qu'on désiroit. Enfin, me souvenant que les poëtes chantoient avec enthousiasme le courage, l'intrépidité, la prudence de leur héros, je jugeai qu'ils devoient nécessairement avoir des vertus & des sentimens qu'ils célébroient si bien. Dans ces pensées, je résolus de former une armée de tous ces savans, si fort instruits du métier de la guerre. Lorsque je les eus enrôlés, je distribuai à chacun l'emploi auquel je le crus le plus propre.

Je pris pour mon général un savant profond, qui venoit de traduire du Grec l'art militaire de Xénophon, & qui connoissoit parfaitement la façon de faire la guerre aux Perses. Je donnai l'emploi de maréchal-de-camp à un poëte illustre, qui, pour s'attirer mon estime, avoit promptement commencé un poëme-épique sur ma future conquête. Du style le plus pompeux, il partageoit l'olimpe entre moi & mes ennemis, quoique j'ignorasse encore qui ils étoient.

Je créai un géographe maréchal-des-logis, parce qu'on m'avoit averti que cette charge exigeoit une connoissance exacte du pays.

Enfin, je nommai aux grades les plus distin-

T iv

gués les savans dont les noms étoient les plus connus ; & de la foule des auteurs médiocres & mauvais, dont le nombre étoit prodigieux, j'en fis des soldats & des officiers subalternes. Après que j'eus ainsi réglé toutes choses, j'appris que la guerre étoit déclarée contre la Norvége ; & voici quelle en fut l'occasion.

Mon prince avoit fait demander par son ambassadeur à cette cour, qu'on lui envoyât des perroquets du pays : on lui répondit qu'on ne trouvoit ces oiseaux que dans l'Amérique & les pays méridionaux, & que la Norvége n'en fournissoit aucun. Là-dessus la guerre fut déclarée. On répandit un manifeste, dans lequel mon prince exposoit les raisons indispensables qui l'obligeoient malgré lui à troubler la paix de ses états, & à répandre le sang de son cher peuple.

Ayant reçu ordre de partir, je fis la revue de mes troupes, quoique je fusse peu connoisseur en discipline militaire. La plupart de mes cavaliers ne savoient pas de quel côté l'on montoit à cheval. Quelques-uns s'embarrassoient dans des manteaux noirs qui leur servoient d'uniforme ; presque tous avoient des lorgnettes & des perruques qui s'entr'accrochoient avec leurs armes. Ils paroissoient dans l'embarras le plus ridicule.

Je partis à la tête de cette savante armée. Mais dès le second jour de marche le capitaine des guides nous égara. C'étoit un professeur d'Hébreu que j'avois nommé à cet emploi, à cause de sa profonde connoissance des langues. Il avoit beau parler Hébreu, Grec ou Syriaque, aux peuples qui se trouvoient sur notre route, il ne pouvoit ni entendre les guides, ni apprendre les chemins. Nous nous trouvâmes engagés dans un marais ; &, pour comble de malheur, le commissaire des vivres s'étant appliqué à faire une ode à mon honneur, au lieu de pourvoir aux provisions nécessaires, l'armée se trouva affamée. Les soldats, plats auteurs accoutumés à mourir de faim, ne furent pas fort affligés ; mais les officiers murmuroient tout haut.

Cependant, comme les songes sont inconséquens, je me trouvai un instant après à une journée de l'ennemi. Ces peuples, qui avoient des espions sur pied, avoient su la marche de mon armée & le peu d'ordre qui y régnoit ; de sorte qu'ils marchoient en hâte pour nous surprendre. J'en reçus la nouvelle par une douzaine de grands hommes secs & efflanqués, auteurs faméliques, qui me servoient de coureurs. Je mandai promptement les géomètres, pour leur ordonner un camp fortifié dans les règles, & qui pût résister aux efforts des ennemis. Ils m'apportèrent bientôt après un plan levé fur du papier. C'étoit le plan d'un camp imprenable ; mais ils m'avouèrent tous qu'ils ne pouvoient l'exécuter fur le terrein. Alors j'ordonnai aux foldats de fe fortifier comme ils pourroient avec des palissades. Ces pauvres gens avoient grande envie de mettre leur vie en sûreté ; mais ne pouvant fe défaire de leur paresse ordinaire, l'ouvrage alloit lentement.

Cependant, je vis arriver une députation des principaux officiers d'un corps de phyficiens. Ils venoient me propofer un moyen qu'ils avoient découvert pour donner une violente commotion électrique à toute l'armée ennemie à la fois. Ils m'affuroient qu'en l'attaquant avec vigueur au moment de la fecoulle, j'étois affuré d'avoir la victoire. Je goûtai cette idée ; mais il falloit conduire une chaîne d'acier jufqu'au-delà des retranchemens ennemis, & aucun de mes foldats n'en eut le courage. Je fus obligé d'abandonner l'entreprife, & je commençai à craindre une déroute. Mon lieutenant-général avoit encore moins d'efpérance que moi. Il regrettoit les chars armés de faulx & la cavalerie de Cyrus-le-Jeune, & ne croyoit pas qu'on pût vaincre fans de pareils fecours. Le tems preffoit, je me mis en devoir de ranger mon armée en bataille. Alors chacun me fit favoir qu'il feroit bien aife d'être à l'arrière-garde. Les philofophes fur-tout montroient une grande envie d'être placés en lieu fûr. Ils étaloient de beaux principes d'humanité, faifoient de fages réflexions fur le peu de durée de la vie des hommes, & fur l'aveuglement qui les pouffoit à fe faire la guerre. Tous les autres favans goûtoient ces raifons. La poltronerie fe répandit de rang en rang avec rapidité. Pour en prévenir les fuites, je fis promptement dreffer un échafaut au milieu du camp ; j'y fis monter un orateur éloquent, qui, par une harangue pleine d'énergie, d'érudition & de folidité, donna une efpèce de valeur à mes troupes. Il parloit pompeufement de l'honneur, de l'amour de la patrie. Il faifoit fouvenir fes auditeurs de l'intrépidité de leurs ancêtres, de ces peuples Gaulois & Germains qui avoient mis Rome à deux doigts de fa perte. A l'endroit le plus animé de fon difcours, on vint dire que l'ennemi étoit bientôt à la portée du canon. A cette nouvelle, l'orateur fauta légérement de l'échafaut, & prit la fuite. Les philofophes l'avoient précédé. Mon lieutenant-général crioit à pleine tête qu'une retraite comme celle des dix mille feroit bien plus glorieufe qu'un combat ; en conféquence il prit les devants. Tout le reste des troupes se débanda ; & me souvenant moi-même qu'un général doit ménager sa vie, je me mis à fuir de mon mieux.

TREIZIÈME SONGE.

Les vampires.

Ma mère & de vieilles parentes m'avoient dans mon enfance rempli l'imagination de contes de follets, de morts ressuscités, & d'autres absurdités semblables. Ces traces, gravées profondément dans un cerveau tendre, se cicatrisent pour ainsi dire avec l'âge, & par le raisonnement, mais ne s'effacent jamais tout-à-fait : on ne sauroit trop s'élever contre ceux qui donnent ou laissent prendre aux enfans ces fâcheuses impressions, qui influent sur toute la vie, sur la santé & la façon de penser.

Pour en venir à mon sujet, l'un de ces contes qui m'avoit le plus frappé, étoit celui de certains morts qui venoient pendant la nuit sucer les vivans, & les desséchoient en se remplissant de leur sang ; & je me souviens que dans mon enfance, ils m'ont fait passer de méchantes nuits. Je croyois me sentir sucer par ces cada-

vres mal-faifans; & dans le vrai, je maigrif-
fois à vue d'œil; mais c'étoit un effet de la
frayeur. Je ne fais comment cette nuit mon
imagination m'a repréfenté en fonge ces objets,
qui depuis fi long-tems étoient fortis de ma
mémoire. Je croyois être parmi des fépulcres,
dans un bois de cyprès. Là, je voyois fortir
de leurs tombeaux des cadavres defféchés, qui
fe tenant debout paroiffoient dans l'attitude de
quelqu'un qui hume la mouffe d'un vin ou de
telle autre liqueur. Je ne fus pas long-tems à
deviner ce qu'ils faifoient. Je vis une vafte
plaine, où grand nombre d'hommes étoient
occupés aux différens travaux ruftiques. Les
uns moiffonnoient, d'autres plantoient, culti-
voient la vigne & des arbres à fruits; quelques-uns enfemençoient la terre pour l'année
fuivante; tous étoient couverts de fueur & de
pouffière. De ces hommes & des fruits qu'ils
cueilloient ou plantoient, je voyois partir des
rayons compofés de petites parties de leur fubf-
tance, qui alloient fe rendre dans la bouche
des vampires. A mefure que ces fpectres paroiffoient fucer, je voyois les malheureux cultiva-
teurs dépérir, perdre leurs forces, devenir
fecs & malades, & enfin tomber en foibleffe.
Les fruits de leurs peines, les récoltes, les
troupeaux, tout venoit fe rendre dans le gofier

altéré des fantômes, qui cependant prenoient un visage plein, des joues fraîches & vivement colorées, une taille courte & replette ; & tandis que je les considérois, leur embonpoint devenoit à chaque instant plus excessif : enfin, ils parurent tous à mes yeux avec d'amples perruques, des béquilles d'or, des habits fourrés & brodés, & couverts de bijoux. La plupart étoient dans de grands fauteuils, & sembloient avoir la goutte. Je demandai à quelqu'un ce que c'étoit que ces hommes, & si ce n'étoit pas les mêmes que j'avois vu sortir de terre un moment auparavant : on me répondit qu'ils se nommoient surintendans, contrôleurs, receveurs des finances, intendans de provinces. Je considérois avec surprise le changement que je venois de voir arriver dans leur figure ; cependant ils suçoient toujours d'un air aussi affamé qu'au commencement : leur embonpoint étoit prodigieux. Enfin, ils prirent presque tous indigestion affreuse, & je les vis avec horreur vomir les alimens dont ils s'étoient remplis.

QUATORZIÈME SONGE.

SOUVENT dans le monde, j'ai plaint ces femmes livrées à la mollesse, qui font dépendre leur bonheur d'une infinité d'objets minutieux, & qui s'affligent amèrement de leur perte. Je jugeois qu'elles ne pouvoient jamais être contentes, ou que leur contentement étoit aussi rapide que l'éclair. Ces idées, quoique fort anciennes, me sont revenues dans un songe, & ont été cause d'un autre assez singulier. J'ai vu à découvert le cœur de l'une de ces femmes : il étoit lié à différens endroits par une multitude innombrable de filets, qui par l'autre bout tenoient à tout ce qu'elle aimoit. L'objet dont le fil étoit le plus tendu, étoit un petit perroquet de la plus rare espèce. Toutes les fois qu'il paroissoit un peu triste, le cœur de cette femme étoit ébranlé. D'autres chaînes fort tendues, & qui lioient des parties du cœur très-sensibles, étoient celles d'une garniture de cheminée en porcelaine, d'un lustre de la même matière, d'un secrétaire, d'une voiture élégante, d'un petit sapajou jonquille, d'une aigrette de pierreries. Des parures, des bijoux, des mules qui faisoient sentir l'élégance

& la petitesse du pied, tenoient aussi très-fortement au cœur par des fils, dont le moindre ébranlement étoit douloureux. Des filets plus minces que les autres, & fort lâches, aboutissoient à son mari & à ses enfans; & par une singularité inconcevable, plus le mari s'éloignoit, plus le fil se détendoit, & ne devenoit gênant pour le cœur que quand l'objet se rapprochoit.

Cependant le sapajou perdit un œil en se battant contre un chat. Cet accident ébranla rudement la chaîne. Le cœur de la dame saigna, & ses yeux répandirent des larmes. Bientôt après, cette affliction fut suivie d'une autre non moins amère : un grouppe de la garniture de la cheminée tomba, & fut cruellement mutilé par cette chûte. Le cœur alors respiroit à peine; mais le perroquet ayant malheureusement avalé une perfide dragée, sa chaîne emporta une partie du cœur en s'en séparant, & la dame s'évanouit tout-à-fait : revenue à elle-même, elle continua de recevoir d'autres blessures. Toujours quelques filets tiroient fortement son cœur; plusieurs s'en détachoient en le déchirant. Je la plaignois de s'être rendue victime de tant de besoins; je commençois à faire des réflexions philosophiques sur le malheur qu'on a de se trop attacher aux vains objets

jets qu'on possède, lorsque j'apperçus à côté d'elle une jeune villageoise. Elle avoit l'air vif & gai : je ne voyois point sur son visage l'inquiétude & le regret qui défiguroient celui de la dame. Son cœur n'avoit que cinq cordons, & je remarquai avec satisfaction que le principal enchaînoit le cœur de son mari. C'étoit un jeune paysan vigoureux & de bonne mine, qui paroissoit fort content de sa femme. Un second cordon serroit étroitement un joli petit enfant ; un troisième aboutissoit à un volailler bien garni de poules. Les autres moins gros, s'attachoient l'un à deux bœufs, & le dernier à un troupeau de chèvres ; je ne les vis point ébranlés pendant tout le tems que je les regardois. Je jugeai que la paysanne étoit plus heureuse que la dame. Son cœur étoit en paix, les objets de son affection étoient légitimes, le cie veilloit à leur conservation.

QUINZIÈME SONGE.
Tableau de la vie humaine.

J'ai ouï dire cent fois que les songes n'étoient que des jeux bisarres de l'imagination, & un extravagant amas de pensées & d'objets sans liaison. Je l'ai moi-même en effet éprouvé bien souvent depuis que je suis devenu rêveur par état, & mon lecteur n'aura pas manqué de s'en appercevoir. Cependant il y a des exceptions à la règle : en voici un, par exemple, qui porte un caractère de vérité si frappant, qu'il m'a surpris, quand j'ai voulu me le rappeller pour l'écrire ; & lorsque je l'ai relu, j'avois peine à croire que je l'eus fait en dormant. En voici naïvement le récit.

De la fenêtre de ma cellule où j'étois appuyé, je croyois voir le plus beau paysage du monde ; c'étoit au soleil levant ; l'air étoit calme & serein. Le principal objet qui frappoit ma vue étoit une montagne, au sommet de laquelle étoit un temple en rotonde, tout d'albâtre, de la plus grande blancheur. Le comble étoit couvert de lames d'or, & ce métal brilloit sur les corniches, les frises, & sur tous les ornemens.

Ce bel édifice étoit environné d'une lumière éblouissante : au pied de la montagne, je voyoi une vaste plaine, qu'il falloit traverser pour arriver au temple. La partie de cette plaine qui étoit à ma gauche me paroissoit un lieu de délices. Des prés émaillés de fleurs étoient coupés par des lignes de peupliers & de saules. Des ruisseaux y promenoient lentement une onde argentine, qui se changeant tantôt en nappes d'eau bordées de mousse & de violettes, présentoient des bains tièdes & parfumés ; tantôt tombant avec bruit du haut des élévations, formoient des cascades & mille effets charmans ; le gasouillement des oiseaux, un air frais & embaumé, tout attiroit dans ce vallon, tout y respiroit le plaisir. Mais en le parcourant, on s'éloignoit beaucoup du temple, & on aboutissoit enfin à un marais affreux, dont l'eau noire & croupissante exhaloit une odeur infecte. Au lieu de roseaux, il étoit couvert de feuilles mortes que les vents y apportoient : des herbes empoisonnées croissoient sur ses bords, & une vapeur noire & épaisse s'élevoit continuellement sur sa surface. Je détournai les yeux d'un objet si triste, pour examiner le reste de la plaine qui étoit à ma droite. Il étoit coupé en quatre parties par des lignes parallèles au plan de la montagne. De ces quatre parties, la plus proche de moi étoit la plus agréable. C'étoit une prairie couverte d'herbe naissante & d'arbres fleuris : la seconde zône étoit un fleuve rapide, qui alloit se jetter avec fracas dans le marais. Il avoit plusieurs îles délicieuses du côté de son embouchure, & ces îles cachoient le danger de s'abandonner au courant. Au-delà du fleuve, & à la troisième division étoit un beau pays semblable à un verger. Il étoit planté d'arbres chargés de fruits, & de grands chênes qui portoient leurs têtes aux nues. Enfin un quatrième canton tout différent faisoit partie de la montagne. Une automne continuelle y régnoit, & les arbres jettoient des feuilles en partie ; j'y voyois même de la neige & des glaçons. Pour arriver au temple, il falloit traverser chaque zône. Le chemin de la première la plus éloignée du temple étoit large & beau, mais il aboutissoit au fleuve, dont le passage étoit extrêmement dangereux. Il y avoit, à la vérité, des canots & des rames sur les bords pour aider les voyageurs ; mais le courant étoit si rapide, qu'on avoit peine à le traverser en droite ligne. Le chemin depuis l'autre bord du fleuve par la troisième division étoit moins difficile ; mais aride & raboteux. Enfin le chemin frayé à travers la quatrième zône étoit le plus aisé,

& arrivoit au sommet de la montagne par une pente douce.

Tout ce pays étoit peuplé d'une multitude innombrable de personnes de tout âge, de tout sexe & de tout état. Je les vis tous partir de la première ligne & diriger leur marche du côté de la montagne. Ils suivirent d'abord le chemin qui y conduisoit directement; mais à peine étoient-ils arrivés au fleuve, qu'enchantés par la beauté trompeuse du vallon qui se présentoit à gauche, ils oublioient le but où ils tendoient. La plupart, sans daigner même s'embarquer sur les canots qui bordoient le rivage, se jettoient à la nage dans le fleuve, & étoient emportés par sa rapidité dans le gouffre où il déchargeoit ses eaux. Grand nombre de ceux qui abordoient sur la côte enchantée, se laissoient aller à un penchant naturel qui les conduisoit sur les bords du marais. Quelques-uns cependant, effrayés du péril où ils s'étoient mis, venoient rejoindre le chemin de la montagne. Mais les sentiers qu'ils étoient obligés de prendre, étoient très-difficiles & remplis d'obstacles. Ceux qui traversoient le fleuve dans les canots étoient les plus sages; cependant je remarquai que très-peu traversoient en ligne droite. Presque tous cédoient peu ou beaucoup au courant. Ainsi je voyois qu'une grande partie de la multitude périssoit dans ce dangereux passage. Dans la troisième zone la perte étoit moindre. Néanmoins plusieurs de ceux qui avoient traversé courageusement le fleuve, se laissoient séduire par le brillant spectacle de la vallée ; quelques-uns revenoient, mais un grand nombre perdoit courage par la difficulté des chemins. Enfin, dans la dernière division même, quelques-uns dégoûtés de la longueur du voyage se jettoient sur la gauche, mais ils étoient en petit nombre ; & en général tous ceux qui avoient traversé le fleuve & la troisième zone, arrivoient au temple.

Tout-à-coup je m'expliquai à moi-même cette allégorie : j'y vis une peinture fidelle de la vie humaine ; mais considérant combien étoit grand le nombre de ceux qui périssoient, & combien peu échappoient aux périls du voyage, je m'affligeois amèrement, & m'abandonnant à un excès de tristesse & à mon jugement aveugle : tant d'hommes ont ils donc été faits pour périr, me disois-je à moi-même ? Le père de la nature ne leur donna-t-il l'existence que pour les rendre malheureux ? Pour un qui parvient au but, combien y en a-t-il qui se perdent ? Combien qui cèdent aux obstacles qui s'opposent à leur bonheur, & vont se précipiter dans le gouffre ?

Tandis que j'étois abîmé dans ces noires penfées, le spectacle le plus éblouissant frappa tout-à-coup mes yeux. Un rayon du soleil descendoit depuis l'orbe de cet astre jusques à mes pieds. Il étoit accompagné de chaque côté de nuages où se peignoient les plus vives couleurs de l'iris. Un ange glissant avec rapidité sur la surface platte que présentoit le rayon, venoit vers moi. Je me prosternai, me cachant le visage avec les mains. A peine eus-je été un moment dans cette posture, qu'une voix douce & majestueuse m'appella. Je levai la tête, & je ne vis plus qu'un beau jeune homme. Ses cheveux blonds étoient noués avec grace sur sa tête; un bandeau couleur d'azur lui ceignoit le front; sa robe d'une blancheur éblouissante se retroussoit avec une ceinture d'or. Il me parla d'un ton grave & imposant, mais plein de douceur; l'ancien des tems, me dit-il, celui qui mesura l'océan dans le creux de sa main, daigne m'envoyer vers toi pour dissiper les doutes où t'entraîne ton aveugle imagination. Admire sa bonté. Il créa l'homme pour être heureux, mais il veut qu'il tende au bonheur librement, & par l'usage de sa volonté. C'est la prérogative qui le distingue de la brute. Chaque homme sent en lui-même qu'il est libre, & c'est de ce sentiment intime que naît en lui ce doux contentement qu'il goûte en faisant le bien, ou ce cri perçant qui l'effraie & le déchire quand il viole les loix de la nature & du créateur.

Si l'homme n'étoit pas libre, son cœur n'éprouveroit ni plaisir ni remords ; il seroit maîtrisé par un instinct aveugle, & perdroit les restes de cette ressemblance auguste qu'il a avec la Divinité, & qui fait sa gloire.

C'est sur la liberté de l'homme que sont fondées toutes les loix divines & humaines. Le Très-Haut auroit-il ordonné la vertu à sa créature ? Les hommes imitant l'Être suprême, auroient-ils établi des règles pour le bon ordre, si la vertu eût été impraticable, & les passions invincibles ?

Apprends que l'Eternel couvre de son aîle quiconque a recours à lui. Son bras écarte le vice & mène à la vertu. Ceux que tu voyois périr étoient des orgueilleux qui le méprisoient & rejettoient son secours. Sa bonté serviroit d'appui à la témérité, si elle n'abandonnoit les présomptueux. Cesse donc de murmurer, foible mortel, & adore la justice aussi-bien que la bonté du Tout-Puissant. Il permet que le vice ait des attraits pour faire briller la vertu ; mais il donne à ceux qui les lui demandent avec sincérité les armes pour les vaincre.

A peine l'envoyé céleste eut-il fini ces mots, que sa taille devint plus qu'humaine : sa robe tomba majestueusement sur ses pieds; six ailes plus blanches que la neige, & dont les extrêmités étoient dorés, couvrirent une partie de son corps. Alors je le vis quitter sa substance matérielle qu'il avoit prise pour ne pas m'effrayer; son corps se colora comme l'arc-enciel, des plus vives couleurs, & s'élevant perpendiculairement dans les airs, il disparut à mes yeux.

SEIZIÈME SONGE.

Le cercle & la toilette.

JE crus, en rêvant, me trouver dans une assemblée du beau monde. Comme j'étois timide, je me plaçai dans un coin où, sans être à charge à personne, je pouvois observer ce qui se passoit & faire des réflexions. Outre plusieurs tables où l'on jouoit, il y avoit un cercle de femmes, & de deux ou trois hommes qui écoutoient avec intérêt & gaieté un abbé qui faisoit le plaisant, & qui débitoit avec satisfaction beaucoup de platitudes, au moins c'est ainsi que j'en jugeai. Mais tout-à-coup je vis tomber son caquet à l'arrivée d'un jeune magistrat qui s'empara de l'auditoire, & se mit à parler plus haut, & d'un ton plus suffisant que l'abbé ; celui-ci, placé derrière les dames, se rongeoit les ongles, pendant que son compétiteur triomphant prévenoit par des éclats de rire l'applaudissement du cercle. Mais à son tour il fut bientôt supplanté par un troisième plaisant qui parut. Le président alla tenir compagnie à l'abbé, & ils ne dirent plus mot ni l'un ni l'autre.

Une des choses qui m'avoit le plus frappé dans le général de l'assemblée, étoit le teint extraordinairement animé des dames. J'en demandai la cause à quelqu'un que je crus connoître : il me tira un peu à l'écart, & me dit que ce teint étoit factice & que c'étoit une parure nécessaire aux dames, pour les distinguer des demoiselles, qui ne s'en servoient pas pendant qu'elles espéroient de se marier. Il ajouta qu'à un certain âge, les femmes cessoient de se parer de la sorte, parce qu'alors elles devenoient dévotes ; mais que cet âge n'étoit pas fixé, & qu'il en connoissoit de soixante ans qui semoient encore du rouge dans leurs rides. Il me dit aussi que les dames à rouge étoient divisées en deux classes : les malades & les mécontentes.

Après cette instruction, je crus voir disparoître toute l'assemblée, & m'étant réveillé comme les autres, je me trouvai à la toilette du foir de l'une de ces dames. Je lui vis d'abord cracher fur une table deux boules d'ivoire affez groffes; ce qui fut caufe que fes joues devinrent prodigieufement creufes. Ce beau rouge qui m'avoit tant furpris, refta fur deux flocons de coton dont elle frotta fon vifage maigre. Un moment après, je vis tomber deux petites bandes de peau de taupes qui lui fervoient de fourcils; fon teint paroiffoit encore affez blanc; mais cette beauté ne tarda pas à difparoître, parce que la dame fe ratiffa le vifage avec un petit couteau d'ivoire, qui fit tomber par écailles une efpèce de replatriffage qui couvroit fa peau ridée. J'avoue qu'elle commençoit à me faire peur. Mais la deftruction n'étoit pas encore finie. Elle tira d'un coin de fa bouche un fil d'archal, & à l'inftant je vis pleuvoir toutes fes dents fur la table. Ses cheveux étoient auffi poftiches; une femme-de-chambre les prenant par le haut avec la coëffure, porta le tout fur une tête de bois. Je ne pus me défendre alors d'être un peu effrayé; un teint jaune, une peau flétrie & defféchée, une bouche édentée, des lèvres bleues & livides, une tête chauve femée feulement de quelques poils gris; il n'en falloit pas tant pour déconcerter un homme qui n'a jamais rien vu. Je voulois fuir & je ne le pouvois; il fallut refter pour voir changer une troifième fois de figure à ce fantôme. On apporta un vase plein de graisse, & après y avoir trempé des bandelettes, on l'empaquetta comme une momie; elle disparut, & je ne vis plus qu'un squelette hideux. Sa table & sa toilette me parurent un sépulcre plein d'ossemens; son cabinet, un souterrein d'où sortoient des voix gémissantes. Je poussai un cri d'effroi, & m'éveillai couvert d'une sueur froide.

DIX-SEPTIÈME SONGE.

Je m'amusai pendant le jour à me rappeller le songe précédent, ce qui fut cause que j'en eus un autre du même genre la nuit suivante. Je n'étois plus timide, je me sentois libre & gai; il me sembla que dans un bel appartement j'avançois un fauteuil à une femme qui étoit debout, & qui me paroissoit fort incommodée ou fort mal contente, à en juger par son rouge; car je songeois que le rouge étoit un remède, & non pas une parure; & que plus les femmes étoient malades, plus elles en mettoient sur leurs joues. Je dis donc à celle-ci que je prenois beaucoup de part à ses maux; que j'avois éprouvé moi-même un état semblable, & que je favois bien ce que l'on fouffroit. Elle m'interrompit par un éclat de rire qui me déconcerta; je voulus lui parler fur un autre ton; mais, tout-à-coup, je fus tranfporté dans une autre maifon dont la maîtreffe n'avoit que des couleurs naturelles; je connus par-là qu'elle étoit dans l'âge de dévotion, ce fut, fans doute, en conféquence de ce qu'on m'avoit dit dans l'autre fonge, car cela n'eft pas impoffible. Je ne dis rien à cela; mais une autre femme encore jeune me parut mériter un compliment de condoléance, parce que le rouge étoit un remède dans mon imagination. Je commençois à ouvrir la bouche lorfqu'un petit enfant qu'elle tenoit fur fes genoux me tendit les bras pour me careffer; j'ai toujours aimé les enfans; je le pris par la main que je baifai; je l'amufai par de petits contes, & enfuite je le rendis à la dame en lui difant: on voit bien, madame, que vous en êtes la mère, il vous reffemble parfaitement, une autre que vous ne l'auroit pas fait fi aimable: à ces mots toute la compagnie rougit & baiffa les yeux. Je me hâtai de fortir, & comme j'étois déja dans l'antichambre, quelqu'un m'appella & me dit que j'avois fait un affront à cette dame; qu'elle n'étoit pas mariée & que c'étoit une chanoineffe. Ce difcours me troubla & m'éveilla.

DIX-HUITIÈME SONGE.

Le J....

J'ÉROIS devenu J****, & d'abord pour faire valoir cette savante qualité, je commençai à dire du mal du pape, des cardinaux, des évêques, &c. je trouvois ce changement bien singulier, parce que j'ai toujours eu horreur de la médisance ; mais je ne sais quoi, me disoit au fond du cœur, que je ne faisois point de mal, & qu'au contraire j'avois la grace efficace pour suivre ma vocation. Je pensois aussi qu'un jeune homme, quelque doux qu'il soit, apprend tout-à-coup à jurer avec énergie, s'il devient soldat, voiturier ou homme de rivière ; ainsi je me rassurai.

Ma charité & mon zèle ardent ne tardèrent pas à me donner la réputation de casuiste éclairé. Mes décisions étoient des oracles ; j'étois consulté nuit & jour. Une dame entr'autres vint pour m'ouvrir sa conscience, non pas en confession, je ne m'en suis jamais mêlé dans mes songes ; mais en conversation comme cela se pratique, quand on veut avoir l'avis d'un docteur pour contre-balancer celui du confesseur. Elle avoit beaucoup de peine à s'expliquer ;

mais comme les J**** ont une grande pénétration & connoiſſent bien le cœur humain, je vis clairement qu'il s'agiſſoit d'un péché de la langue, & je lui dis que, ſans doute, elle avoit parlé mal de quelqu'un. Oui, monſieur, me dit-elle en ſoupirant, & ce qui me fâche, c'eſt que mon confeſſeur prétend que je ſuis obligée à de grandes réparations. Je lui demandai, de quelles perſonnes elle avoit médit? Hélas! me répondit-elle, c'eſt d'abord de mon mari, enſuite de quelques prêtres, des évêques, de N. S. P. le pape. En attendant cette déclaration, j'oubliai que j'étois J***; je lui dis que ſon confeſſeur avoit raiſon; que rien ne pouvoit la diſpenſer des réparations qu'il exigeoit, que les médiſans étoient de véritables voleurs du bien d'autrui, & du bien le plus précieux, que par conſéquent ils étoient obligés, auſſi rigoureuſement au moins que les autres voleurs, à réparer le tort qu'ils avoient fait au prochain; qu'outre cela, il y avoit dans ſon crime des circonſtances aggravantes; que la qualité des perſonnes dont elle avoit mal parlé augmentoit beaucoup la malice de la médiſance. Elle fondoit en larmes pendant que je lui parlois de la ſorte; je ne ſavois que lui dire pour la conſoler. J'avois envie de pleurer auſſi, car j'ai le cœur tendre; elle ſortit de mon cabinet en murmurant le mot de J***; ce mot me remit dans le chemin. Ah! madame, m'écriai-je, je vous demande mille pardons, j'étois distrait quand j'ai décidé votre cas. J'ai oublié de vous demander si votre mari, les prêtres & les évêques dont il s'agit sont J***? Non, me dit-elle, ils sont tous constitutionnaires. Si cela est, madame, lui dis-je, il faut vous consoler, le cas est différent. Car non-seulement vous n'avez point fait de mal, mais vous avez pratiqué une œuvre de justice. En effet, c'est un principe reçu, que tous les constitutionnaires sont de petites cervelles, des gens qui n'ont pas le bon sens, de véritables imbécilles; par conséquent vous sentez bien qu'on peut dire de ces gens-là tout ce qu'on veut en sûreté de conscience. D'ailleurs tous les appellans, jusques aux femmes, sont de grands hommes; & je vous demande si les grands hommes peuvent pécher en disant du mal des imbécilles & des faux dévots? J'allois lui donner encore d'autres preuves pour appuyer ma décision, lorsqu'on m'apporta une lettre que j'ouvris promptement.

Une religieuse malade me consultoit pour savoir si elle feroit bien d'obtenir la permission de se faire porter sur le tombeau de S. P**. La question m'embarrassa; je rêvai long-tems, & enfin il me semble que je répondis à-peu-près ainsi :

ainsi : ce grand homme n'a jamais prétendu être saint ; s'il l'a été malgré lui, je ne pense pas qu'il puisse malgré lui faire des miracles ; ainsi la religieuse qui consulte doit admirer le grand diacre & non pas l'invoquer. A peine avois-je fini cette réponse, que je reçus une autre lettre ; mais c'étoit une lettre de cachet, par laquelle j'étois condamné à l'exil. Je fus ravi de me voir traité comme les grands hommes ; on ne pourroit concevoir quel contentement j'avois de moi-même, & je compris mieux que jamais combien mon esprit étoit élevé. J'obtins quelques jours pour me préparer au voyage, pendant lesquels je reçus la visite de plusieurs femmes dévotes de grande qualité, qui se cotisèrent pour me procurer une abondante subsistance dans mon exil. Je partis pour Bruxelles, accompagné seulement de deux domestiques qui m'annoncèrent sur la route comme un martyr, ce qui m'obligea de mener une vie pénitente. Arrivé à Bruxelles, je me mis à mon aise avec d'autres J*** que j'y trouvai. Je ne saurois exprimer le plaisir que j'y goûtai ; je soupirois cependant quelquefois, c'étoit en pensant à Port-Royal ; le souvenir de cette précieuse solitude m'arrachoit des larmes. Dans ces momens d'affliction, je demandois au ciel la convocation du futur concile ; & je crus enfin qu'il étoit assemblé, & qu'on m'y faisoit prendre séance. Mais je reconnus bientôt que j'étois dans une assemblée de jeunes filles qui, avec une vieille coquette, traitoient la matière des modes. Elles étoient toutes si attentives & si animées, qu'elles ne prirent pas garde à moi. J'écoutai leur discussion le mieux qu'il me fut possible, mais il m'en est resté peu de chose dans la mémoire, parce que souvent elles parloient toutes à la fois, & que les termes dont elles se servoient étoient pour moi détachés de toute idée. Je compris cependant, à force de réflexions, qu'il y avoit trois questions agitées. La première, si une certaine chose qu'elles appelloient un *toquet*, n'étoit pas la véritable coëffure d'une demoiselle; la seconde, s'il ne seroit pas tems d'achever de découvrir entièrement tout le bras; & la troisième, s'il n'y auroit pas plus d'agrémens de montrer en riant les dents d'en bas que celles d'en haut. La séance dura deux heures sans qu'on pût rien conclure.

DIX-NEUVIÈME SONGE.

Le trésor.

Lorsque je voulus quitter le monde, & m'ensevelir dans la solitude, mes parens s'opposèrent long-tems à ce dessein. Mais depuis que j'y suis, ils m'ont entièrement oublié. Cette indifférence m'a souvent affligé; & un jour que j'en ressentois plus de chagrin qu'à l'ordinaire, m'étant endormi, je crus en songe que j'avois trouvé un trésor en bêchant mon jardin. Cette découverte ne me flatta pas autant qu'on pourroit le croire. Je n'avois plus d'ambition & je chérissois mon hermitage qui remplissoit mes desirs; de quel prix peut être un trésor avec de pareilles dispositions? Je le pris cependant, & j'en remplis des vases de bois que j'avois faits depuis peu. Mais, continuant à rêver, je vis arriver chez moi deux de mes neveux qui avoient appris, je ne sais comment, ma bonne fortune. Ils me firent les caresses les plus empressées; pour me plaire, ils trouvèrent d'abord ma cellule agréable & mon jardin charmant; puis ils me représentèrent que je ne devois pas cependant me fixer irrévocablement dans un désert; que je me devois à ma famille & à la société, qu'enfin je leur ferois tort en les privant du plaisir de soigner ma vieillesse. Je me laissai gagner à leurs instances; je fis mes adieux à ma cellule, à ma fontaine & à mon jardin; je me mis dans une voiture que mes neveux avoient amenée pour mon trésor & pour moi, & ils me conduisirent dans la ville où ils étoient établis. Je fus reçu dans ma famille avec des démonstrations de joie qui me pénétroient. J'étois enchanté des soins & des attentions qu'on avoit pour moi. Cependant, je m'apperçus bientôt qu'on me gardoit à vue, & qu'on écartoit de moi les amis avec lesquels j'aurois voulu vivre familièrement. J'appris aussi qu'on ne parloit avec amitié de moi qu'en ma présence. Tout cela me fit comprendre, quoiqu'en songe, que l'empressement de mes parens se rapportoit plutôt à mon trésor qu'à moi-même. Pour en être plus assuré, je me mis au lit, & je payai un domestique pour répandre la nouvelle de ma mort dans la maison. Dès qu'il l'eut annoncée, je vis accourir dans ma chambre mes neveux qui, sans penser à moi, se jettèrent précipitamment sur mon coffre. Après l'avoir mis en pièce, ils commencèrent à se battre, chacun voulant tout avoir. Mais dans le moment que le combat étoit le plus animé, je me levai avec indignation, & ils prirent tous la fuite. Alors j'assemblai quelques vieux amis que j'avois dans la ville, je leur distribuai mon trésor; & ayant repris ma besace & mon bâton, je vins me confiner pour jamais dans mon hermitage.

VINGTIÈME SONGE.

La médisance.

Je voyois en songe une petite société, composée de trois ou quatre femmes dans l'âge de dévotion, & par conséquent sans rouge, & d'une jeune fille à marier. Ces femmes donnoient à la jeune, toutes à la fois, des avis sur sa frisure, ses nœuds & le reste de sa parure. L'une vouloit que la coëffure se jettât plus en arrière; l'autre lui apprenoit à faire des gestes expressifs avec l'éventail; la troisième à baisser la voix, à sourire d'une façon agréable, & mille autres minauderies. Elles la reprenoient avec dureté lorsqu'elle ne réussissoit pas au premier essai. Pour moi, je la trouvai fort bien sans toutes ces instructions; elle m'intéressoit par son air de décence & de candeur. Je voyois que c'étoit malgré elle qu'elle prenoit les leçons de ces matrones, & que cette complaisance lui coûtoit beaucoup: elle en avoit les larmes aux yeux; mais dès que les vieilles s'appercevoient de son ennui, elles l'accabloient d'un babil insupportable. Il falloit que des grimaces ridicules tinssent la place de sa naïveté naturelle. Enfin, après l'avoir presque réduite au désespoir & avoir épuisé leur savoir & leurs maximes sur l'art de la toilette & des contenances, elles changèrent le sujet de leur conversation. On parla de la médisance. Les douairières se recrièrent sur l'aigreur, les divisions & les haines que ce vice répandoit dans la société, & sur l'atrocité qu'il y avoit à noircir la réputation du prochain. Elles firent sur cette matière les plus belles réflexions. Voyez, dit l'une, madame telle, qui médit à tort & à travers de tout le monde, comme on lui jette la pierre. Vraiment, reprit une autre, je la trouve admirable, de gloser sur les autres; Dieu merci, on sait un peu des siennes. Pour parler comme elle fait, il faudroit que sa conduite fût meilleure ou moins connue. Comment ose-t-elle faire certaines histoires devant des personnes qui savent la part qu'elle y a prise? Ma foi, ajouta la première qui avoit parlé, c'est une vestale qui n'est guère propre à garder le feu sacré. On dit qu'elle est dans la dévotion depuis quelques jours: si ce n'est pas une grimace, elle fait très-bien; car après la vie qu'elle a menée, on ne sauroit trop faire pénitence. Et notre voisine, dit une autre vieille, qu'en dites-vous? A-t-on jamais vu un esprit si gauche, si tortu? Elle voudroit encore faire la jeune, comme si nous ne savions pas son âge & sa vie. Et sa bonne amie? C'est une femme d'une méchanceté horrible. L'autre jour elle déchira devant moi cinq ou six personnes de ma connoissance, avec une dextérité sans égale ; il faut se défier de ce petit monstre ; quel crime que la médisance ! Mais, reprit-elle, connoissez-vous une personne plus médisante que ma cousine ? Pour moi, je n'en connois point. Elle vient ici quelquefois, vous en pouvez juger. Comme elle a l'esprit faux ! Et sa mine, n'est-elle pas agréable ? N'est-elle pas bien parée avec ses dents, qu'elle quitte tous les soirs, de peur de les user en dormant ? Elles continuèrent à déchirer cette absente, qui entra au moment que l'on débitoit le plus de noirceurs sur son compte. Dès qu'elle parut, les vieilles se levèrent avec empressement, & l'embrassèrent. Que vous êtes charmante, s'écrièrent-elles, de ne pas nous oublier tout-à-fait ! Nous parlions précisément de vous ; & nous en disions bien du mal, comme vous le devez penser.

VINGT-UNIÈME SONGE.

L'amateur.

JE me trouvai, dans ce songe, chez un connoisseur juré dans toutes les productions des beaux arts. C'étoit un homme d'une naissance distinguée, & dans une place qui le mettoit en état de rendre service aux artistes ; c'est pourquoi j'en vis une foule autour de lui qui venoient le consulter, & lui demander son approbation pour leurs ouvrages. Il les jugeoit d'un ton tranchant, s'excusant, lorsqu'il n'approuvoit pas, sur la loi qu'il s'étoit faite de ne pas laisser écarter les artistes des voies du vrai goût par une molle condescendance. Il ne parloit que par décisions. Tous ceux qui lui applaudissoient se regardoient les uns les autres en riant, & levoient les épaules. En effet, les sentences qu'il prononçoit avec tant d'assurance me paroissoient absurdes. Cependant grand nombre d'auteurs s'empressoient d'avoir son avis : l'un lisoit avec enthousiasme une ode fraîchement rimée ; un autre lui faisoit examiner une planche à moitié gravée, feignant d'avoir quelque embarras pour la perfectionner. Un musicien lui demandoit son sentiment sur une pièce de sa façon qu'il alloit donner au public. Le connoisseur, d'un air froid, leur répondoit à tous décisivement & en deux mots. Chaque artiste, après avoir donné de grandes louanges à son goût, se retira, & je restai seul avec l'amateur.

Il me sembla que j'avois plus de connoissances que lui. Il me montra avec emphase de fort mauvais vers qu'il avoit faits; de la musique détestable qu'il exécutoit sur un violon perfide, qui m'occasionnoit des frissons & des grimaces, qu'il ne m'étoit pas possible de déguiser. Par bonheur il prenoit tout cela pour des marques d'applaudissement; & me regardant avec satisfaction: avouez, disoit-il précipitamment, que ce passage-là est joli, & il continuoit à me déchirer les oreilles. Enfin il me fit grace du violon, pour me faire admirer un mauvais paysage en lavis, qu'il copioit, disoit-il, cent fois mieux que n'étoit l'original. Son appartement étoit un cahos. L'on y voyoit entassés sur le parquet, des livres, des manuscrits, des modèles de machines, des estampes, des bronzes antiques, des plans & des instrumens de musique, des médailles, des plantes marines, des pièces de cryftaux. Il avoit des échantillons de tous les arts; à peine pouvoit-on marcher dans son cabinet. Je vis sur un fauteuil un morceau de vieille mosaïque, des coquilles, un porte-feuille, & d'un autre côté un tableau sur le chevalet. Tout étoit couvert de poussière & de toiles d'araignées; ce qui me parut assez naturel, parce que je comprenois qu'aucune main n'eût osé toucher à ce savant désordre. Le maître lui-même étoit dans un déshabillé fort extraordinaire; il me faisoit remarquer avec plaisir l'air négligé de sa personne & de son cabinet. C'est ainsi, disoit-il, qu'on est obligé d'être quand on dirige le goût de toute une capitale, & que d'ailleurs on travaille soi-même. Il me fit ensuite remarquer le choix de sa bibliothèque. Mais je n'y vis que des dictionnaires & des livres élémentaires, dans lesquels cet homme, qui avoit la fureur de se croire savant, n'avoit puisé que des demi-connoissances, plus pernicieuses que l'ignorance. Il me montra encore un ouvrage qu'il composoit sur l'agriculture; mais le réveil m'empêcha de le lire, & j'en fus bien-aise; car je soupçonnois que, comme tant d'autres, il n'avoit jamais vu cultiver un seul arpent.

VINGT-DEUXIÈME SONGE.

Le véritable ami.

J'ALLAI frapper à la porte d'un ancien ami. Dès qu'il me vit, il se livra à ces délicieux transports d'amitié, qu'on ne peut que sentir, & qu'on affoibliroit par les expressions les plus vives & les plus énergiques. Quand les premiers momens de notre douce agitation furent passés, je lui dis que toutes ses caresses ne me faisoient pas oublier ce que j'étois, & que je le priois de s'en souvenir. Je me souviens que vous êtes mon ami, me dit-il, en me pressant la main sur la poitrine, & mon cœur ne l'oubliera jamais. Mais, repris-je, la fortune m'a tout ravi; je suis réduit à la pauvreté. Vous êtes mon ami, encore une fois, me dit-il, & par conséquent vous ne pouvez être plus pauvre que moi; tout ce que j'ai est à vous, & dès ce moment je vous établis maître de ma maison. Il me logea dans un appartement fort commode, & me donna un domestique qui avoit ordre de me fournir tout ce que je désirois. Il n'est pas possible de goûter sur la terre un bonheur semblable au mien. Ce tendre ami n'avoit rien de caché pour moi, & je pouvois avec assurance lui ouvrir mon cœur. Oh! que de charmes on trouve dans les effusions d'une sincère amitié! Nous nous retirions dans un cabinet charmant, quoiqu'assez petit, & là nous parlions à notre aise, sans autre motif que de nous entendre l'un & l'autre. Il s'étoit associé trois autres amis à-peu-près de son âge. Ils vivoient ensemble dans une douce & honnête liberté. Ils se communiquoient leurs lumières, leurs plaisirs, leurs peines. Tous quatre aimoient la vertu & en faisoient le solide appui de leur attachement réciproque. Ils étoient bienfaisans & avoient banni la médisance de leur société.

Le bonheur d'un songe est de peu de durée. Un triste objet vint troubler mes plaisirs. Je songeai que j'avois été condamné à une prison perpétuelle, & que j'étois venu me cacher auprès de mon ami. Je lui confiai mon malheur, & je le priai de m'aider à obtenir ma grace. Il l'entreprit avec un zèle & une ardeur qu'on ne sauroit concevoir; mais quoiqu'il fût aimé & respecté de plusieurs grands personnages, il ne put rien obtenir par le moyen des protections. Il fallut répandre de grandes sommes dans plusieurs bureaux, & ce ne fut que par la perte de toute sa fortune qu'il vint à bout de faire abolir ma condamnation. Hélas! plût au ciel qu'il ne m'eût pas tant aimé! Il parut peu touché d'avoir sacrifié tout son bien pour moi. Il trouvoit même dans ce sacrifice un plaisir que rien, disoit-il, ne pouvoit égaler. Mais son cœur, trop sensible, ne put tenir contre la lâcheté d'un faux ami. C'étoit un homme qui lui avoit juré mille fois le plus sincère attachement, qui le prioit dans toutes ses lettres de lui donner l'occasion de le lui prouver. Il étoit alors puissant à la cour, il auroit pu aisément obtenir mon pardon par le moyen du ministre; mais ce ministre ne lui plaisoit pas; il ne voulut jamais se résoudre à le prier en ma faveur; & mon ami eut beau l'en conjurer au nom de l'amitié qu'il lui avoit jurée, il eut beau se mettre à ses genoux, rien ne put le toucher: il répondoit qu'il étoit prêt de lui rendre tout autre service; mais que celui-là étoit au-dessus de ses forces. Mon ami fut percé de la plus vive douleur; son généreux courage le soutint cependant jusqu'à ce qu'il eût achevé l'ouvrage de ma délivrance; mais alors, se livrant à toute sa sensibilité, l'amertume rongea son cœur; il mourut quelques jours après, me laissant dans une situation difficile à dépeindre, mais qui m'occasionna des sensations si douloureuses, que je m'éveillai en sursaut en versant un torrent de larmes.

VINGT-TROISIÈME SONGE.

La dispute.

Dans les premiers momens d'un sommeil léger, je crus entendre près de ma tête un bruit sourd qui, n'étant pas assez fort pour m'empêcher de dormir, me fit songer que j'assistois à une dispute. La scène étoit dans une grande salle remplie d'auditeurs de toute sorte. Deux hommes en longs rabats étoient aux prises. Il s'agissoit de ce qu'on nomme dans les écoles le *futur-contingent*. L'un disoit que c'étoit une chose qui devoit arriver, & l'autre soutenoit que c'étoit une chose qui arriveroit. Chacun s'appuyoit de l'autorité de tous les anciens docteurs scholastiques. Tout l'auditoire étoit ému & prenoit part à la chaleur de la dispute. Un des combattans ayant fait un effort pour pousser un cri de victoire à la fin d'un argument, se disloqua la mâchoire, & resta la bouche béante, faisant une fort laide grimace. Alors deux auditeurs se levèrent en même-tems, prétendant avoir l'un & l'autre le droit de remplacer le champion estropié. Ils alléguoient tous les deux en leur faveur le tems qu'ils avoient passé sur les bancs, & les lettres de docteur qu'on leur

avoit données. L'un difoit qu'il avoit été reçu
docteur au mois d'avril, & fon adverfaire au
mois de mai, que par conféquent il devoit avoir
le pas fur lui. L'autre, au contraire, foutenoit
que le mois de mai étoit meilleur pour les favans que celui d'avril, & il le prouvoit par
quantité d'obfervations faites fur diverfes productions de la terre & fur les animaux. En fe
parlant vivement, ces deux hommes s'approchoient peu-à-peu l'un de l'autre, hauffant la
voix, quoiqu'ils euffent dû naturellement la
baiffer. Quand ils furent affez près, ils fe frap-
pèrent fans le vouloir, en faifant des geftes fort
animés. Le premier qui fentit la main de fon
rival, fe croyant outragé, voulut élever fon
bonnet pour prendre les affiftans à témoins de
l'injure qu'il avoit reçue. Mais comme il avoit
la main tremblante, il le laiffa tomber; & s'é-
tant courbé pour le ramaffer, l'adverfaire lui
mit le pied fur la main, & à l'inftant s'élevèrent
des cris confus: toute la falle fut remplie de
tumulte: on fe battit de tous côtés; & m'étant
éveillé, il fe trouva que tous ces docteurs,
qui avoient fait & caufé tant de bruit, n'é-
toient qu'une mouche qui bourdonnoit à mes
oreilles.

VINGT-QUATRIÈME SONGE.

Le café.

JE suis toujours surpris quand je pense combien de fois je me suis vu en songe dans le fracas des villes, moi qui les fuyois par goût quand j'y étois engagé, & qui ne respirois que pour la campagne. Dans ce songe, j'étois au milieu d'une de ces grandes cités où règne un bruit continuel. Il pleuvoit abondamment; & après avoir été éclaboussé par plusieurs voitures, j'eus le malheur d'être renversé dans la boue par un char attelé de six chevaux fougueux, & je suis bien assuré que ce fut la faute des conducteurs insolens, qui, voyant mon air simple & un peu sauvage, se firent un plaisir de me maltraiter. Je me relevai tout froissé; & voyant une de ces maisons publiques qu'on nomme *cafés*, je m'y glissai à la faveur de la foule qui y entroit. Je me mis le dos contre un poêle, pour faire sécher mes habits. Pendant ce tems-là, j'examinois la compagnie; je voyois d'un côté des joueurs passionnés qui se mettoient en fureur quand le sort ne les favorisoit pas; ils se jettoient à la tête les cartes & les flambeaux, fai-

soient

soient mine de vouloir se couper la gorge; &
après s'être dit mutuellement plusieurs sortes
d'injures, reprenoient leur jeu avec un sang
froid admirable. Leur table étoit environnée
de gens qui prenoient parti pour l'un ou l'autre
des joueurs. Près de-là, je remarquai un homme
renversé dans un fauteuil, qui ne fixoit aucun
objet, & qui exprimoit son ennui par de fréquens baillemens; je jugeai que c'étoit un de
ces hommes qu'on voit quelquefois dans le
monde, qui, étant à charge aux autres autant
qu'à eux-mêmes, vont errant d'une promenade
publique à un café, & d'un café à un autre,
sans autre but que d'arriver à la fin de la journée. D'un autre côté, un homme en habit noir
lisoit la gazette d'un air appliqué & fronçant le
sourcil. Un jeune militaire, tenant un avocat
au bouton, lui démontroit avec chaleur qu'il
lui seroit facile, avec six cens hommes, de
battre & mettre en déroute l'armée ennemie,
& de surprendre une telle place. Plusieurs autres, par des raisonnemens politiques, brouil-
loient & raccommodoient à leur gré les cours
de l'Europe en criant à pleine tête. Mais ce qui
fixa le plus mon attention, ce fut une foule de
petits maîtres qui, par leurs extravagances,
s'attiroient l'admiration de tout le café. Ils
entroient en sifflant, sautant, pirouettant, s'em-

braſſoient les uns les autres, ſe donnoient des coups de canne, des coups de poings, chantoient, faiſoient un entre-chat, diſoient toutes les ſottiſes que la langue a pu fournir juſqu'à préſent, ſe montroient des billets de bonne fortune, les liſoient tout haut, puis s'alloient battre après avoir payé quelqu'un pour les venir ſéparer. Sur ceux-là ſe mouloient fort maladroitement pluſieurs jeunes gens à peine ſortis du collège, qui par-là ſe couvroient d'un ridicule inconcevable. Un des principaux acteurs de ce café étoit un groſſier plaiſant qui tiroit de ſon auditoire de grands éclats de rire par des obſcénités aſſaiſonnées, de pointes fades, & des impiétés révoltantes. Mais lorſque j'étois le plus occupé de ces obſervations, je vis tous ces déſœuvrés métamorphoſés en hannetons, qui, ſortant par les portes, les fenêtres & les cheminées, s'alloient rendre en bourdonnant ſur un marronnier.

VINGT-CINQUIÈME SONGE.

JE me crus, dans ce songe, excessivement riche; & pour faire un honorable emploi de mes richesses, j'achetai la noblesse avec une belle terre qui me donnoit le titre de baron. Je fis peindre des armoiries très-illustres sur les portes, les fenêtres, les cheminées de mon château. Je les fis mettre sur les chapeaux de mes domestiques, sur leurs bas, sur les fers de mes chevaux, & sur bien d'autres endroits; mais je les fis graver particulièrement sur les livres d'une bibliothèque fort volumineuse que j'achetai tout exprès. Quand j'eus un train de maison assez passable, je m'empressai d'aller par-tout porter des billets de visite signés du nom de ma baronnie. J'en fis faire de plus beaux pour madame la baronne mon épouse, qui étoit très-bien élevée, & qui m'appelloit toujours monsieur le baron : nous étions bien reçus par-tout, sans qu'on nous disputât notre noblesse, parce qu'on savoit qu'elle m'avoit coûté fort cher. Je donnai de grands repas qui dérangèrent un peu mes affaires; ce qui me fit prendre la résolution d'aller passer quelque tems dans ma seigneurie. J'écrivis à mon châtelain de faire mettre tous mes sujets sous les armes quand j'arriverois, pour faire honneur à madame la baronne : mais je n'avois pas pris la précaution de la consulter sur mon projet; je ne le lui communiquai que la veille du jour fixé pour le départ. Elle se mit dans une violente colère, me demandant si je l'avois épousée pour la traîner à la campagne au milieu des paysans. Elle me disoit qu'elle n'étoit pas faite pour cela; qu'une femme de son rang ne devoit pas aller vivre en esclavage au milieu des champs. Ce discours me surprit si fort, que je tombai à la renverse. Je m'éveillai, & je vis que réellement j'étois tombé de mon lit. Je m'y remis, me sentant tout meurtri; & m'étant rendormi, je songeai que j'étois devenu chirurgien dans un pays étranger. Je fus appellé pour traiter une petite fille qui avoit le nez fort court & le menton trop pointu. Je promis de la guérir. Je la fis passer dans un cabinet où j'étalai des outils magnifiques. Je pris des ciseaux de forme circulaire; & du même coup, sans le vouloir, je lui coupai le menton & le nez. Elle me fit appercevoir de la méprise; &, sans me déconcerter, je lui dis qu'il avoit fallu couper le nez, afin d'avoir une place assez grande pour y adapter le bout du menton : elle goûta cette raison ; je collai la pièce de mon mieux ; & croyant m'en aller, je me remis à songer que j'étois un grand seigneur, mais sans que ma femme revînt en ma pensée.

Mes terres, quoique fort étendues, n'étoient pas proportionnées à mes desirs ; ce qui m'a paru bien étrange à mon réveil, car je n'ai jamais eu d'ambition. Je résolus donc d'augmenter mes possessions ; & pour cela, je crus qu'il falloit devenir commerçant. Mais un de mes amis m'ayant fait observer que le trafic ne convenoit pas à mon rang, me dit qu'il me procureroit un homme de confiance fort habile, qui en peu d'années viendroit à bout de me rendre maître de tous les fonds de mes seigneuries. Il m'envoya en effet cet homme, à qui je demandai comment je devois m'y prendre pour devenir plus riche possesseur. Rien de si simple, me dit-il, laissez, pendant quelques années, arrérager les rentes que vous doivent vos serfs ; prêtez-leur à intérêts dans leur besoin ; & quand les rentes, les arrérages, les sommes prêtées & les intérêts vaudront la moitié du bien de chaque débiteur, vous les citerez en justice. Les frais qui retomberont sur eux augmenteront leurs dettes, ils vous abandonneront leurs fonds, & il arrivera même que plusieurs seront encore vos débiteurs après que vous aurez acquis tout ce qu'ils possédoient. S'il s'en trouve d'assez aisés pour vous payer régulièrement, & que leur bien vous fasse envie, vous pourrez leur faire des procès, soit parce qu'ils vous auront apporté des œufs trop petits, soit parce qu'ils n'auront pas parlé de vous avec assez de respect, ou qu'ils n'auront pas bien regalé vos gens, & mille autres choses pareilles qui se présentent à tout propos.

En finissant son discours, cet homme se mit à bâiller, & tout à coup sa bouche devenue d'une grandeur prodigieuse, me parut être le repaire des plus sales animaux. Il bâilla une seconde fois, & l'ouverture de sa bouche s'augmentant, sa tête disparut par ce vuide & tout le reste de son corps se fondit ainsi à mes yeux.

VINGT-SIXIÈME SONGE.

Le Médecin.

Quoiqu'une vie sobre, telle que celle d'un hermite, soit un moyen efficace pour conserver la santé, il ne m'a pas été possible cependant d'éviter entièrement les maladies dans ma solitude : j'en ai souvent éprouvé de légères, & je les ai presque toujours guéries avec une décoction des feuilles d'un arbuste que j'ai trouvé tout auprès de ma cellule. Le jour que j'en fis la découverte, je me laissai aller à des profondes réflexions sur l'art de la médecine. Je jugeai qu'il étoit impossible que les premiers médecins n'eussent employé une infinité de remèdes nuisibles, avant que d'en trouver qui ne le fussent pas : je m'amusai à faire un calcul avec un poinçon sur une écorce d'arbre. Je mis en proportion le nombre de malades & le nombre de médecins qui se trouvent en un siècle sur une certaine étendue de pays ; & je découvris par cette opération, que chaque médecin, vivant soixante ans, avoit tué six cent trente-six hommes. Je m'endormis, en remerciant Dieu de n'avoir pas vécu dans ces premiers tems, & je devins médecin moi-même dans un songe.

Je composai beaucoup de remèdes adoucissans, parce que j'avois pour principe que toutes les maladies venoient d'échauffement & d'effervescence du sang. Je voulois particulièrement guérir l'inégalité d'humeur qui est dans les hommes. Je fis mes premiers essais en Hollande sur plusieurs femmes qui devinrent folles ; ce qui me surprit étrangement ; car les plantes dont je me servois, contenoient beaucoup de sels sédatifs & anodins. Je ne me décourageois pas cependant, parce que je sus faire entendre aux maris des malades, que leurs femmes avoient depuis long-tems une disposition prochaine à la rage, qui, par le secours de mes remèdes, s'étoit changé en simple folie. Quelques-uns même appuyèrent mon sentiment de très-bonnes raisons, & tous me payèrent très-bien. Mais comme je n'étois encore qu'un médecin de deux jours, je ressentois quelques remords qui me donnoient de l'inquiétude & me rendoient rêveur.

J'allois souvent rendre visite à mes folles, autant pour faire le devoir de ma charge, que pour examiner ce qu'elles disoient ; car il ne faut quelquefois qu'un mot pour faire changer de système aux bons observateurs. Une d'elles parut particulièrement mériter mon attention. Sa folie étoit la propreté, dont elle ne cessoit de parler. Elle avoit toujours à la main une loupe qui lui faisoit paroître un grain de poussière comme une énorme saleté. Il falloit continuellement épousseter ses meubles. Elle changeoit d'habits à tout instant. Son parquet, où je me voyois comme dans une glace, lui sembloit un grenier à foin. Je la plaignois, & je tâchois de la faire changer de manière de penser. Mais j'étois encore plus attentif à tirer de sa folie quelque conséquence utile à la médecine. Je considérai donc que, puisque la poussière paroissoit un corps si considérable à cette femme, ce corps devoit avoir des parties susceptibles d'être grossies ; que ces parties en renfermoient d'autres qui avoient nécessairement quelque vertu. Et considérant d'un autre côté qu'une très-légère dose de certain poison faisoit un grand ravage dans l'estomac & dans toute la machine d'un homme, qui est un corps très-grand, je conclus que l'estomac grossissoit les objets, & que par conséquent la poussière pourroit bien être un spécifique contre toutes les maladies.

C'est un grand avantage pour la société, quand il se trouve des hommes courageux qui mettent en pratique les vérités spéculatives qu'ils ont découvertes par leurs méditations. C'est ce que j'entrepris. Je fis un grand amas de poussière que je ramassai moi-même dans plusieurs maisons pour n'être pas trompé. Je préférai celle qu'on faisoit sortir des meubles de soie, parce que le ver qui donne cette matière renfermant beaucoup de sel volatil, de phlègme & d'huile qu'il communique à son ouvrage, la poussière, qui a longtems séjourné sur la soie, doit s'être impreignée des mêmes substances & des qualités bienfaisantes qu'elles contiennent. Je fis changer de couleur à la poussière & en formai des dragées, non pour lui donner plus d'efficacité ; mais par condescendance pour les malades, qui n'auroient pas voulu s'en servir dans son état naturel, & j'y mêlai une préparation d'antimoine, pour la rendre diaphorétique. J'en fis le premier essai sur la dame folle dont j'ai parlé, & le succès passa mes espérances. Quelques envieux cependant publioient que, malgré mon remède, elle étoit toujours folle ; mais les gens raisonnables me rendoient justice. En effet, elle ne donnoit plus de marque de sa première folie ; & celle dont on continuoit à l'accuser, consistoit en ce qu'elle croyoit avoir les pieds si petits, qu'on ne pouvoit lui persuader de se tenir dessus.

Cependant je ne fais comment il arriva que dans ce moment je fongeai que les dragées étoient devenues un poifon qui faifoit beaucoup de ravage ; & par une contradiction dont on ne voit des exemples que dans les fonges, il me fembloit que j'avois aigri contre moi les autres médecins, qui auroient dû chanter mes louanges, puifque je leur procurois de l'ouvrage & du gain. Dans cette extrêmité, je compofai un livre de lettres que je fuppofai m'avoir été écrites par les malades que mes dragées avoient guéris. Ce livre fit taire les médecins, ou au moins empêcha qu'on ne les crût. J'eus auffi la précaution de faire préfent de plufieurs dragées à des communautés de moines, de religieufes & à des curés de campagne. Ma libéralité & mon livre parlèrent hautement en ma faveur ; & dans peu de tems je reçus autant de lettres véritables, que j'en avois fait de fauffes auparavant. On m'écrivoit de toute part pour m'apprendre les miracles opérés par mes dragées, & je dois avouer que j'y voyois quelque chofe de furnaturel.

Un bourgeois de campagne me difoit dans fa lettre, que fa femme ayant refté douze jours fans aller du ventre, & ayant fait ufage de mon remède, l'effet avoit été fi fubit &

si fort, que le même jour elle étoit morte d'une évacuation extraordinaire. Il ajoutoit que la mort ne venoit point des dragées, mais d'une trop grande abondance de matière; ce qui est très-probable, puisque la malade se seroit très-bien portée, si elle ne se fût déchargée que par mesure ; mais la précipitation gâte bien des choses; & comme l'observe Hypocrate, pour vouloir guérir en un jour, on est souvent malade un mois.

Un religieux qui ne pouvoit s'appliquer à l'étude, sans se sentir accablé de sommeil, fut si parfaitement guéri par l'usage des dragées, que dans sa lettre il m'assuroit qu'il ne dormoit plus ni jour ni nuit ; ce qui est un avantage inestimable pour moi, ajoutoit-il, parce que je pourrai maintenant faire autant d'ouvrage que deux de nos religieux ensemble, & réparer ainsi le tems perdu. Il me consultoit ensuite sur un déchirement d'entrailles qu'il éprouvoit depuis sa guérison. Je lui répondis qu'il avoit le remède entre les mains, qu'il falloit en continuer l'usage; & que si par hasard il augmentoit le mal, il devoit redoubler les doses.

Je fus appellé auprès d'une femme de qualité qui se mouroit, & j'y trouvai six médecins qui délibéroient sur la manière de la faire vivre encore un jour, & qui ne pouvoient s'accorder. Ils me reçurent froidement d'abord, & ne parurent pas faire grand cas de mon savoir, parce que sans doute ma figure ne les prévint pas en ma faveur. L'un d'eux me harangua en me fixant & faisant des gestes analogues à ses périodes. Quand il eut fini, je lui fis mes excuses de ne l'avoir pas entendu, & le priai de répéter ce qu'il avoit dit. Il recommença d'un ton plus haut ; & ayant moi-même écouté plus attentivement, je compris qu'il parloit latin. J'étois fort embarrassé, car j'avois oublié cette langue. Je lui répondis par quelques phrases d'un patois des Alpes, qu'il prit pour une langue orientale, & me jugea sur cela fort savant. Il me demanda ensuite mon avis sur la maladie de la dame, & comme je ne voulois pas décider à la légère, je m'approchai d'elle pour lui tâter le pouls ; & ayant trouvé qu'elle étoit morte, je dis qu'on m'avoit appellé trop tard, & qu'il étoit impossible de la faire vivre seulement dix minutes. Les médecins discutèrent ma réponse pendant un quart-d'heure, au bout duquel ils virent que la malade n'étoit plus ; ce qui leur donna une grande idée de mon habileté ; mais je ne la poussai pas plus loin.

VINGT-SEPTIÈME SONGE.

Le Hollandois.

Tout le monde sait que les hermites doivent mener une vie pénitente, & endurer quelquefois les douleurs de la faim. J'ai suivi cette règle depuis que je suis dans ma solitude; mais ce n'est pas toujours le devoir qui est le motif de ma pénitence. Je jeûne quelquefois par force, & souvent par paresse, aimant mieux sommeiller & rêver sur l'herbe, que d'aller chercher de la nourriture. Aussi je songe souvent à des repas qui ne me laissent à mon réveil qu'un plus grand appétit. Voici un songe de ce genre.

Je crus que j'étois chez un riche commerçant Hollandois, que je me figurai avoir connu autrefois, & qui se piquoit de faire bonne chère. Ma surprise fut extrême, quand à l'heure du repas, étant entré dans la salle à manger, je n'apperçus qu'un poêle très-bien chauffé. J'allai à la cuisine, & n'y trouvai personne. Je revins auprès du maître de la maison, & lui demandai si l'on ne dîneroit pas bientôt? On ne mange plus chez moi, me dit-il; on s'y chauffe. Je crus qu'il plaifantoit ; mais me faifant affeoir à fes côtés : je vous parle férieufement, ajouta-t-il, j'ai renvoyé mon cuifinier & mon maître-d'hôtel, parce que j'ai confidéré que tout ce que l'on mange eft à pure perte, & que bien fouvent même on en eft incommodé. J'ai vu clairement qu'il valoit mieux employer mon argent à ma cheminée qu'à ma table. Un bon feu vaut mieux qu'un grand repas. D'ailleurs, en fe chauffant on peut travailler, on peut jouer & faire mille chofes qui font impoffibles quand on mange. Je ne pouvois goûter fes raifons, parce que j'avois faim : je vous prie, lui dis-je, de me faire apporter quelque chofe, car je fuis prêt à tomber en défaillance. Non, me répondit-il, cela ne fe peut ; perfonne ici n'oferoit manger depuis que j'ai fait ma réforme. Peut-on mieux fe régaler que d'être auprès d'un bon feu ?

Je ne fais quel changement arrivé dans mon eftomac fit changer d'objet à ma rêverie. Je ceffai fans doute de fentir la faim, car je n'y fongeai plus. Mais je crois que j'éprouvai une vive fenfation de froid. Je lui demandai une place près de fon feu ; & croyant m'en approcher, je me fentis pincé par un air extrêmement âcre, qui me donnoit dans le vifage,

& me sembloit venir par le canal d'une cheminée sans feu. Je ne m'arrêterai pas à combattre ici ceux qui ne voudront pas croire ces contradictions. Je dirai seulement que pendant que je dormois, & dans le moment sans doute que le Hollandois vouloit me faire chauffer, la fenêtre de ma cellule fut ouverte par un vent du nord des plus violens, qui couvroit tout mon grabat de neige.

En continuant mon songe, je disois à mon hôte que j'avois grand froid ; & par un bizarre effet de mon imagination, c'étoit à table que je lui parlois. Il me servoit en abondance des meilleurs mets du repas ; mais je ne pouvois manger ; je grelotois, je soufflois mes doigts. Le maître ne paroissoit faire aucune attention à mon véritable besoin ; & comme je voyois d'autres convives qui soupiroient après le feu aussi-bien que moi, je n'osois me plaindre. Enfin le repas finit à ma grande satisfaction. Je courus pour être le premier devant la cheminée, le besoin me faisant oublier la politesse. Mais je ne fus pas plus heureux que ceux qui vinrent après moi. Au lieu d'un bon feu que j'espérois, je ne trouvai qu'une lampe suspendue à la cheminée par une chaîne d'argent. Je crus que je m'étois trompé ; & j'allois sortir pour chercher une autre chambre, quand je vis
entrer

entrer tout le monde dans celle-là. Je ne savois que devenir ; je me frottois les mains, je battois des pieds. On apporta du café ; je pris promptement une tasse, que j'empoignai des deux mains pour les réchauffer un peu. Mais je les avois si engourdies, que je ne pus la tenir ; je la laissai tomber sur un parquet magnifique. A cet accident, la maîtresse de la maison se mit contre moi dans une colère dont je n'avois jamais vu d'exemple, & me dit toutes les injures qui peuvent sortir de la bouche d'une femme en fureur. Elle appella je ne sais combien de domestiques pour essuyer le parquet. Les uns apportoient des éponges, les autres des linges & des drogues que je ne connoissois pas. Je remarquai qu'ils avoient tous les mains enflées & le bout du nez rouge, car je pensois toujours au froid que je ressentois ; ce qui me rendit assez insensible aux injures. Je sortis de cette chambre, je ne sais comment ; j'allai à la cuisine, & n'y trouvai de même qu'une lampe sur un potager. Je demandai au chef si le feu étoit déjà éteint. Il me répondit qu'il étoit sur le potager ; & comme il me voyoit un air d'étonnement, il me dit que pour travailler à cette cuisine, on ne se servoit que de la lampe que je voyois ; qu'il avoit un secret pour en rendre la chaleur excessive : il me l'expliqua ; mais ne comprenant rien à cette explication, & m'imaginant que le maître de la maison avoit sans doute le même secret pour augmenter la chaleur de sa lampe, je revins promptement dans sa chambre. D'où venez-vous donc, me dit-il ? nous avons fait un feu d'enfer, je vous ai fait chercher pour vous en faire profiter ; on ne vous a pas trouvé, & vous arrivez précisément au moment où il finit. J'avois plus envie de pleurer que de lui répondre ; cependant je lui dis que je n'étois pas allé loin, & que son bois brûloit étrangement vîte. Il ne brûle que trop vîte, me dit-il, je me ruine en bois. Mes domestiques m'en font une consommation horrible. J'ai beau crier, leur donner des coups de bâton, rien n'y fait. Je n'osai plus rien dire. Je voyois si peu de bois, que je ne comprenois pas où il pouvoit prendre des bâtons pour frapper ses domestiques. Une foule d'objets confus & vagues remplirent mon imagination jusqu'à mon réveil.

VINGT-HUITIÈME SONGE.

Le seigneur bienfaisant.

UN beau jour d'été sur le soir, m'étant assis sous un chêne, je contemplai les beautés que l'Auteur de la nature prodigue à ses ouvrages. Cette considération me ravissoit & faisoit couler dans mon ame une douceur & une abondance de joie paisible, au-dessus de tout ce qu'on peut concevoir de plus délicieux. Je m'endormis en cet état, & je fus transporté par un songe au sommet d'une montagne, que je crus être tout auprès de ma cellule. Je trouvai sur ce sommet une plaine fort étendue, plantée de toutes sortes d'arbres, & arrosée par différens canaux. Au milieu de la plaine s'élevoit un château bien bâti; mais d'une architecture simple & sans ornemens superflus. J'y entrai avec confiance, quoique j'ignorasse le caractère de ceux qui y habitoient. A peine avois-je fait le premier pas, que je vis venir à moi un jeune homme qui m'embrassa d'un air doux & riant, & m'introduisit dans un bel appartement. Il étoit grand & bien fait, un air de candeur & d'innocence relevoit la beauté de son visage. On lisoit dans ses yeux qu'il étoit bienfaisant : il avoit une longue robe d'une étoffe unie, légère & propre, qu'il ceignoit d'un ruban bleu. Je l'admirois, & ne pouvois comprendre qu'un mortel pût me causer toute la satisfaction que je goûtois en le regardant. Mais bientôt son épouse ayant paru, mon admiration redoubla. Dès que je l'apperçus, un mouvement involontaire me fit prosterner à ses pieds. Elle me fit relever avec bonté, me disant qu'il ne falloit pas tant de cérémonies pour une femme qui vivoit dans la médiocrité. Je ne savois où j'étois. Je n'osois la fixer, par la crainte de diminuer la vénération que sa première vue m'avoit inspirée. Elle étoit de même âge que son mari, & comme lui vêtue très-simplement : elle travailloit à un ouvrage de laine. Le mari s'occupoit sur l'ivoire, dont il faisoit les plus belles choses du monde. Il me fit asseoir, & me dit que chez lui on vivoit en grande liberté ; qu'il dispensoit tous ceux qui venoient le voir des bienséances gênantes du grand monde, à condition qu'on le dispensât lui-même de l'oisiveté. Son adresse m'occupoit très-agréablement, aussi-bien que sa conversation. Sa langue ne distilloit point la médisance. Il parloit de ses semblables avec l'intérêt d'un frère pour ses frères. Il plaignoit les grands qui s'enfeveliffoient dans l'oifiveté, & fe privoient du délicieux plaifir de la bienfaifance. On fe fert des richeffes, difoit-il, pour acheter la bonne chère, de beaux meubles, de beaux équipages, & quelquefois des délices brutales, qui s'évanouiffent lorfqu'à peine on les goûte, & font place à des remords conftans. Pourquoi ne pas chercher le bonheur où la nature l'a mis ? On n'eft heureux que quand on eft content ; c'eft le cœur qui décide en ce point : il eft, pour ainfi dire, l'organe du bonheur. Or, rien ne plaît tant au cœur que la bienfaifance ; c'eft la qualité qui lui eft la plus analogue & la plus naturelle. Les biens extérieurs qui paroiffent le contenter, ne font qu'un voile qui cache fon indigence; en les accumulant, le voile s'épaiffit, & devient une furcharge qui le fatigue & l'empêche de faire entendre fes plaintes. Ah ! s'écrioit-il, fi les riches favoient combien on eft heureux quand on eft bienfaifant, il n'en eft aucun qui ne voulût répandre fes richeffes dans le fein de la mifère. Pour moi, je bénis le ciel de m'avoir fixé dans un lieu où chaque jour je puis jouir d'une félicité pure & folide, en faifant des heureux.

Lorfqu'avec une petite fomme je vais tarir les larmes d'une famille défolée; quand je m'apperçois que ma présence dissipe la tristesse & répand la sérénité sur le visage d'un malheureux, & qu'un léger bienfait change les cris de sa douleur en cris de joie, de reconnoissance & de bénédiction; quand un tendre enfant, arraché des bras de la mort, & rendu par mes soins à ses parens, vient conduit par sa mère embrasser mes genoux, & me dire que je suis son père, de pareils spectacles pourroient-ils ne pas ravir mon cœur ? Puis-je alors arrêter ces larmes délicieuses où l'ame bien née trouve son bonheur ?

Je serois moins heureux, disoit-il encore, si je l'étois seul ; mais une femme vertueuse redouble mes plaisirs, en les partageant avec moi, & me faisant partager les siens. Je cours avec elle auprès des malades qui l'appellent à leur secours. Nous pénétrons ensemble dans de sombres & dégoûtantes cabanes que nous rendons le séjour de la paix. Je la vois s'empresser autour d'un moribond qui lui recommande ses enfans, & qui la bénit, en poussant son dernier soupir. Et quand je reçois les effusions de son ame bienfaisante, quand elle me raconte les charmes qu'elle a goûtés en soulageant la misère, mon cœur ému goûte-alors la joie la plus pure, le contentement le plus parfait qu'on puisse concevoir ici-bas.

Telle étoit la conversation de cet homme divin ; tels étoient les sentimens de deux époux pour les pauvres habitans de leurs terres. Ils voulurent m'associer à leur promenade, qu'ils dirigèrent vers un hameau, où ils me dirent qu'il y avoit des malades. Dès qu'ils approchèrent, tous les petits enfans poussèrent des cris de jubilation qui m'attendrirent. Il s'empressoient autour d'eux comme on voit des agneaux courir & entourer la bergère qui leur présente du sel. Le mari entra dans une chaumière pour y panser les plaies d'un jeune homme qui étoit tombé d'un arbre & s'étoit fracassé la jambe. La dame demeura au milieu des enfans & les instruisoit : elle se faisoit rendre compte de leur conduite, leur recommandoit la sincérité, l'obéissance, la fuite de l'oisiveté, & les caressoit tous pour les animer à la pratique des avis qu'elle leur donnoit. Pendant qu'elle s'occupoit ainsi en attendant son époux, une jeune fille vint les yeux baissés & baignés de larmes la prier de vouloir bien venir un moment auprès de sa mère, qui avoit une grace à lui demander Cette femme touchoit à son dernier moment ; son mari & toute sa famille pleuroient autour de son lit. Quand elle apperçut sa bienfaitrice, la joie ranima son visage, & lui redonna assez de force pour pouvoir joindre les mains en signe de reconnoissance. Ma chère amie, lui dit la dame, avez-vous quelque sujet d'inquiétude que je puisse vous ôter ? Ne vous reposez-vous pas sur moi du soin de vos petits enfans ? N'êtes-vous pas assurée que que je leur servirai de mère ? Ah ! madame, lui répondit la malade, je connois trop votre bon cœur pour être inquiète sur le sort de mes enfans : je les quitte sans regret, parce que je sais que vous leur serez plus utile que moi : vous leur avez déjà rendu des services que je n'aurois jamais été capable de leur rendre : vous les avez faits instruire de leur devoir ; c'est à vous que je dois le plaisir qu'ils m'ont donné par leur douceur, leur obéissance & l'attachement qu'ils ont eu pour moi : je meurs en paix, en pensant que vous acheverez l'ouvrage, & qu'ils vous seront encore plus chers quand ils n'auront plus de mère. Rien ne m'attachoit à la vie que le plaisir de vous voir & de vous aimer ; mais, puisqu'il le faut, je fais ce dernier sacrifice ; je me sépare de vous sans me plaindre ; je voudrois seulement en expirant vous baiser la main. La dame se jetta à son cou, & je la perdis de vue.

Je me trouvai au milieu d'un grand nombre de moissonneurs qui chantoient les plaisirs de la campagne. Ils mêloient dans leurs chansons le nom de leurs maîtres, que je venois de quitter, & célébroient leur bienfaisance. J'écoutois leurs airs champêtres avec une satisfaction inexprimable. L'heure du repas vint ; ils s'assirent tous sur l'herbe ; & pour commencer, chacun but la santé de leurs seigneurs, leur souhaitant mille bénédictions. Je demandai au plus âgé ce qu'il en pensoit : Dieu les conserve autant que Mathusalem, me dit-il : il n'y a que peu d'années qu'ils habitent dans terre, & ils nous ont déjà tous tirés de la misère : en même-tems il me présenta sa bouteille pour boire aussi à la santé de ce brave seigneur, & tous les moissonneurs se mirent à me conter différens traits de sa générosité ; mais je m'éveillai, regrettant amèrement que mon songe n'eût pas continué, & que ce ne fût qu'un songe.

VINGT-NEUVIÈME SONGE.

L'île du sang.

Un de mes anciens amis ayant appris le lieu de ma demeure, m'avoit apporté des boudins; j'en mangeai trop, & c'est la seule faute contre la tempérance que j'aie commise dans ma retraite. Je m'endormis avec une indigestion qui m'occasionna des rêves analogues à la pesante nourriture qui m'incommodoit. Je prie les Physiciens de ne pas révoquer en doute cette analogie.

Je fus transporté, je ne sais comment, dans une île affreuse, appellée l'*Isle du Sang*. Aucune expression ne peut rendre l'horreur que ce pays m'inspira. Il étoit gouverné par un chef qu'on nommoit Sansudourph, qui en étoit souverain absolu : il avoit sous lui d'autres chefs, répandus de villages en villages; & ces chefs, appellés Sansuminadourphs, avoient une grande autorité, chacun dans leur canton. Tous ces grands personnages se nourrissoient de sang humain; mais il n'y avoit que le Sansudourph qui eût le droit de le boire pur :

les Sanfuminadourphs y mêloient du sang de bouc.

Tous les habitans, hommes, femmes & enfans, étoient obligés, à chaque pleine lune, de tirer de leurs veines le sang nécessaire à la nourriture des chefs de la nation : la taxe étoit en proportion de l'âge ; & depuis quarante ans jusqu'à la mort, elle diminuoit.

Outre ce tribut, il en étoit un autre. Le Sanfudourph & les autres chefs rassembloient leurs sujets pour les occuper à différens travaux : on les animoit à coups de verge de fer, jusqu'à ce qu'ils tombassent baignés de sueur : cette sueur appartenoit aux maîtres, qui nommoient des officiers pour la ramasser avec des éponges; & ces officiers avoient droit sur les trois quarts. Cette liqueur étoit particuliérement à l'usage des femmes de ce pays : elles la faisoient distiller, & s'en servoient dans la composition d'une espèce de pommade propre à rougir le coude & le talon. Elles en faisoient aussi une boisson pour animer la couleur de leur chair.

Les femmes du premier chef portoient aux oreilles deux cœurs de petits enfans garnis de pierreries; & c'étoit un troisième tribut que les habitans devoient à leur maître, au bout d'un certain nombre de lunes.

Par malheur pour moi ce fut le jour même

que mon imagination dérangée me porta dans cette île exécrable, que Sanfudourph exigea la rente du cœur.

Je le vis sortir de son palais, se léchant les lèvres dégoûtantes de sang, dont il venoit d'avaler un grand vase. Ses officiers en étoient ivres. Il s'assit, & on lui amena sur l'heure l'enfant dont on devoit lui donner le cœur. C'étoit une petite fille de six ans. Jamais je n'ai rien vu de si beau : ses cheveux me ravissoient ; la peau de son visage ressembloit à un satin blanc peint en couleur de rose : elle sourioit en regardant sa mère qui la tenoit par la main, & ce sourire me fit verser un torrent de larmes. On demanda au Sanfudourph s'il vouloit en même-tems exiger le tribut du sang & le tribut du cœur : il répondit qu'oui ; mais que, par un effet de sa bienveillance ordinaire, il ne vouloit que la moitié de la taxe du sang. Alors on ouvrit la veine du bras droit de l'enfant, & le Sanfudourph, jettant le vase dans lequel il reçoit ordinairement le sang, prit une espèce de syphon, l'inséra dans la veine ouverte, & but ainsi ; de sorte que l'on ne put savoir au juste ce qu'il en avoit tiré. Je ne cessois de pleurer, & cependant je ne pouvois détourner mes yeux de ce spectacle. L'enfant s'évanouit : on la frotta de son propre sang pour la faire revenir; & son beau visage devint horrible, comme si l'on trempoit un bouton de rose dans la boue. Quand elle eut repris connoissance, & qu'on eut mis l'appareil sur la plaie de la saignée, le bourreau s'approcha : c'est ainsi que j'appelle celui qui étoit chargé d'arracher le cœur. Lorsque je vis qu'il sortoit ses outils, je m'arrachai les cheveux ; j'aurois voulu lui arracher les bras. Malheureux boudins ! quelle cruelle nuit vous m'avez fait passer ! La petite fille étoit entre les bras de sa mère, qui l'arrosoit de larmes, & son père lui tenoit la tête. Tout cela faisoit partie de la redevance. Le premier coup qu'on lui donna lui fit jetter un de ces cris qui font tant d'effet sur les mères.

J'eus le bonheur dans ce moment de perdre la vue & l'ouie ; c'est pourquoi je ne sais pas comment finit l'opération. Je repris mes sens quand tout fut fait, & je vis les malheureux parens qui remportoient en chancelant leur fille, morte sans doute ; mais qui devoit revivre, parce que le bourreau, sous peine de perdre sa charge, étoit obligé de conserver ou de rendre la vie aux enfans qui passoient par ses mains.

Les noires idées que les vapeurs du boudin faisoient naître dans mon cerveau, ne finirent pas à ce spectacle. J'entrai dans une cabane habitée par une famille nombreuse. La mauvaise odeur qu'elle exhaloit me fit soulever le cœur ; je comptai vingt personnes, hommes, femmes ou enfans : ils ressembloient tous à des cadavres, ils ne marchoient qu'en chancelant, & n'avoient presque plus de voix. Un vieillard étoit couché sur la terre, prêt à rendre le dernier soupir. C'étoit le père de la famille. Il voyoit autour de lui ses petits enfans de la quatrième génération ; il vouloit les embrasser avant que de mourir ; mais il manquoit de force : il prioit son fils aîné de lui soulever les bras, & de les porter au cou des enfans. Dans le moment qu'il en tenoit deux collés sur sa poitrine gonflée, je vis entrer trois officiers d'un Sanfuminadourph. Ils avoient un front d'airain, l'air farouche & barbare. Ils annoncèrent au malheureux vieillard qu'ils venoient retirer les arrérages qu'il devoit à leur maître. La somme en étoit exorbitante, parce que cet homme n'avoit rien payé depuis dix ans, ni pour lui ni pour sa famille, à cause de plusieurs maladies qui les avoient tous épuisés, & le Sanfuminadourph lui avoit fait crédit. Le moribond ne pouvoit répondre. Il fit signe qu'on lui découvrît les bras pour les montrer aux officiers. Alors toute sa famille se jetta à leurs pieds : une fille cadette prit la parole, les conjurant d'épargner une vie qui ne devoit plus durer que quelques heures. Le sang que vous tirerez de mon père, leur disoit-elle, ne vaudra pas la peine que vous prendrez pour lui ouvrir les veines ; il n'en sortira que quelques gouttes, & encore elles seront sans goût. Laissez-nous la consolation de le voir expirer sans violence. Si vous l'égorgez, plusieurs d'entre nous, déjà desséchés par la tristesse, mourront de douleur, & ceux qui survivront seront hors d'état de vous rien donner de long-tems. Mais les officiers impatiens lui imposèrent silence. Donnez-nous vos enfans, lui dirent-ils, nous commencerons par eux ; il est tems que notre maître soit payé ; il ne vous a que trop attendu. Aussi-tôt ils ouvrirent les veines des enfans & de la mère, & les laissèrent sans mouvement. Ils s'approchèrent du vieillard ; mais il avoit rendu l'esprit au moment qu'il avoit vu couler le sang de sa famille. Ils continuèrent leur exécution sur tous les autres, & ne laissèrent qu'un jeune homme de dix-huit ans. Je restai seul avec lui : je le consolai de mon mieux ; & j'osai, malgré sa douleur, lui demander des éclaircissemens sur le crédit ou le prêt du sang, & il eut le courage de me satisfaire.

Notre Sansuminadourph, me dit-il, est un

homme délicat ; il ne veut que du bon sang : quand il se trouve dans son canton quelques familles affoiblies par les maladies ou la misère, il demeure plusieurs années sans exiger d'elles aucun tribut. Mais il a des esclaves qu'il entretient exprès, & dont il tire le sang que les familles épuisées n'ont pu lui payer. C'est ce sang qu'on appelle le sang prêté. Il faut le rendre quand on est en état, & la taxe double autant de fois qu'on est resté de lunes sans payer. Quand un chef de famille est sur le point de mourir sans avoir satisfait aux arrérages, on accourt pour lui tirer tout le sang qu'il peut avoir, & celui de ses enfans ; mais on laisse dans chaque cabane une personne ou deux, pour perpétuer la race & la rente du sang. Quelle horreur ! m'écriai-je, quelle injustice ! Non, me répondit-il, cela n'est injuste que dans certains cantons de l'île, & non pas dans celui-ci. Nos prêtres ont fait des loix pour que l'intérêt du sang prêté fût légitime, sans quoi notre Sansuminadourph ne l'accepteroit pas, parce qu'il est religieux & qu'il a la conscience délicate. Nous nous trouvons même heureux qu'il veuille nous laisser plusieurs années sans nous rien demander. La mesure du sang que nous lui devons à chaque pleine lune lui appartient ; c'est son bien : quand il ne l'exige pas,

ce

ce sang tourne à notre profit dans nos veines ; ainsi, il est juste de lui rendre ce qu'il nous a prêté, & l'avantage que nous en avons tiré. Plus on est foible, plus cet avantage est considérable, parce qu'en laissant à un moribond les seules gouttes de sang qui le tiennent encore en vie, c'est lui laisser la vie toute entière : c'est pourquoi il doit au Sansuminadourph sa vie, & quelque chose de plus. Et voilà aussi, lui dis-je, pourquoi vous venez de voir expirer toute votre famille.

TRENTIÈME SONGE.

Le casuiste.

DANS ce songe j'étois devenu casuiste relâché, & je n'ai pu comprendre à mon réveil quelle en avoit été la cause.

Je mettois à la tête de toutes mes décisions ces mots de l'évangile : *Mon joug est doux & mon fardeau léger.* De ce principe je tirois les conséquences les plus consolantes. Je dispensois tous les hommes de ce qu'ils trouvoient de trop gênant dans la loi de Dieu ; & pour aller au-devant de leurs scrupules, je prêchois partout qu'il ne falloit pas lire l'évangile ; que ce livre étoit capable d'inquiéter tout le monde; que la morale qu'il contenoit étoit vieille, & ne pouvoit s'accorder avec les usages présens. J'étois universellement applaudi. Je ne trouvois que quelques femmes dévotes qui paroissoient un peu surprises de ma morale, je les excusois en considérant qu'elles n'avoient pas étudié en philosophie. Mais ce qui mit le comble à ma réputation, fut un ouvrage que je fis sur le prêt & la matière de l'usure. Pendant que j'y travaillois, je reçus une lettre d'un prince fort éloigné du pays que j'habitois, par laquelle il me consultoit sur cette matière. Comme j'étois dans la chaleur de la composition, je pense que je laissai glisser bien des incorrections dans la réponse que je lui fis : en voici à-peu-près le sens.

« Pour répondre cathégoriquement, monseigneur, à la lettre dont vous m'avez honoré, & pour décider la question d'une manière précise, il est nécessaire que je remette sous vos yeux un abrégé de l'exposé que vous me faites.

Le pays dont vous êtes le maître est peuplé de sujets fort pauvres qui vous doivent de grosses rentes ; ces rentes font une partie considérable de votre bien. Votre charité vous engage à ne pas les exiger, lorsque la misère met vos débiteurs hors d'état de vous payer, & alors vous leur faites crédit. Il y en a même à qui vous prêtez des sommes considérables pour leur aider à soutenir une famille nombreuse, qui, sans ce secours succomberoient à l'indigence. Lorsque vos sujets deviennent moins misérables par la prospérité de la récolte, vous exigez les rentes courantes, les arrérages des autres, & quelque chose de plus, pour avoir partagé avec eux le malheur des tems. Vous ajoutez que cependant la disette ne vous a jamais fait avoir faim, & vous a seulement privé de certains plaisirs. Là-dessus vous faites une réflexion fort juste, en disant que votre bien-être est un grand avantage pour les pauvres, parce qu'il vous met en état de les consoler dans leurs maux ; ce que vous ne pourriez faire, si vous étiez incommodé de la misère générale. Enfin vous ajoutez qu'après plusieurs années de stérilité, vos débiteurs ayant perdu toute espérance de pouvoir jamais vous rembourser en entier, viennent vous prier d'accepter leur bien, & de donner à leurs enfans des passe-ports pour aller mendier sans risque hors de vos terres.

D'après cette consultation, lue très-attentivement, le conseil soussigné est d'avis : que la charité de la personne qui consulte, est une charité héroïque, puisqu'il paroît par le narré ci-dessus qu'elle conserve la vie à grand nombre de pauvres presqu'écrasés par les dettes & la misère des tems. On ne comprend pas comment une pareille conduite pourroit donner du scrupule, à moins qu'on ne craignît d'en tirer vanité; ce qu'il faut éviter avec soin. Quant à ce qu'on exige de plus que les sommes dues, il paroît qu'on favorise un peu trop les débiteurs; ce qui est une petite injustice : car on voit par la consultation que ces débiteurs tirent un profit inestimable des arrérages & des intérêts, qu'ils ne peuvent payer; puisque c'est cela qui les empêche de mourir de faim. A l'égard des fonds, maisons & autres, que les insolvables abandonnent à leur créancier, ou que celui-ci leur enlève, quoiqu'on ne le dise pas dans la lettre, il n'y a rien en cela que de juste & de raisonnable, seulement il faut observer que si les biens abandonnés ou pris n'ont pas autant de valeur que la dette, le passe-port qu'on donne aux enfans des obérés doit faire mention de cet inconvénient, & porter injonction aux mendians d'épargner sur les aumônes qu'ils recevront la plus-value de la dette ».

Telle fut à-peu-près ma réponse, & j'achevai mon livre sur l'usure; mais lorsque je commençois à goûter le plaisir des applaudissemens qu'il m'attiroit, je fus réveillé par le cauchemar. Peut-être ne m'éveillai-je pas entiérement, car ce qui m'arriva me paroît un autre songe. Voici comment la chose se passa.

J'étois couché sur le dos. Je me sentois l'estomac pressé & presqu'écrasé d'un poids énorme. Je ne pouvois ni parler, ni inspirer, ni faire le moindre mouvement. Je ne doutai point que ce ce fût une vieille sorcière dont j'avois ouï parler à ma nourrice dans mon enfance. Elle m'avoit assuré qu'elle l'avoit sentie mille fois, qu'elle l'avoit vue monter sur son lit, qu'elle lui avoit parlé, & l'avoit conjurée souvent par la vertu d'une certaine racine. Il est des impressions que la raison n'efface pas. Je crus donc que la sorcière m'avoit chargé d'une montagne. Dans ma frayeur, je levai les yeux au ciel. Alors je vis ma cellule éclatante de lumière, & tout de suite une voix forte me cria : malheureux ! pourquoi vouloir aussi nous faire égorger ? Je viens exiger de toi que tu rétractes ta décision ou t'étouffer dans mes bras. Je ne sentois plus de poids sur l'estomac ; c'est pourquoi pouvant répondre, je dis en tremblant : qui êtes-vous ? & quelle décision faut-il rétracter ? Je suis, dit la voix de ce vieillard, celui que tu as vu mourir dans l'île du sang. J'expirai en te bénissant, voyant l'intérêt que tu prenois à nos malheurs ; je n'ai cessé, depuis ma mort, de te recommander au souverain de l'autre monde, qui t'aime, & qui me permet de venir te menacer & te punir de sa part. Il m'a montré une réponse barbare que tu as faite à notre Sansuminadourph, qui avoit commencé à sentir quelques remords de sa tyrannie. Ta décision l'a confirmé dans sa cruauté : les habitans de l'île du sang vont être plus malheureux que jamais, & t'accabler de malédiction. Quoi ! m'écriai-je en pleurant, j'aurois été capable d'autoriser la barbarie d'un Sansuminadourph ! j'aurois pu contribuer au malheur de ces pauvres habitans que je portois dans mon cœur ! Non, ce n'est pas moi. *C'est toi*, reprit la voix ; & à l'instant, je vis comme un doigt de lumière, qui parcourant des lignes que je reconnus être de mon écriture, m'obligea à confesser ma faute. Je me retournai contre la muraille ; j'en arrachai un clou, avec lequel je me fis plusieurs incisions, & j'écrivis de mon sang au bas de la réponse ces mots : Je rétracte, j'abjure, je déteste, j'abhorre la présente décision ; je l'ai portée sans le vouloir, & dans un moment de démence. Je déclare barbare quiconque l'approuvera & la suivra. A peine eus-je fini le dernier mot, que la lumière disparut.

TRENTE-UNIÈME SONGE.

Dans une maladie que je crus avoir en dormant, j'allai consulter un médecin qui, par une bisarrerie étrange, se trouva être l'inventeur des incomparables dragées que j'avois moi-même inventées dans un autre songe, comme on l'a vu. Il m'en parla d'abord comme du remède le plus puissant qu'on eût encore imaginé depuis l'origine de la médecine. Mais toutes ses paroles étoient coupées par des soupirs profonds, qui me perçoient le cœur. Je lui demandai la cause de ce ton de douleur qu'il prenoit en parlant d'une découverte si flatteuse pour lui. Il demeura quelque tems sans me répondre; ensuite poussant un cri: oui, me dit-il, l'invention des dragées divines auroit dû me faire élever des statues dans tout l'univers : cependant, le croirez-vous ? Je viens d'être pendu publiquement à cause d'elles. Je le priai de m'expliquer ce mystère, & il continua ainsi : Les premiers succès de mon remède furent des plus flatteurs ; sur mille personnes qui s'en servirent, il n'en mourut pas huit cens : encore ayant ouvert plusieurs cadavres, je vis évidemment qu'ils étoient morts de poison. Ma réputation s'étendit par toute la France, où j'étois regardé comme le restaurateur de l'humanité. Je recevois des lettres de louanges de toute part, & souvent des billets de change très-considérables; en peu de tems, je devins excessivement riche, & vous savez que rien n'excite tant la jalousie que les richesses. Je ne tardai pas d'en faire l'épreuve. Certains charlatans, dont mes dragées avoient fait tomber le crédit, inondèrent le public des libelles diffamatoires contre moi & contre mon remède. Le vulgaire, toujours inconséquent dans ses démarches, prêta l'oreille à la calomnie, & oubliant qu'il me devoit la santé, se déchaîna contre moi. Tout m'abandonna : la fermentation des esprits avoit commencée vers le nord de la France, & le feu se répandant du côté des provinces méridionales, n'en devint que plus violent & plus difficile à éteindre. En vain aurois-je voulu m'opposer à l'incendie. Je me retirai avec deux amis dans la petite ville où vous me voyez, pour y attendre la fin des malheurs qui me menaçoient. On fit contre moi des informations rigoureuses; on suborna des témoins, qui déposèrent que mes dragées avoient dépeuplé je ne sais combien de villages.

Plusieurs prêtres & moines voulurent soutenir ma cause ; mais ils ne furent pas écoutés ; on les regarda comme des gens intéressés, qui s'enrichissoient par les sépultures des morts. Je fus pendu en effigie en plus de 20 endroits différens. J'en étois sensiblement affligé, parce que je considérois que les malades alloient être sans ressource & livrés, comme auparavant, à l'ignorance des médecins ordinaires. Mes deux amis me consoloient, en me faisant espérer que l'orage déchainé contre moi s'appaiseroit, & qu'on m'éleveroit autant qu'on m'avoit abaissé. Ils me faisoient souvenir de tant de grands hommes qui, après avoir été la victime du fanatisme, étoient devenus l'admiration de la postérité. Leurs discours ne pouvoient dissiper toute ma tristesse : je craignois d'être enfin pendu réellement. Hélas ! le chagrin fait en nous des révolutions bien humiliantes. A force de m'appesantir sur la triste idée de l'ingratitude des hommes, je devins ingrat à mon tour. Un homme bienfaisant, touché de mes malheurs, m'avoit donné l'hospitalité, & pourvoyoit à mes besoins, en m'épargnant la honte de les lui exposer. Dans mes sombres rêveries, je me figurai que cet homme tiroit vanité de ses bienfaits, & qu'il me regardoit comme un mendiant. Cette idée révolta mon orgueil. Je devins son délateur. Dès qu'il s'en apperçut, il me fit des reproches fort doux, atrribuant ma faute à l'excès de mon amertume. Mais je pris encore cette conduite en mauvaise part, & ne pouvant plus le voir, je quittai sa maison. A peine l'avois-je perdu de vue, que je fus arrêté & mis aux fers. Je n'avois aucune protection, & j'étois accusé par un grand nombre de personnes; ainsi dès le lendemain, je fus condamné à être pendu & disséqué par la faculté de chirurgie. Je demandai qu'il me fût permis d'avaler quelques-unes de mes dragées; & l'ayant obtenu, j'en pris trois dont je mourus avant d'arriver à la potence; ce qui n'empêcha pas cependant qu'on ne me pendît. Vous êtes donc mort, lui dis-je? Oui, sans doute, me répondit-il.

TRENTE-DEUXIÈME SONGE.

JE croyois être assis sous un chêne touffus, un beau jour de printems. Je voyois devant moi un canal d'une eau pure & tranquille, & dans ce canal une île couverte de tilleuls fleuris. Dans le milieu de l'île étoit un pavillon fermé en partie, par des rideaux de pourpre qui s'attachoient avec des cordons & des houppes d'or. J'y apperçus un prince endormi sur un lit de repos. Autour de lui régnoit le silence, & tout paroissoit respecter son sommeil. Une nimphe, d'un air folâtre, faisoit balancer le lit avec le pied, comme font les nourrices pour endormir les enfans. Elle penchoit un peu la tête, & je voyois sortir par une de ses oreilles des souris, dont apparemment son cerveau étoit rempli. Dès qu'elles étoient arrivées à terre, elles prenoient, l'une un chapeau de cardinal, l'autre un bâton de commandement ; d'autres des cordons, des plaques & différens signes de dignité. Elles devenoient ensuite des hommes fiers & dédaigneux. Bientôt l'île fut pleine de ces souris transformées, qui venoient toutes fléchir le genouil devant la nimphe qui les avoit créées.

Je voyois cependant sur les bords du canal un peuple nombreux, qui d'un air affligé tendoit les mains vers l'île, où l'on ne faisoit aucune attention à leurs gestes. Plusieurs vouloient passer dans des esquifs pour exposer leurs plaintes, qui sans doute auroient été écoutées du prince ; mais les nouveaux habitans de l'île agitoient tellement l'onde par leur souffle, qu'il paroissoit impossible d'y aborder ; cependant plusieurs vieillards vénérables se jettèrent, au péril de se noyer, dans une barque, & tentèrent le passage. Alors les nouveaux transformés se jettèrent ventre à terre sur la côte, & se mirent à souffler de rechef de toutes leurs forces. Une tempête affreuse s'éleva sur le canal, la barque étoit à tout instant sur le point de périr ; souvent les vagues la déroboient entiérement à mes yeux. Je la voyois tantôt s'enfoncer dans un abîme, tantôt jettée aux nues par les flots. Mais ceux qui la conduisoient firent tant par leur sage manœuvre, qu'ils arrivèrent à bord, & débarquèrent. Tous ceux qui s'étoient opposés si vivement à leur passage, furent obligés de les laisser approcher du pavillon, parce qu'ils craignoient la justice du prince. Alors le plus grave de la troupe s'avança d'un air respectueux ; & après avoir fait trois profondes inclinations, sortit de dessous ſa ſimarre un long papier, & ſe mit à lire. Le prince ſe frotta les yeux, ſe leva ſur le coude, bâilla trois fois, & ſe rendormit malgré lui au ſon de pluſieurs inſtrumens, dont jouèrent les courtiſans. Le vieillard voyant qu'on ne l'écoutoit pas, fit un rouleau de ſa requête, y mit le feu, & en ſouffla reſpectueuſement la fumée contre le nez du prince.

TRENTE-TROISIÈME SONGE.

JE voyageois en ſonge dans les environs de mon hermitage. J'avois pris un bâton à la main, du pain dans ma beſace, & une aſſez grande gourde pendue à ma ceinture. Je m'arrêtai au premier hameau, & j'entrai dans une maiſon couverte de chaume, où je trouvai quatorze ou quinze petits enfans vêtus de haillons, mais d'une gaîté charmante. Le plus âgé n'avoit pas dix ans. Je m'adreſſai à celui-là, & lui fis pluſieurs queſtions auxquelles il me répondit très-bien. Je le fis boire à ma calebaſſe, & m'amuſai à la faire ſucer aux plus petits. Une mère arriva ſur ces entrefaites ; car il y en avoit deux dans cette famille. Elle étoit jeune & belle, quoique brûlée du ſoleil. La candeur, l'innocence

& la tendreſſe étoient peintes ſur ſon viſage. Tous les enfans ſe jettèrent ſur elle, & ſaiſirent avec avidité quelques fruits qu'elle venoit de cueillir pour leur nourriture. Quand ils les eurent finis, je ſortis du pain de ma beſace & je leur donnai. Alors j'entrai en converſation avec cette femme; je la plaignis de ſa pauvreté, & lui demandai comment une ſi nombreuſe famille pouvoit ſubſiſter, car je ne voyois par-tout que de triſtes marques d'indigence. Elle me répondit que la Providence étoit grande, & que malgré ſa miſère elle ne trouvoit point ſa famille trop nombreuſe. Dieu nous a donné juſqu'ici une bonne ſanté, me dit-elle; à force de travailler nous vivons petitement à la vérité, mais en paix, & quelquefois en joie. Car lorſque nous ſommes tous raſſemblés, & que chacun a du pain, nous goûtons un plaiſir qu'on ne s'imagineroit pas. Il eſt vrai, ajouta-t-elle, que les impôts, les rentes ſeigneuriales & la dîme nous chagrinent beaucoup. Quand nous avons bien ſué toute l'année, & qu'à la fin nous voyons enlever la plus grande partie de nos moiſſons, le cœur nous ſaigne alors, & nous paſſons pluſieurs jours dans la triſteſſe. En finiſſant ces mots elle ſortit, & alla cueillir des légumes dans un petit jardin pour apprêter le dîner, & j'allai m'aſ-

seoir sur l'herbe, à l'ombre d'un arbre. Là
pensant à la modération de cette famille, je
me sentois le cœur serré de n'être pas en état
de faire du bien aux gens de la campagne. On
peut les rendre heureux à peu de frais, me disois-je; eh! quel plaisir pour moi, si je pouvois aller de chaumière en chaumière, répandre la joie dans chaque famille! Quel usage
délicieux je ferois de mes richesses, si j'en
avois! Après m'être long tems occupé de pareilles pensées, la paysanne vint me dire qu'on
m'attendoit pour dîner. Un grand plat de légumes, de l'eau & du pain noir, composoient
ce repas. Il eut pour moi plus d'attraits que le
festin le plus somptueux. La bonne humeur &
le bon appétit des enfans, l'union & la tendresse réciproques des mères & de leurs maris,
me causoient un plaisir inexprimable, lorsque
tout-à-coup je vis la tristesse répandue sur
tous les visages de ces bonnes gens. Un morne
silence succéda aux propos joyeux. Je pâlis
avec les autres sans en savoir la cause. N'en-
tendez-vous pas du bruit, me dit une des
femmes? Ce sont les mulets du seigneur que
les domestiques amènent ici pour prendre le
bled que nous lui devons, & qu'il est juste de
payer; mais, hélas! que ferons-nous? la
grêle a ravagé nos champs. Comme elle parloit

encore, les gens du seigneur, & des soldats envoyés par l'exacteur de la taille entrèrent tous à la fois. On les invita à s'asseoir, & un des maris courut acheter du vin pour eux; & moi baissant la tête d'un air rêveur, j'écoutois tristement les insolens discours des valets & des soldats; & pensant qu'ils venoient affliger ces honnêtes gens qui me donnoient l'hospitalité, ma bile s'émut; le feu me monta à la tête; je me levai brusquement, & frappant la terre de mon bâton: Malheureux! leur dis-je, n'avez-vous point de honte de venir enlever la nourriture de cette pauvre famille qui va mourir de faim? A ces mots, on me saisit. Les valets du seigneur vouloient me lier & m'emmener à la prison du château; mais les soldats m'arrachèrent de leurs mains, disant que je devois être puni de la part du roi. Je crus donc qu'on me menoit en prison; mais au lieu d'y entrer, je me vis au pied du trône. Je ne me déconcertai point, parce que je me sentois animé de zèle pour la cause des pauvres; je fixai le monarque; & voyant qu'il ne me disoit rien, je lui adressai moi-même la parole. Je lui fis un long discours pour me justifier, & pour lui prouver que ma faute devoit lui plaire. Ah! sire, lui disois-je avec émotion, votre cœur frémiroit aussi-bien que le mien, si votre majesté voyoit

les

les besoins des gens de la campagne, & la manière dont on les traite de votre part. A cette exclamation, le roi s'attendrit, & donna ordre qu'on diminuât les impôts : je me réveillai dans cette douce espérance.

TRENTE-QUATRIÈME SONGE,

Les ombres.

Depuis trois jours une fièvre violente m'avoit empêché d'écrire mes songes. Mais le délire qu'elle m'a causé m'en a fait avoir de sombres & d'extravagans, dont voici une partie.

Dans mon premier accès, je crus qu'un spectre vêtu de blanc me prenoit par la main. Ayant fait de vains efforts pour me dégager, je le suivis dans un acqueduc souterrein, où l'humidité & le manque d'air pensèrent m'étouffer. Après avoir long-tems erré dans cette sombre route, j'arrivai dans un endroit très-vaste, mais presqu'aussi ténébreux & plus lugubre. Des voûtes d'une élévation prodigieuse le fermoient par le haut : on ne pouvoit en appercevoir le fond. Cet immense édifice n'avoit pour toute lumière que trois lampes suspendues fort haut. Les murs, de pierres brutes, étoient tapiſſés de triſtes branches de cyprès & de ſtalactiques, qui y produiſoient l'humidité. Des chauves-ſouris & mille oiſeaux funeſtes voltigeoient dans les voûtes. Tout y inſpiroit la terreur. En baiſſant les yeux, je ne voyois que des ſépulcres, des oſſemens, des niches remplies d'urnes cinéraires, des moſolées tellement défigurés par la mouſſe & la terre, qu'on pouvoit à peine en reconnoître la forme. Cependant mon guide diſparut, après m'avoir conduit juſqu'au milieu de l'édifice. Me voyant ſeul dans ce vaſte ſilence, l'épouvante s'empara plus que jamais de mon cœur; une ſueur froide coula ſur tous mes membres. Je pouſſai un cri perçant qui réveilla tous les morts. Auſſi-tôt j'entendis le craquement des os qui ſe raſſembloient avec précipitation. Une foule de ſpectres ſe dreſſa, & s'avança vers moi. Je tombai évanoui ſur un tombeau; mais ayant repris l'uſage de mes ſens, je me vis entouré de pluſieurs ombres légères, d'une figure pâle & deſſéchée. Une d'entr'elles m'adreſſa la parole d'une voix extrêmement foible & baſſe, quoiqu'elle fît des efforts pour crier. Que viens-tu faire parmi nous, me dit-elle? Qui t'a conduit dans ce ſéjour de la mort? Mon malheureux ſort, lui répondis-je; car je ſuis encore en vie. Un phantôme importun m'a traîné jusqu'ici, je ne fais pourquoi. Je lui dis ensuite qui j'étois; je lui parlai de mon hermitage & de la vie que j'y menois. Tu es plus sage que nous, me répondit cette ombre; tu retourneras chez les vivans, puisque tu sais jouir de la vie.

Je commençai à me familiariser avec les ombres. Je demandai son nom à celle qui me parloit. Je suis, dit-elle, un de ces hommes qui ont eu le plus d'ambition sur la terre, & par conséquent le plus de folie. Tu vois les restes de Charles XII, roi de Suède. C'est moi qui dépeuplai mes états pour ravager ceux des autres. Voilà à quoi ont abouti ces travaux qui ont fait l'admiration de mon siècle. Si je pouvois retourner sur la terre, & qu'il m'y fût libre de pouvoir m'y choisir un état, je ne préférerois pas celui de Roi, encore moins celui de conquérant. Vois-tu cette ombre qui est à mes côtés, c'est son sort que j'envierois. C'étoit un honnête jardinier qui passa soixante ans d'une vie paisible à tailler des arbres, cultiver des légumes & savourer tous les plaisirs qu'offre abondamment la vie de la campagne. Il a su jouir de son être, tandis que me laissant éblouir par le faux éclat d'une gloire chimérique, j'ai passé mes jours dans une agitation stérile & des peines cruelles, toujours rongé de désirs & d'inquiétudes. A présent que je ne suis plus la proie de l'ambition, je ris des extravagances qu'elle fait faire aux hommes. J'admire cependant la Providence qui a permis que cette maladie s'emparât du cœur humain. L'ordre de la société ne subsisteroit plus, si les conditions étoient égales. Il faut qu'il y ait des hommes plus puissans les uns que les autres. Où trouveroit-on des ames assez généreuses pour se charger volontairement des soins, des peines & de l'agitation qu'exige le gouvernement ? L'ambition fait passer sur tout cela. On se donne les mouvemens les plus violens, on emploie les manœuvres les plus coûteuses, souvent même le crime & la perfidie, pour parvenir enfin à se charger de l'embarras de commander. Mais, quoi qu'il en soit des effets de l'ambition, tout est abattu par la mort ; tout aboutit au tombeau. Ces tas de cendres que tu vois sont les restes de ces hommes qui remuoient l'univers, & le remplissoient du bruit de leur nom & de leurs projets. Quand l'heure fatale a sonné, il a fallu tout quitter & descendre dans la tombe. Vois-tu cette ombre triste ? C'est le superbe Charles-Quint, qui vouloit réunir l'univers sous son sceptre ; voilà ce qu'est devenu sa puissance. Cette autre est Jules-César. Ce crâne couvert de mousse, que tu as frappé avec ton pied, est celui du fameux Alberoni, cet adroit ministre qui conduisoit l'Europe à son gré. Ces ossemens sont les restes de la grande Elisabeth, reine d'Angleterre. Voilà la poussière de Mahomet, l'ambitieux imposteur qui donna des loix à l'Asie. Si je te nommois tous les morts qu'enferme ce lugubre séjour, tu verrois qu'ici rien ne distingue ceux que la terre a redoutés, d'avec les hommes les plus inconnus.

Je m'éveillai dans cet endroit ; & m'étant rendormi un moment après, je rêvai de rechef aux tombeaux. Je croyois être chargé par un prince de trouver des reliques pour une chapelle superbe qu'il faisoit bâtir. Je me fis indiquer un charnier qu'on assuroit être rempli de corps saints. J'y descendis seul ; & après avoir fouillé quelque tems, j'en trouvai un qu'une inscription nommoit saint Aigrefin. Ce nom me plut, & d'ailleurs le squelette étoit bon & entier. Je le chargeai sur mes épaules ; mais à peine eus-je fait quelques pas, qu'il m'appliqua de ses mains sèches un grand soufflet sur chaque joue, & en même-tems un coup de genou dans les reins. Je le jettai promptement par terre, pensant qu'un saint ne pouvoit avoir tant de malice. M'étant mis à réfléchir sur les douleurs que je ressentois, il me vint dans l'esprit que j'avois un moyen assuré de connoître les vraies reliques, en approchant de chaque corps les meurtrissures que m'avoit fait le premier : mais en vain présentai-je mon visage & mon dos à tous les morts, mes blessures me restèrent ; d'où je conclus que je n'avois rien à espérer en cet endroit, & que je devois faire mes recherches ailleurs.

J'allai dans un autre souterrein voisin de celui-là ; je crus appercevoir un religieux à genoux devant le sépulcre d'une sainte ; j'attendis qu'il eût fait sa prière ; & dès qu'il se fut retiré, j'enlevai la relique. Mais comme je fuyois précipitamment, je tombai à quelques pas du sépulcre ; & tout-à-coup je me vis environné de 7 ou 8 phantômes de fort mauvaise mine, qui me demandoient d'un air menaçant chacun quelques membres. Le premier étoit un Juif, qui, d'un ton insolent, me disoit de lui rendre son omoplate : un garde-françoise réclamoit son crâne ; un vieux Suisse d'église, avec sa hallebarde & sa bandoulière, prétendoit que je lui avois pris une de ses jambes.

Enfin ils vouloient tous quelques débris de ma relique : je la leur abandonnai ; & ces spectres ayant pris ce qui leur appartenoit, ils commencèrent à danser un ballet extravagant. J'étois dans une surprise extrême. Je rêvois tristement sur le peu de succès de mes recherches, lorsqu'un des spectres s'approcha de moi, & me dit que je venois de visiter les cimetières des pendus : je compris alors pourquoi je n'y avois pas trouvé de véritables reliques ; & croyant que mon erreur étoit une punition du dessein criminel que j'avois de les voler, je résolus d'aller à Rome en obtenir par prières ; mais dès que je crus être aux portes de la ville, je m'éveillai.

TRENTE-CINQUIÈME SONGE.

JE venois de lire attentivement les visions mystérieuses de saint Jean, connues sous le nom d'Apocalypse; & ces étonnantes révélations m'avoient vivement frappé; car ce qui ne fait que glisser sur des esprits offusqués par la multitude & le fracas des objets, séjourne & se grave profondément dans une ame paisible. Le sommeil appesantit mes yeux, lorsque je réfléchissois encore sur cette lecture, & je crus voir en songe la destruction du genre-humain. Il me sembloit que la bonne-foi n'étoit plus comptée pour rien sur la terre; que les hommes n'y étoient occupés qu'à se tromper les uns les autres, & à se supplanter mutuellement; que l'impiété, la séduction, le manque de parole & les crimes les plus honteux, n'y étoient regardés que comme des jeux, & qu'il étoit du bon ton même d'en être noirci.

Il fut résolu de châtier le genre-humain & d'affliger la terre par des fléaux propres à la détruire. Je vis partir un carrosse à six chevaux, tout couvert de lames d'or & de pierreries: celui qui étoit dedans se nommoit le Luxe: le pouvoir lui fut donné de ravager le monde, &

d'absorber les deux tiers des hommes, pour charger le reste d'un superflu excessif. Ce char partit avec une rapidité étonnante, & marqua sa route par l'indigence, qu'il laissa après lui.

Une autre voiture, encore plus brillante, suivit de près : celui qui étoit dedans s'appelloit la Finance ; sa taille étoit courte, mais monstrueusement grosse & pesante : son air étoit ignoble ; ses ongles crochus & pleins d'encre. Il parloit en ronflant, & un hoquet bruyant marquoit que sa digestion étoit laborieuse : la rapine, l'orgueil, l'ignorance, le mauvais goût, entouroient le carrosse. Les uns se tenoient aux cordons, d'autres étoient sur le siége & l'impériale. Le pouvoir fut donné à la Finance d'affamer la moitié de l'Europe, & le char partit. Je vis une troupe de gueux, qui s'étant mis à trotter à sa suite, furent tout-à-coup transformés en des hommes étouffés d'opulence, qui après avoir tout desséché sur leur passage, mouroient d'apoplexie, & étoient remplacés par d'autres gueux faméliques, qui prenoient subitement un ventre prodigieux, des jambes goutteuses, le col apoplectique, & mouroient d'indigestion. Je les perdis de vue, & ce fléau fut remplacé par un autre encore plus triste. Je vis partir une mule borgne, chargée de sacs de canevas, pleins de vieux papiers. Le personnage qui montoit la mule s'appelloit la Chicane. C'étoit une vieille femme, petite, sèche & louche : ses joues étoient creuses, ses yeux tristes, mais ardens : elle faisoit des efforts pour hâter sa monture, & paroissoit inquiète. Sa suite étoit composée de grand nombre d'hommes maigres & efflanqués, de mines blêmes en perruques plattes & en manchons pelés. On lui donna un pouvoir fort étendu sur presque tous les états policés, & elle partit au petit trot : ceux qui composoient son cortége ravageoient & épuisoient tout sur leur passage ; mais ce n'étoit pas en s'engraissant, comme ceux que j'avois vus dans le fléau précédent : au contraire, je voyois ceux-ci maigrir à mesure qu'ils répandoient la misère, & ils finissoient par mourir de faim.

Pour quatrième fléau, je vis paroître une espèce de voiture brune, tirée par un mauvais cheval : celui qui étoit dedans étoit vêtu de noir, & avoit devant les yeux deux verres bleus qui lui faisoient voir tous les objets de cette couleur ; il s'appelloit, *la Médecine à système* : la mort étoit montée derrière son char. Ce dernier fléau tua une grande partie des hommes que les premiers avoient ruinés & affamés.

Ici je perdis le fil de mes visions : je songeai que tous les hommes avoient la cataracte ; de sorte cependant que la pellicule qui leur couvroit les yeux ne les privoit pas totalement de la vue : ces pellicules étoient de différentes couleurs ; j'en voyois de jonquilles, de bleues, de grises, de noires, de vertes, &c. Presque tous les jeunes gens en avoient de couleur de rose, & les vieillards de brunes. Chaque homme jugeoit que les objets étoient de la couleur de sa cataracte, & ce mal se communiquoit. Je remarquai un homme qui voyoit tout cramoisi, & qui avoit une éloquence brillante & persuasive. Il changea en un moment les cataractes d'un millier de personnes, & les rendit de la couleur de la sienne : de sorte qu'elles jugeoient cramoisies les choses qui l'étoient le moins. Chacun d'eux plaignoit & tournoit en ridicule les autres qui ne voyoient pas comme eux. Un de la bande s'approcha de moi, & me demanda de quelle couleur je voyois les choses : je remarquai que sa cataracte étoit verte, & je lui répondis, pour lui plaire, que je voyois tout verd : à cette réponse, il m'embrassa avec transport, & me dit : enfin je trouve un homme qui voit les choses comme elles sont. Que notre espèce est malheureuse ! Tous ceux que vous voyez, ajouta-t-il, font aveugles; il n'y a que nous deux qui ayions les yeux bons. Je compris que cet homme s'imaginoit être philofophe, parce qu'il fe mit à me faire de longs raifonnemens fur les différentes cataractes de fes femblables : il les blâmoit & les plaignoit de ce qu'ils ne voyoient pas verd comme lui ce qui ne l'étoit pas : enfin, comme fon difcours philofophique ne finiffoit point, je crus m'endormir, & je ceffai de rêver.

TRENTE-SIXIÈME SONGE.

AUTREFOIS j'avois lu avec plaifir les ouvrages d'un nommé ***; j'aimois fes plaifanteries. Il avoit beaucoup d'admirateurs ; & les auteurs commençans faifoient beaucoup de cas de fon fuffrage & de fa bienveillance. Pour moi qui ne voulois pas devenir auteur, je me contentois de lire fes productions, fans rechercher fon amitié. Depuis que je fuis dans ma folitude, je n'ai plus entendu parler de lui, & je crois qu'il eft mort, ou qu'il ne tardera pas. mais j'ai confervé une grande idée de fon mérite & de fon goût; de forte que quand j'eus écrit les fonges qu'on vient de lire, je regrattai

beaucoup de ne m'être pas ménagé fa connoiſ-
fance, qui m'auroit été d'un grand ſecours.
Car, dis-je, ſi je donne cet ouvrage au public ſans que quelqu'homme de réputation l'ait
vu, je ſerai ſiſſlé de toutes parts; au lieu que
ſi Monſieur *** eût été de mes amis, & qu'il
eût voulu me donner ſon approbation, j'aurois
été aſſuré d'un heureux ſuccès.

Je m'endormis dans ces penſées, & j'apperçus ce grand homme dans un ſonge. Je courus
à lui bien joyeux de cette rencontre; mais lorſque je fus à portée de lui parler, je vis qu'il
étoit immobile comme un tronc d'arbre, &
couvert d'une foule de petits inſectes qui le ſu-
çoient avec acharnement. Je leur donnai la
chaſſe avec mon mouchoir; & ayant ôté pluſieurs ſangſues qui étoient attachées à ſon corps,
je trouvai qu'il étoit diaphane, & qu'on pouvoit en contempler toutes les parties intérieu-
res, qui étoient groſſies par la ſurface tranſ-
parente, qui faiſoit l'effet d'une loupe. Comme
j'approchois l'œil pour examiner cette ſingu-
larité, une troupe de toutes ſortes de gens en rabats & en perruques plates, que je jugeai à leur
mine être de minces auteurs, me repouſſoient
en me diſant qu'ils avoient ſeuls le privilége
de juger A**. Et comme ils perſiſtoient à s'op-
poſer à mes déſirs, le Philoſophe ſouffla ſur

eux, & les anéantit : de sorte qu'il me fut libre de le contempler à loisir.

Son sang qui couloit à grand bruit dans ses veines étoit comme un torrent de feu ; il déposoit dans le cœur une poudre rouge, qui, après avoir fumé quelque tems, s'enflammoit & faisoit une explosion assez forte, suivie d'une odeur très-agréable, mais qui causoit à ceux qui l'environnoient une espèce de délire.

Le cœur, outre ses ventricules ordinaires, avoit trois autres cavités, à chacune desquelles étoient jointes une artère & une veine ; & comme ces cavités étoient fort épaisses, cette partie du philosophe avoit peu de profondeur.

Au-dessous du foie, & à la place qu'occupe dans les autres hommes la vésicule du fiel, étoit un vaisseau singuliérement dilaté.

A l'opposite du fiel, je vis un grand sac spongieux, de couleur brune, dans lequel une humeur âcre étoit apportée par une grosse artère, & rapportée par les veines & d'autres vaisseaux dans les sinus du cerveau.

Le cerveau avoit comme le cœur plusieurs cavités ou ventricules. Je remarquai que dans une étoit une glande coupée en tous sens par une infinité de lignes très-déliées, & je reconnus que c'étoit la glande de la mémoire.

Je ne fus presque rien voir dans les autres. Le ventricule du jugement contenoit une espèce de glande qui étoit un peu affoiblie dans quelques endroits. Celui qui se dilate si fort quand un homme réfléchit pour connoître la vérité, étoit en partie fermé par une pellicule desséchée & très-dure, qui empêchoit souvent l'exercice de cet organe.

Cette structure me parut si extraordinaire, que je voulus l'étudier avec une attention particulière; en conséquence je l'examinai de plus près; mais quel fut mon étonnement lorsque tout-à-coup j'entendis les paroles suivantes: « Gémissez sur les foiblesses des hommes célè- » bres, mais ne les critiquez pas amèrement; » distinguez les productions des différens âges, » ne prononcez jamais d'après les mêmes prin- » cipes sur les fruits des passions, & sur ceux » de la raison ». Dès que j'eus un peu réfléchi sur ce que je venois d'entendre, je cherchai le corps de l'homme célébre qui m'avoit occupé, je ne pus le reconnoître; je ne vis à sa place qu'un magnifique phosphore, qui, en se consumant lui-même, ne me laissa qu'une pierre d'un gris foncé, & de forme triangulaire; dès qu'elle fut un peu froide, je la pliai dans mon froc pour la garantir des impressions de l'air; & m'étant mis à réfléchir sur l'usage que j'en pourrois faire, je me trouvai tout-à-coup dans mon laboratoire de chymie. J'y vis un homme noir & suant, qui paroissoit rêver attentivement près d'un fourneau sur lequel étoit une vessie de cuivre rouge. Il avoit les cheveux hérissés, la barbe longue & négligée ; un masque de verre lui couvroit le visage, & il étoit ceint d'un linge sale. Dès qu'il m'apperçut, il quitta son masque, & courut à moi tout transporté de joie. Il m'embrassa, en s'écriant : je suis le plus heureux des hommes ! Je viens de trouver le régime du suprême degré de feu chymique pour la distillation de l'huile noire de Colcotar. Je l'en félicitai, & le priai de m'expliquer l'usage de tous les ustensiles que je voyois. Il le fit avec un empressement qui me ravit ; mais je crois devoir épargner au lecteur la description du laboratoire. Après qu'il m'eut tout montré & tout expliqué, je lui dis que j'avois ramassé une pierre dans l'endroit où j'avois vu disparoître un homme consumé comme un phosphore ; que s'il croyoit qu'elle pût servir à son art, je la lui offrirois de bon cœur. Il demanda à la voir. Je la lui montrai : il la plaça sur une pierre de porphyre ; & ayant pris des lunettes, il l'examina long-tems avec une pierre de touche, changeant souvent de visage, & faisant des gestes

gestes qui exprimoient les divers mouvemens qui naissoient dans son cœur. Enfin, me regardant fixement, il me dit avec un air de surprise mêlé de joie & d'admiration : est-il bien vrai que c'est vous-même qui avez trouvé cette sublime pierre ? Oui, lui dis-je, c'est moi-même ; & de plus, je l'ai vu faire par le feu qui a décomposé un corps humain. Oh ! mon ami, s'écria-t-il, bénissons le ciel ; nous n'avons plus besoin de rien : c'est la pierre philosophale. Je ne serois pas éloigné de le croire, lui répondis-je, parce que l'homme qui en a fourni la matière étoit un philosophe. Oui, mon ami, ajouta-t-il, je vous le jure, c'est ce grand œuvre qu'on a cherché si long-tems, & qui ne peut se trouver que par la décomposition subite & instantanée d'un homme. Les chymistes n'ont encore pu l'attraper ; mais nous l'avons, il faut en jouir. Aussi-tôt il l'approcha de la croix de mon chapelet, qui étoit de cuivre, & qui fut tout-à-coup changée en or. Une expérience si heureuse acheva de transporter le chymiste : dans son enthousiasme, il mit le feu à son laboratoire ; & je me sauvai, ayant en main la pierre philosophale.

J'allai m'établir dans une grande ville, où je me mis à faire de l'or. Je changeai en ce précieux métal toute la boutique d'un chaudronnier ; & en peu de tems j'eus des sommes prodigieuses. Je vis alors tout le monde me faire la cour ; & quoique je n'eus ni talens ni agrémens, on me trouvoit de l'esprit, du goût, des charmes, & toutes les qualités imaginables. J'avois une belle maison, un équipage superbe, des bijoux, & une infinité d'autres objets de luxe : tout cela me tenoit lieu de mérite. Je m'attirois encore l'estime du public par les livrées de mes domestiques, par la souplesse des ressorts & des soupentes de mes voitures, par mes chevaux qui me traînoient avec rapidité, par de riches boîtes qui remplissoient mes poches, & dont je changeois à tout moment. Les femmes sur-tout étoient touchées de mes rares qualités. Je les voyois s'empresser autour de moi. Les mères faisoient épuiser à leurs filles toutes les ressources de la toilette pour me plaire. Un nombre prodigieux de ces filles vouloient m'épouser. Les unes employoient les minauderies ou la coquetterie pour parvenir à ce but ; d'autres affectoient un air ingénu. Dès que je paroissois dans une assemblée, tous les autres hommes n'avoient plus à prétendre ni parole ni regard. Tous les yeux étoient pour moi. Je me laissai éblouir par ce prétendu bonheur que me donnoient mes richesses. Je songeai malheureusement à prendre une femme. Cependant comme l'or ne m'avoit pas encore tout-à-fait troublé la raison, entre tant de jeunes personnes qui recherchoient ma main, je voulus choisir celle qui paroissoit la plus modeste & la moins déleurée. Mais bientôt je vis que c'est en vain qu'on met en œuvre ses yeux & son jugement pour découvrir le naturel des femmes du grand monde. Dès le lendemain de mes nôces, je vis combien je m'étois trompé. Ma femme étoit querelleuse, jalouse, coquette, joueuse. Dès qu'elle se vit parvenue à son but, elle quitta le masque trompeur, cet air doux & naturel qui m'en avoit imposé. Dès-là elle sembla prendre à tâche de me désoler. Elle ne cherchoit qu'à me donner de l'inquiétude. Je ne pouvois rentrer chez moi sans être querellé : elle n'avoit que dédain à mon égard, tandis qu'elle faisoit à tous les autres un accueil très-honnête. Enfin sa dépense étoit énorme, & j'étois continuellement obligé à faire de l'or pour payer ses dettes. Mais quelle fut ma surprise, lorsqu'un jour, qu'elle avoit perdu au jeu des sommes immenses, je reconnus que ma pierre philosophale n'avoit plus de vertu. Cet événement, les affronts que je reçus, & les mauvaises manières de ma femme, me firent devenir fou. A peine en eus-je donné la première marque, qu'elle me fit mettre aux petites maisons. Je croyois dans ma folie l'avoir toujours sur mes épaules, me querellant à l'ordinaire. Je faisois, pour m'en débarrasser, de continuels efforts; enfin le réveil vint heureusement me faire voir que je n'étois pas fou, puisque je n'avois point de femme.

Fin des Songes d'un Hermite.

TABLE
DES SONGES ET VISIONS
CONTENUS DANS CE VOLUME.

*Avertissement de l'Éditeur
des Voyages Imaginaires*, page vij

LE SONGE DE BOCACE.

Préface du Traducteur,	xiij
Réflexions sur l'amour, & sur les malheurs qu'il traîne à sa suite,	3
Commencement du songe de Bocace.	
Description du labyrinthe d'amour,	7
Histoire des amours de Bocace,	20
Belphégor, conte,	34
Les deux procès, conte,	47
Histoire de Griffon & de la perfide Orgile,	52
Histoire de l'Esprit & de sa Veuve,	94
Métamorphose d'Acante en oranger,	103
Suite de l'histoire de l'Esprit & de sa Veuve,	111
L'Esprit fort, conte,	140
Épître à Sapho,	157

TABLE.

LES RÊVES D'ARISTOBULE.

PREMIER RÊVE. *Les richesses*, page	192
IIe. RÊVE. *L'homme*,	199
IIIe. RÊVE. *Le Philosophe*,	207
IVe. RÊVE. *L'amour*,	214
V^e. RÊVE. *L'île de la Poésie*,	224
VIe. RÊVE. *Bagatellopolis*,	229
VIIe. RÊVE. *Monde nouveau*,	234
VIIIe. RÊVE. *Le Bonheur*,	236

SONGES D'UN HERMITE.

PREMIER SONGE. *Le talisman*,	249
IIe. SONGE. *L'orage*,	253
IIIe. SONGE. *Le ciel de Mercure*,	255
IVe. SONGE. *Les moules intérieurs*,	259
Ve SONGE. *Mon hermitage*,	263
VIe. SONGE. *L'Antiquaire*,	267
VIIe. SONGE,	269
VIIIe. SONGE. *Les lunettes*,	274
IXe. SONGE. *Le château*,	280
X^e. SONGE. *La sonette*,	283
XIe. SONGE,	289
XIIe. SONGE. *Le Général d'armée*,	293
XIIIe. SONGE. *Les Vampires*,	300
XIVe. SONGE,	303
XVe. SONGE. *Tableau de la vie humaine*,	305

TABLE.

XVIe. Songe. *Le cercle & la toilette*, page 313
XVIIe. Songe, 316
XVIIIe. Songe, 318
XIXe. Songe. *Le trésor*, 323
XXe. Songe. *La médisance.* 325
XXIe. Songe. *L'amateur*, 328
XXIIe. Songe. *Le véritable ami*, 331
XXIIIe. Songe. *La dispute*, 334
XXIVe. Songe. *Le café*, 336
XXVe. Songe, 341
XVIe. Songe. *Le Médecin*, 343
XXVIIe. Songe. *Le Hollandois*, 350
XXVIIIe. Songe. *Le seigneur bienfaisant*, 353
XXIXe. Songe. *L'île du sang*, 362
XXXe. Songe. *Le Casuiste*, 369
XXXIe. Songe, 375
XXXIIe. Songe, 379
XXXIIIe. Songe, 381
XXXIVe. Songe. *Les ombres*, 385
XXXVe. Songe, 392
XXXVIe. Songe, 396

Fin de la Table.

www.ingramcontent.com/pod-product-compliance
Lightning Source LLC
Chambersburg PA
CBHW050920230426
43666CB00010B/2260